全国高等教育自学考试指定教材
建筑工程专业（独立本科段）

建筑经济与项目管理

（2013年版）

（含：建筑经济与企业管理自学考试大纲）

全国高等教育自学考试指导委员会　组编

主　编　严　薇　华建民

机械工业出版社

本书是全国高等教育自学考试建筑工程专业(独立本科段)指定教材。

本书根据本课程自学考试大纲的课程内容与考核目标编写，主要包括：建筑工程技术经济分析原理、建筑工程技术经济分析方法、建筑工程项目管理基本原理、工程建设招标投标及建设工程合同、建筑工程项目进度控制、建筑工程项目成本控制、建筑工程项目质量控制以及建筑工程项目安全控制与绿色施工等内容。

本书是建筑经济与企业管理课程的自学教材，供个人自学、考试培训使用，也可作为高等院校建筑工程类专业师生及相关技术人员教学或参考用书。

图书在版编目(CIP)数据

建筑经济与项目管理/严薇，华建民主编．—北京：机械工业出版社，2013.4（2024.6重印）

全国高等教育自学考试指定教材．建筑工程专业：独立本科段

ISBN 978-7-111-41678-4

Ⅰ．①建⋯　Ⅱ．①严⋯　②华⋯　Ⅲ．①建筑经济学—高等教育—自学考试—教材②建筑工程—工程项目管理—高等教育—自学考试—教材　Ⅳ．①F407.9②TU71

中国版本图书馆 CIP 数据核字（2013）第 038881 号

机械工业出版社(北京市百万庄大街22号　邮政编码100037)
策划编辑：何文军　责任编辑：何文军
版式设计：霍永明　责任校对：樊钟英　闫玥红
封面设计：陈　方　责任印制：常天培
北京机工印刷厂有限公司印刷
2024年6月第1版第12次印刷
184mm×260mm・14.25 印张・349 千字
标准书号：ISBN 978-7-111-41678-4
定价：39.00元

电话服务　　　　　　　　　网络服务
客服电话：010-88361066　　机　工　官　网：www.cmpbook.com
　　　　　010-88379833　　机　工　官　博：weibo.com/cmp1952
　　　　　010-68326294　　金　书　网：www.golden-book.com
封底无防伪标均为盗版　　　机工教育服务网：www.cmpedu.com

组 编 前 言

21世纪是一个变幻难测的世纪,是一个催人奋进的时代,科学技术飞速发展,知识更替日新月异。希望、困惑、机遇、挑战随时随地都有可能出现在每一个社会成员的生活之中。抓住机遇,寻求发展,迎接挑战,适应变化的制胜法宝就是学习——依靠自己学习,终生学习。

作为我国高等教育组成部分的自学考试,其职责就是在高等教育这个水平上倡导自学、鼓励自学、帮助自学、推动自学,为每一个自学者铺就成才之路。组织编写供读者学习的教材就是履行这个职责的重要环节。毫无疑问,这种教材应当适合自学,应当有利于学习者掌握、了解新知识、新信息,有利于学习者增强创新意识、培养实践能力、形成自学能力,也有利于学习者学以致用,解决实际工作中所遇到的问题。具有如此特点的书,我们虽然沿用了"教材"这个概念,但它与那种仅供教师讲、学生听,教师不讲、学生不懂,以"教"为中心的教科书相比,已经在内容安排、编写体例、行文风格等方面都大不相同了。希望读者对此有所了解,以便从一开始就树立起依靠自己学习的坚定信念,不断探索适合自己的学习方法,充分利用已有的知识基础和实际工作经验,最大限度地发挥自己的潜能,以达到学习的目标。

欢迎读者提出意见和建议。

祝每一位读者自学成功!

全国高等教育自学考试指导委员会
2011 年 12 月

目　录

组编前言

建筑经济与企业管理自学考试大纲

出版前言
Ⅰ．课程性质与设置目的要求 …………… 3
Ⅱ．课程内容与考核目标 ………………… 3
Ⅲ．有关说明与实施要求 ………………… 13

附录　《建筑经济与企业管理》
　　　　试卷题样 ………………………… 16
后记 ………………………………………… 21

建筑经济与项目管理

编者的话 …………………………………… 24
第一章　概论 ……………………………… 25
　学习目的与要求 ………………………… 25
　第一节　基本建设与建筑业 …………… 25
　第二节　基本建设程序及管理 ………… 33
　第三节　建筑市场 ……………………… 40
　小结 ……………………………………… 47
　复习思考题 ……………………………… 47
第二章　建筑工程技术经济分析原理 …… 48
　学习目的与要求 ………………………… 48
　第一节　建筑工程技术经济的基本原理 …… 48
　第二节　建筑工程经济分析的基本要素 …… 52
　第三节　资金的时间价值 ……………… 57
　小结 ……………………………………… 65
　复习思考题 ……………………………… 65
第三章　建筑工程技术经济分析方法 …… 67
　学习目的与要求 ………………………… 67
　第一节　可行性研究 …………………… 67
　第二节　经济评价方法与应用 ………… 72
　第三节　风险分析 ……………………… 97
　第四节　价值工程 ……………………… 101
　小结 ……………………………………… 109

　复习思考题 ……………………………… 109
第四章　建筑工程项目管理基本原理 …… 112
　学习目的与要求 ………………………… 112
　第一节　概述 …………………………… 112
　第二节　计划 …………………………… 114
　第三节　控制 …………………………… 116
　小结 ……………………………………… 116
　复习思考题 ……………………………… 116
第五章　工程建设招标投标及建设工程
　　　　合同 …………………………… 118
　学习目的与要求 ………………………… 118
　第一节　工程建设招标投标概述 ……… 118
　第二节　工程施工招标 ………………… 119
　第三节　工程施工投标 ………………… 123
　第四节　开标、评标和中标 …………… 127
　第五节　建设工程合同 ………………… 131
　第六节　工程索赔 ……………………… 140
　小结 ……………………………………… 143
　复习思考题 ……………………………… 143
第六章　建筑工程项目进度控制 ………… 145
　学习目的与要求 ………………………… 145
　第一节　建筑工程项目进度控制的基本

	概念 …………………………… 145
第二节	施工项目进度计划的编制 ……… 146
第三节	进度计划的实施与控制 ………… 163
小结	………………………………………… 169
复习思考题	……………………………………… 169

第七章　建筑工程项目成本控制 ………… 171
　　学习目的与要求 ………………………… 171
　　第一节　建筑工程项目成本控制的基本
　　　　　　概念 ……………………………… 171
　　第二节　施工项目成本控制的组织与分工 … 174
　　第三节　施工项目成本控制的方法 ……… 176
　　第四节　施工项目成本控制 ……………… 179
　　小结 ………………………………………… 187
　　复习思考题 ………………………………… 187

第八章　建筑工程项目质量控制 ………… 188
　　学习目的与要求 ………………………… 188
　　第一节　建筑工程项目质量控制的基本
　　　　　　概念 ……………………………… 188
　　第二节　建筑工程施工项目质量的过程
　　　　　　控制 ……………………………… 193
　　第三节　建筑工程施工质量验收 ………… 196
　　第四节　建筑工程质量问题和质量事故的
　　　　　　处理 ……………………………… 200
　　小结 ………………………………………… 202
　　复习思考题 ………………………………… 202

**第九章　建筑工程项目安全控制与绿色
　　　　　施工** ……………………………… 204
　　学习目的与要求 ………………………… 204
　　第一节　安全控制 ………………………… 204
　　第二节　绿色施工 ………………………… 208
　　小结 ………………………………………… 217
　　复习思考题 ………………………………… 217

参考文献 …………………………………… 219

后记 ………………………………………… 220

全国高等教育自学考试指定教材
建筑工程专业(独立本科段)

建筑经济与企业管理
自学考试大纲

(含考核目标)

全国高等教育自学考试指导委员会 制定

出 版 前 言

为了适应社会主义现代化建设事业的需要,鼓励自学成才,我国在 20 世纪 80 年代初建立了高等教育自学考试制度。高等教育自学考试是个人自学,社会助学和国家考试相结合的一种高等教育形式。应考者通过规定的专业考试课程并经思想品德鉴定达到毕业要求的,可获得毕业证书;国家承认学历并按照规定享有与普通高等学校毕业生同等的有关待遇。经过 30 多年的发展,高等教育自学考试为国家培养造就了大批专门人才。

课程自学考试大纲是国家规范自学者学习范围、要求和考试标准的文件。它是按照专业考试计划的要求,具体指导个人自学、社会助学、国家考试、编写教材、编写自学辅导书的依据。

随着经济社会的快速发展,新的法律法规不断出台,科技成果不断涌现,原大纲中有些内容过时、知识陈旧。为更新教育观念,深化教学内容方式、考试制度、质量评价制度改革,使自学考试更好地提高人才培养的质量,各专业委员会按照专业考试计划的要求,对原课程自学考试大纲组织了修订或重编。

修订后的大纲,在层次上,专科参照一般普通高校专科或高职院校的水平,本科参照一般普通高校本科水平;在内容上,力图反映学科的发展变化,增补了自然科学和社会科学近年来研究的成果,对明显陈旧的内容进行了删减。

全国高等教育自学考试指导委员会土建类专业委员会组织制定了《建筑经济与企业管理自学考试大纲》,经教育部批准,现颁发施行。各地教育部门、考试机构应认真贯彻执行。

全国高等教育自学考试指导委员会
2013 年 1 月

Ⅰ. 课程性质与设置目的要求

一、课程性质和目的任务

建筑经济与企业管理课程是研究建筑业和建筑技术经济与项目管理的基础理论知识的综合学科，是建筑工程专业的专业课。

本课程的任务是研究建筑业的基本经济规律、建筑技术经济分析基本原理和基本方法、建筑工程项目管理基本原理及方法，使学生掌握建筑经济与项目管理的基本理论、知识及技能，讲求经济效益，具有初步的科学管理能力。

二、课程的基本要求

掌握建筑经济与项目管理的基础理论知识；了解和掌握建筑技术经济分析的原理和基本方法；理解和掌握项目管理的基本知识和方法；培养和提高学生正确分析和解决项目管理问题的能力和创新思维。

三、本课程与有关课程的关系

本课程是一门综合性、经济性、实践性强的应用学科，要求自学者具备政治经济学的基础理论知识，了解和掌握建筑工程施工技术及组织原理和方法，具备工程数学基础和较全面的专业知识。自学者应在学习完《线性代数》、《结构力学（二）》、《混凝土结构设计》等课程后再参加本门课程的考试。

Ⅱ. 课程内容与考核目标

第一章 概 论

一、学习目的和要求

了解基本建设的含义、内容和分类，建筑业管理机制体制的发展，可行性研究的内容，项目评估的内容；理解建筑业的概念、范围和主要任务，基本建设与建筑业的关系，建筑业的作用，建设项目建设过程各参与主体的项目管理职责，建设程序的步骤和内容；掌握建筑产品、生产和经营管理的特点，建设程序的概念，可行性研究的阶段划分及作用，项目建议书的内容，建设地点选择的要求，设计阶段的划分。

二、课程内容

第一节 基本建设与建筑业

（一）基本建设：固定资产的含义；基本建设的内容；基本建设的分类。

（二）建筑业：建筑业的定义；建筑业的组成分类。

（三）建筑业与基本建设的关系

（四）建筑业在国民经济中的作用

（五）建筑产品及其生产的特点和经营管理特点：建筑产品的特点；建筑生产的特点；建筑产品生产经营管理的特点。

第二节 基本建设程序及管理

（一）建设程序

（二）建设程序的步骤

（三）建设程序的主要内容：项目建议书；可行性研究；建设地点的选择；编制设计文件；建设准备；组织施工；生产准备；竣工验收、交付使用；建设项目后评价。

（四）基本建设管理

第三节　建筑市场

（一）建筑市场及建筑市场管理

（二）建筑市场运行管理机制：建筑市场准入和清除制度；工程建设强制性条文；工程建设招标投标制；建设工程监理制；项目管理制；工程咨询服务体系；建设工程担保制度。

（三）建设项目采购模式：设计—招标—建造模式；设计—建造模式；设计—采购—建设模式；建设管理模式；项目管理模式；建设—经营—移交模式。

三、考核知识点与考核要求

（一）基本建设与建筑业

1. 识记：固定资产的含义；基本建设的内容；基本建设的分类；建筑业的定义；建筑业的组成分类；建筑业与基本建设的关系；建筑业在国民经济中的作用。

2. 领会：建筑产品的特点；建筑生产的特点；建筑产品生产经营管理的特点。

（二）基本建设程序及管理

1. 识记：建设程序；建设程序的步骤。

2. 领会：建设程序的主要内容；基本建设管理。

（三）建筑市场

1. 识记：建筑市场及建筑市场管理。

2. 领会：建筑市场运行管理机制；建设项目采购模式。

四、本章重点、难点

（一）基本建设程序

（二）建筑市场运行管理机制

第二章　建筑工程技术经济分析原理

一、学习目的和要求

了解技术与经济的关系，建筑工程技术经济评价的含义、内容和程序，建设资金时间价值的意义；理解建筑工程技术经济评价的特点和基本原则，建筑工程技术经济评价的基本要素；掌握复利计息的基本公式和应用，名义利率和实际利率的计算等。

二、课程内容

第一节　建筑工程技术经济的基本原理

（一）技术与经济的关系

（二）建筑工程技术经济学的研究对象及内容

（三）建筑工程技术经济评价的特点及基本原则

（四）建筑工程技术方案经济评价的可比性

（五）建筑工程建设经济分析的程序

第二节　建筑工程经济分析的基本要素

（一）投资

（二）费用与成本
（三）折旧与摊销
（四）收入、税金和利润
第三节　资金的时间价值
（一）资金时间价值、利息与利率
（二）现金流量、现金流量图
（三）利息计算方法
（四）资金的等值、现值、折现、终值、年值、时值
（五）复利等值计算的公式
（六）名义利率与实际利率

三、考核知识点与考核要求
（一）建筑工程技术经济的基本原理
1. 识记：技术和经济的含义；建筑工程技术经济评价的特点；建筑工程技术经济评价的基本原则；技术方案经济评价的可比条件。
2. 领会：技术与经济的关系；建筑工程技术经济学的研究对象、研究内容；建筑工程技术经济分析的程序。
（二）建筑工程经济分析的基本要素
1. 识记：投资的概念；经营成本、机会成本、沉没成本的概念；折旧与摊销的概念
2. 领会：投资的构成和估算；成本的估算方法；固定资产折旧的方法（直线折旧法、工作量法、年数和法、双倍余额折旧法）；销售收入计算；税金类型；利润的含义。
（三）资金的时间价值
1. 识记：资金时间价值的概念；利息、利率、现金流量、单利、复利的概念；资金的等值、现值、折现、终值、年值、时值的概念。
2. 应用：现金流量图的绘制；应用一次支付终值公式、一次支付现值公式、等额支付终值公式、等额支付系列偿债基金公式、等额支付资金回收公式、等额支付现值公式完成相关资金时间价值的计算；名义利率与实际利率的计算公式。

四、本章重点、难点
（一）复利计息公式的应用
（二）名义利率与实际利率的换算
（三）经济分析的基本要素

第三章　建筑工程技术经济分析方法

一、学习目的和要求
理解可行性研究的任务和作用；了解可行性研究的内容和可行性研究报告，项目评估的内容。了解建设项目经济评价的指标体系；掌握经济评价的各种方法及其应用于互斥方案、独立方案和混合方案中的比选方法。了解风险分析的程序，掌握盈亏平衡点分析、敏感性分析、概率分析的方法。掌握价值工程的基本概念、基本原理、工作程序，了解价值工程的信息资料收集，制定改进方案的方法，改进方案的评价方法；理解价值工程对象选择的方法，提高产品价值的途径，功能分析的内容和方法。

二、课程内容

第一节　可行性研究

（一）项目前期策划论证的阶段划分

（二）可行性研究的内容

（三）可行性研究报告的内容

（四）项目评估

第二节　经济评价方法与应用

（一）建设项目经济评价的指标体系

（二）经济评价方法

（三）经济评价方法的应用

第三节　风险分析

（一）风险分析的含义

（二）项目不确定性和风险的来源

（三）风险分析的过程和方法

（四）盈亏平衡点分析

第四节　价值工程

（一）价值工程的基本概念

（二）价值工程的工作程序

（三）价值工程对象的选择

（四）功能分析

（五）制定改进方案

（六）改进方案的评价与实施

三、考核知识点与考核要求

（一）可行性研究

1. 识记：项目前期策划论证的阶段划分；项目评估。
2. 领会：可行性研究的内容；可行性研究报告的内容。

（二）经济评价方法与应用

1. 识记：建设项目经济评价的指标体系。
2. 领会：经济评价方法。
3. 应用：经济评价方法的应用。

（三）风险分析

1. 识记：风险分析的含义；项目不确定性和风险的来源。
2. 领会：风险分析的过程和方法。
3. 应用：盈亏平衡点分析。

（四）价值工程

1. 识记：价值工程的基本概念；价值工程对象的选择；功能分析；改进方案的评价与实施。
2. 领会：价值工程的工作程序；制定改进方案。

四、本章重点、难点

（一）可行性研究的内容
（二）经济评价方法与应用
（三）风险分析
（四）价值工程

第四章　建筑工程项目管理基本原理

一、学习目的和要求

了解建筑工程项目管理的概念、模式和工具，了解建筑工程项目计划、组织和控制的基本概念。

二、课程内容

第一节　概述
（一）项目
（二）项目管理
第二节　计划
（一）计划和项目计划
（二）项目计划的原则
（三）项目计划的过程
第三节　控制
（一）合同管理
（二）进度控制
（三）成本控制
（四）质量控制

三、考核知识点与考核要求

（一）概述
　　识记：项目；项目管理。
（二）计划
1. 识记：计划和项目计划；项目计划的原则。
2. 领会：项目计划的过程。
（三）控制
　　识记：合同管理；进度控制；成本控制；质量控制

四、本章重点、难点

（一）项目计划的过程
（二）控制

第五章　工程建设招标投标及建设工程合同

一、学习目的和要求

了解工程建设项目招标投标的概念，工程招标的范围及标准，开标、评标和中标的概念，建筑工程合同和建设施工合同的概念、分类和内容，工程项目索赔的含义和基本特征；理解招标的主要工作，投标准备工作和投标函的内容，投标策略，施工合同的分类和主要内容，工程索赔的分类；掌握工程招标的方式、条件和程序，工程投标的条件和程序，工程招标投标的原则，计算标价的方法，评标的基本要求、否决条件和方法，承包人对施工合同的管理，工程索赔的程序和原则。

二、课程内容

第一节 工程建筑招标投标概述

（一）工程建设项目招标投标的概念

（二）工程建设项目招标范围及规模标准

（三）招标投标的原则

第二节 工程施工招标

（一）工程施工招标的条件

（二）工程施工招标的方式

（三）工程招标程序

（四）工程招标的主要工作

第三节 工程施工投标

（一）工程施工投标的定义和工程投标人的条件

（二）工程投标的程序

（三）工程投标文件

（四）投标准备工作及投标函

（五）联合体投标

（六）投标策略

第四节 开标、评标和中标

（一）开标、废标的判断标准

（二）评标、评标委员会组成要求、评标基本要求、评标否决条件、串通投标的评判标准、评标工作中需要注意的问题、评标方法。

（三）中标工作程序

第五节 建设工程合同

（一）建设工程合同及分类

（二）建设工程施工合同及分类

（三）建设工程施工合同的内容

（四）建筑工程施工合同管理

第六节 工程索赔

（一）索赔的基本特征

（二）索赔的分类

（三）索赔证据

（四）索赔的程序和原则

三、考核知识点和考核要求

（一）工程建设招标投标的概述

1. 识记：工程建设项目招标投标的含义；招标投标的基本环节；招标投标的基本原则。

2. 领会：建设项目必须招标的范围；建设项目必须招标的规模标准。

（二）工程施工招标

1. 识记：工程招标的方式；邀请招标和公开招标的定义；工程招标的主要工作；招标文件的主要内容和基本要求。

2. 领会：采用邀请招标的条件；工程招标的程序；两阶段招标的含义；招标机构的组织；招标资格审查的主要条件；资格预审和资格后审的异同；标底的编制；判断以不合理条件限制、排斥潜在投标人的标准。

（三）工程施工投标

1. 识记：投标的定义；工程投标人的条件；投标文件的主要内容；工程标函的主要内容；投标对象选择的判断标准；报价决策的一般规律。

2. 领会：工程投标的程序；投标准备工作的主要内容；招标投标信息的收集；投标标价的确定；联合体投标的含义；投标策略。

（四）开标、投标和中标

1. 识记：开标、评标的定义；评标的基本要求；评标的否决条件；串通投标的评判标准；评标方法；中标工作的基本程序。

2. 领会：废标的情况；评标委员会的组成、成员选择或更换的原则；评标工作中要注意的主要问题。

（五）建设工程合同

1. 识记：建设工程合同、经济合同、建设工程施工合同的定义；经济合同的基本特征；建设工程施工合同管理的特点；承包人对建筑工程施工合同管理的主要阶段和具体工作；合同签订中承包人要注意的主要问题；实施合同控制管理的程序。

2. 领会：建筑工程合同的种类；建筑工程施工合同的分类；建筑工程施工合同的合同文件及解释顺序；建筑工程施工合同的主要部分；建筑工程施工合同《协议书》的主要内容；建筑工程施工合同《通用条款》的主要内容；建设主管部门对建筑工程施工合同管理的主要工作；发包人对建筑工程施工合同管理的主要工作；投标人在分析招标文件时需特别注意的问题。

（六）工程索赔

1. 识记：索赔、施工索赔的定义；索赔的基本特征；索赔的分类；索赔原则。

2. 领会：索赔证据的主要内容；索赔程序。

四、本章重点、难点

（一）招标投标的原则
（二）招标的主要工作
（三）投标的准备工作
（四）评标工作中要注意的问题
（五）承包人对建筑工程施工合同的管理

第六章　建筑工程项目进度控制

一、学习目的和要求

进度控制是建筑工程项目传统的质量、费用及进度三大目标控制之一，进度控制直接影响建筑工程项目能否在规定的时间内完成，也关系到项目的社会效益和经济效益的实现。要求了解建筑工程项目进度控制的基本概念，掌握项目进度计划的编制，掌握进度计划的实施与控制。

二、课程内容

第一节　建筑工程项目进度控制的基本概念

（一）工期、进度与进度控制

（二）影响施工项目进度的因素

第二节　施工项目进度计划的编制

（一）单位工程施工进度计划的编制步骤

（二）流水作业原理及横道图计划编制

（三）网络计划

第三节　进度计划的实施与控制

（一）进度计划的检查

（二）网络计划的调整

三、考核知识点和考核要求

（一）建设工程项目进度控制的基本概念

　　识记：工期、进度与进度控制的概念；影响施工进度的因素。

（二）施工项目进度计划的编制

1. 识记：单位工程施工进度计划的编制步骤；网络计划的基本概念。
2. 领会：流水作业原理；流水施工的基本参数；流水施工组织程序；网络图的优化。
3. 应用：进度计划的编制方法；流水施工的组织及计算；网络图的绘制；网络图时间参数的计算。

（三）进度计划的实施与控制

　　识记：进度计划的检查；网络计划的调整。

四、本章重点、难点

（一）施工进度计划的编制

（二）流水施工的组织及计算

（三）网络图的绘制

（四）网络图时间参数的计算

第七章　建筑工程项目成本控制

一、学习目的和要求

了解建筑工程项目成本控制的基本概念，掌握施工项目成本控制的组织和分工，掌握施工项目成本控制的方法及实施。

二、课程内容

第一节　建筑工程项目成本控制的基本概念

（一）施工项目成本控制

（二）施工项目成本控制原则

（三）施工项目成本控制的程序

（四）施工项目成本控制的对象和内容

第二节　施工项目成本控制的组织与分工
（一）建立以项目经理为核心的项目成本控制体系
（二）建立项目成本管理责任制
（三）实行对劳务队分包成本的控制
第三节　施工项目成本控制的方法
（一）成本控制应遵循的程序
（二）成本控制的方法
第四节　施工项目成本控制
（一）施工项目成本预测与计划
（二）施工项目成本计划的实施与检查
（三）项目成本核算
（四）施工项目成本分析
（五）施工项目成本考核

三、考核知识点和考核要求
（一）建筑工程项目成本控制的基本概念
1. 识记：施工项目成本及控制的概念；施工项目成本控制原则；施工项目成本控制的程序。
2. 领会：施工项目成本控制的对象和内容。
（二）施工项目成本控制的组织与分工
1. 识记：以项目经理为核心的项目成本控制体系的建立；项目成本管理责任制。
2. 领会：实行对劳务队分包成本的控制。
（三）施工项目成本控制的方法
1. 识记：成本控制的程序。
2. 领会：成本控制的方法。
（四）施工项目成本控制
1. 识记：施工项目成本预测与计划；项目成本核算的概念；施工项目成本分析的概念；
2. 领会：施工项目成本计划的实施与检查；项目成本核算内容；施工项目成本分析的内容；施工项目成本考核的内容。

四、本章重点、难点
（一）施工项目成本控制的方法
（二）施工项目成本控制

第八章　建筑工程项目质量控制

一、学习目的和要求
了解建筑工程项目质量控制的基本概念、施工项目过程控制、建筑工程施工质量验收及施工质量问题和质量事故的处理等内容。

二、课程内容
第一节　建筑工程项目质量控制的基本概念
（一）质量与质量控制

（二）质量管理的发展阶段
（三）施工项目质量控制

第二节　建筑工程施工项目质量的过程控制
（一）基本概念
（二）工序质量控制的内容
（三）工序质量控制点的设置
（四）施工过程质量检查

第三节　建筑工程施工质量验收
（一）建筑工程施工质量验收相关标准制订的指导思想
（二）建筑工程施工质量验收的基本要求
（三）建筑工程质量验收的划分
（四）建筑工程质量验收
（五）建筑工程质量验收程序和组织

第四节　建筑工程质量问题和质量事故的处理
（一）建筑工程质量问题
（二）工程质量事故处理

三、考核知识点和考核要求
（一）建筑工程项目质量控制的基本概念
1. 识记：质量与质量控制的概念；质量管理的发展阶段。
2. 领会：施工项目质量控制。
（二）建筑工程施工项目质量的过程控制
1. 识记：工序、工序质量、工序质量控制的概念。
2. 领会：工序质量控制的内容；工序质量控制点的设置；施工过程质量检查。
（三）建筑工程施工质量验收
1. 识记：建筑工程施工质量验收相关标准制订的指导思想；建筑工程施工质量验收的基本要求。
2. 领会：建筑工程质量验收的划分；建筑工程质量验收；建筑工程质量验收程序和组织。
（四）建筑工程质量问题和质量事故的处理
1. 识记：建筑工程质量问题。
2. 领会：工程质量事故处理。

四、本章重点、难点
（一）施工工序质量控制
（二）建筑工程施工质量验收
（三）建筑工程质量问题和质量事故的处理

第九章　建筑工程项目安全控制与绿色施工

一、学习目的和要求
理解工程项目安全控制的基本概念；了解项目安全技术措施计划的编制步骤和危险性较

大的分部分项工程安全管理；掌握工程项目施工安全管理程序。理解绿色施工的概念和绿色施工总体框架；掌握绿色施工管理的五方面内容；了解绿色施工准备措施、资源节约措施和环境保护措施，以及绿色施工职业健康与卫生防疫措施。

二、课程内容

第一节 安全控制

（一）建筑工程项目安全控制的基本概念
（二）建设工程项目施工安全管理程序
（三）项目安全技术措施计划的编制步骤
（四）危险性较大的分部分项工程安全管理

第二节 绿色施工

（一）绿色施工的概念和目的
（二）绿色施工总体框架
（三）绿色施工
（四）绿色施工措施

三、考核知识点和考核要求

（一）安全控制

1. 识记：建筑工程项目安全控制的基本概念；建设工程项目施工安全管理程序。
2. 领会：项目安全技术措施计划的编制步骤；危险性较大的分部分项工程安全管理。

（二）绿色施工

1. 识记：绿色施工的概念和目的。
2. 领会：绿色施工总体框架；绿色施工及措施。

四、本章重点、难点

（一）建设工程项目施工安全管理程序
（二）危险性较大的分部分项工程安全管理
（三）绿色施工总体框架
（四）绿色施工及措施

Ⅲ．有关说明与实施要求

为了使本大纲的规定在个人自学、社会助学和国家考试中得到贯彻和落实，兹对有关问题作如下说明，并提出具体实施要求。

一、关于"课程内容与考核目标"中有关提法的说明

1. 大纲与教材的关系

本自考大纲在"课程内容与考核目标"中，每章都包括学习目的和要求、课程内容、考核知识点和考核要求。大纲是进行学习和考核的依据，教材的内容是大纲所规定课程内容的具体化。

2. 大纲与教材所体现的课程内容应基本一致。

3. 对考核目标的说明：

（1）本课程大纲要求考生学习和掌握的知识点都作为考核的内容。

(2) 对于考核要求中能力层次的概念。

本大纲在考核目标中，按照识记、领会、应用三个层次规定其达到的能力层次要求。各能力层次的含义是：

识记：要求考生能识别和记忆大纲中规定的有关知识的主要内容（如定义、定理、公式、原则、重要结论、方法、步骤、特征和特点等）。并能根据考核的不同要求，作出正确的表述、选择和判断。识记是低层次要求。

领会：要求考生能领悟和理解大纲中规定的有关考核知识点的内涵和外延，熟悉其内容要点和它们之间的区别与联系，并能正确地解释、说明和论述。领会是较高层次的要求。

应用：包括简单应用和综合应用。简单应用是指能运用大纲中规定的少量知识点分析和解决一般应用问题，如简单计算、绘图和分析、论证等。综合应用是指能运用大纲中规定的多个知识点，分析和解决较复杂的应用问题，如计算、绘图、编施工方案等。应用是最高层次的要求。

二、关于自学教材与主要参考书

《建筑经济与项目管理》，全国高等教育自学考试指导委员会组编，严薇、华建民主编，机械工业出版社出版，2013年版。

三、自学方法指导

本课程是一门经济性、政策性（法规性）、实践性很强的综合性应用学科，涉及建筑经济、技术经济和项目管理等方面的基本内容。根据大纲要求，本课程的教材力图将上述基础理论和知识综合在一起，使其互相联系、互相渗透，成为一个合理的整体。

为了达到本课程教学的基本要求，必须认真学习教材内容和深刻领会概念实质，掌握基本计算方法，理论联系实际，联系建筑业和项目的实际，重点掌握课程的基本理论、基本技能、基本知识。

学生应先全面系统地学习各章节内容，在通读教材的基础上，对各章重点内容精读、细读，对重点内容和难点反复阅读，逐步理解和掌握，并能正确地运用。必须指出：学生应在全面系统学习的基础上，有目的地深入学习并掌握重点内容，切忌在没有全面学习教材的情况下孤立地"抓重点"。

在学习每章内容时，应先看本章的基本要求，对本章简要内容有概括性认识，为便于学习，每章后附小结，帮助学习者总结本章的内容。

在学完每一章节后，应对重点内容加以归纳整理，写出读书笔记，以利于复习、巩固。

四、对社会助学的要求

1. 社会助学者应根据本大纲规定的课程内容和考核目标，认真学习和钻研自学教材，明确本课程的特点与学习要求，对学生进行切实的辅导，引导他们避免自学中的各种偏差，把握社会助学的正确导向。

2. 要正确处理基础知识和应用能力的关系，努力引导学生将识记、领会同应用联系起来，把基础知识和理论转化为能力，在全面辅导的基础上，着重培养和提高学生分析问题和解决问题的能力。

3. 要正确处理重点和一般的关系。课程内容有重点和一般之分，但考试内容是全面的，而且重点与一般是相互联系的。社会助学者应指导学生全面系统地学习教材，掌握全部考核知识点与考核要求，在此基础上再突出重点。总之，要把重点学习同兼顾一般结合起来，切勿孤立地抓重点，把学生引向猜题押题。

五、关于命题考试的若干规定

1. 本大纲各章所规定的基本要求、知识点及知识点下的知识细目，都属于本课程命题考试的内容。考试命题覆盖到章，并适当突出重点部分，加大重点内容的覆盖密度，体现本课程的内容重点。

2. 本课程在试卷中对不同能力层次要求的分数比例大致为：识记占30%、领会占40%、应用占30%。

3. 要合理安排试题的难易程度，试题的难易度可分为：易、较易、较难和难四个等级。每份试卷中不同难度试题的分数比例一般为：易占20%；较易占30%；较难占30%，难占20%；必须注意试题的难易程度与能力层次不是一个概念。在各能力层次中都会存在不同难度的问题，切勿混淆。

4. 课程考试命题的主要题型一般有：单项选择题、填空题、名词解释、简答题、论述题、计算题等。各种题型的具体形式可参见本大纲附录。

5. 本课程考试方法为闭卷笔试，考试时间为150分钟，考试时可携带不带存储功能的计算器。

附录
《建筑经济与企业管理》试卷题样

一、单项选择题(本大题共20小题,每小题1分,共20分)

1. 招标人与中标人应在发出中标通知书之日起( ),按照招标投标法律法规的规定签订书面合同。
   A. 15日内   B. 15日后   C. 30日内   D. 30日后

2. 在进行施工进度控制过程中,采取事先优选施工方案的措施,这是属于( )。
   A. 组织措施   B. 合同措施   C. 技术措施   D. 经济措施

3. 在施工项目质量控制过程中,要求编制好施工组织设计。这是属于( )。
   A. 事前控制   B. 事中控制   C. 事后控制   D. 动态控制

4. 价值工程中,价值等于功能与成本的比值。其中成本是指( )。
   A. 生产成本   B. 总成本   C. 寿命周期成本   D. 使用成本

5. 进行建设项目单位(子单位)工程质量验收是由( )负责人组织。
   A. 施工单位   B. 监理单位   C. 建设单位   D. 政府质量监督主管部门

6. 设年利率为12%,现有存款额为100元,期限一年,若按一年四次计息,按复利计算年末的本利和是( )元。
   A. 112   B. 112.68   C. 112.55   D. 113.22

7. 招标投标过程中,评标委员会由招标人代表和相关技术、经济等方面的专家组成,人数为五人以上单数,其中技术、经济方面的专家不得少于( )。
   A. 成员总数的三分之一   B. 成员总数的四分之一
   C. 成员总数的三分之二   D. 成员总数的四分之三

8. 下列不属于建设工程项目管理信息资源的是( )。
   A. 组织类工程信息   B. 经济类工程信息
   C. 工程造价信息   D. 法规类工程信息

9. 当建设工程项目发生质量事故后,住房和城乡建设主管部门接到建设单位的情况报告后,应当逐级上报事故情况时,每级上报时间不得超过( )。
   A. 1小时   B. 2小时   C. 5小时   D. 8小时

10. 建设项目经济评价指标中,属于偿债能力分析指标的是( )。
    A. 动态投资回收期   B. 累计盈余资金
    C. 财务内部收益率   D. 利息备付率

11. 在建设工程项目安全管理中,对于危险性较大的分部分项工程应单独编制安全专项施工方案。以下不属于危险性较大的分部分项工程的是( )。
    A. 土方开挖工程开挖深度超过3m的基坑的土方开挖工程
    B. 基坑支护、降水工程开挖深度为4m的基坑支护、降水工程
    C. 混凝土模板搭设高度为4m的混凝土模板支撑工程
    D. 搭设高度28m的落地式钢管脚手架工程

12. 在建设工程项目质量控制过程中,以下不属于事中控制的内容是( )。

A. 工序交接有检查　　　　　　　　B. 设计变更有手续
C. 质量文件有档案　　　　　　　　D. 复核审查工程地质勘探资料

13. 项目经理部在进行建设工程项目成本控制时依据的资料中,以下不正确的是(　　)。
A. 合同文件　　　　　　　　　　　B. 成本计划
C. 质量控制资料　　　　　　　　　D. 工程变更与索赔资料

14. 在建设项目经济评价的评价指标中,判断项目是否可行的准则是(　　)。
A. 财务内部收益率小于基准收益率　B. 财务内部收益率小于等于基准收益率
C. 财务内部收益率大于基准收益率　D. 财务内部收益率大于等于基准收益率

15. 施工项目质量控制的依据包括技术标准和管理标准。以下不属于技术标准的是(　　)。
A. 工程设计图纸及说明书　　　　　B. 相关技术标准
C. 质量验收统一规范　　　　　　　D. 施工组织设计

16. 下列不属于建设工程项目招标投标基本程序的是(　　)。
A. 招标　　　　B. 投标　　　　C. 开标　　　　D. 评估

17. 当有些项目不能明确计算收益(如学校、医院)或有些项目效益相同或效益基本相同的方案进行比选择优时,为简化计算可以采用(　　)。
A. 净现值法　　　　　　　　　　　B. 内部收益率法
C. 费用年值法　　　　　　　　　　D. 投资回收期法

18. 在建设项目的招标投标过程中,下列不属于投标人串通投标的情形是(　　)。
A. 投标人之间约定中标人
B. 不同投标人的投标文件由同一单位或个人编制
C. 投标人之间协商投标报价等投标文件的实质性内容
D. 招标人授意投标人撤换、修改招标文件

19. 建设项目的招标投标过程中,以下不属于招标文件的内容的是(　　)。
A. 投标人须知　　　　　　　　　　B. 联合体协议书
C. 合同主要条款　　　　　　　　　D. 技术条款

20. 在一次建设工程项目质量事故中,死亡7人,重伤68人,直接经济损失2500万元。则这起质量事故的等级是(　　)。
A. 一般事故　　　　　　　　　　　B. 较大事故
C. 重大事故　　　　　　　　　　　D. 特别重大事故

二、**多项选择题**(本大题共10小题,每小题2分,共20分)

1. 根据《工程建设项目招标范围与规模标准》规定,以下规模的建设项目,必须进行招标的是(　　)。
A. 施工单项合同估算价是300万元人民币
B. 项目总投资是3500万元人民币
C. 设备采购单项合同估算价是120万元人民币
D. 材料采购单项合同估算价是80万元人民币
E. 监理服务单项合同估算价是80万元人民币

2. 风险型决策问题应具备的条件包括(　　)。
A. 存在决策者希望达到的目标(收益最大或损失最小)

B. 存在两个或两个以上的备选方案可供决策者选择，最后只选定一个方案
C. 存在两种或两种以上的自然状态
D. 不同的备选方案在不同自然状态下的相应损益值可以计算出来
E. 相对应于各种自然状态发生的概率由于缺乏经验或资料，全部未知

3. 在以下建设项目经济评价指标中，属于静态评价指标的是( )。
   A. 财务净现值　　B. 流动比率　　C. 投资收益率
   D. 财务内部收益率　E. 资产负债率

4. 某施工工作的实际进度拖后了 2 天，已知该工作的自由时差是 1 天，总时差是 2 天，则该工作的进度偏差的影响，说法正确的是( )。
   A. 会影响工期　　　　　　　B. 不会影响工期
   C. 会影响后续工作的最早时间　D. 不会影响后续工作的最早时间
   E. 会使后续工作的最早时间拖后 1 天

5. 价值工程中对功能进行分类，按功能整理的逻辑关系可分为( )。
   A. 必要功能　　B. 并列功能　　C. 局部功能
   D. 上下位功能　E. 使用功能

6. 进行项目管理的主体有( )。
   A. 建设单位　　　B. 施工承包企业　　C. 勘察设计单位
   D. 钢筋作业班组　E. 监理咨询单位

7. 对施工项目的分部分项工程进行成本分析时，要求随项目施工进展进行"三算"，其中"三算"的内容包括( )。
   A. 实际成本　　B. 工程成本　　C. 估算成本
   D. 预算成本　　E. 计划成本

8. 按自然状态的种类来划分，传统上可将决策问题分为( )。
   A. 非确定型决策　B. 确定型决策　C. 单目标决策
   D. 风险型决策　　E. 多目标决策

9. 建设工程索赔按照索赔的目标分为( )。
   A. 单项索赔　　B. 费用索赔　　C. 工期延误索赔
   D. 工期索赔　　E. 合同内索赔

10. 建筑工程质量的验收，分部工程质量验收合格应符合的规定是( )。
    A. 主控项目和一般项目的质量经抽样检验合格
    B. 观感质量验收应符合要求
    C. 质量控制资料应完整
    D. 地基与基础主体结构和设备安装等分部工程有关安全及功能的检验和抽样检测结果应符合有关规定
    E. 具有完整的施工操作依据和质量检查记录

三、填空题(本大题共 6 小题，每空 2 分，共 12 分。)

1. 施工项目成本的全过程控制包括施工项目的成本预测与决策，成本计划的编制与实施，_____等主要环节。

2. 在施工项目的网络计划优化中，_____是指寻求最低成本的最短工期安排或

按要求工期寻求最低成本的计划安排的过程。

3. 价值工程中，功能整理通常用_____直观地描述价值工程研究对象功能得以实现的各项细分功能的逻辑关系。

4. 质量成本是指项目为保证和提高质量而支出的一切费用和未达到质量标准而产生的一切损失费用之和，包括_____和故障成本。

5. 建设工程项目施工招标的方式分为_____。

6. 敏感性分析是指通过分析项目涉及的各种不确定因素值发生增减变化时，对财务或经济评价指标的影响，并找出_____，估计项目效益对他们的敏感程度，粗略预测项目可能承担的风险，为进一步的风险分析打下基础。

四、名词解释题(本大题共 4 小题，每小题 3 分，共 12 分)

1. 见证取样检测
2. 功能计量
3. 施工项目的质量
4. 网络计划工期优化

五、简答题(本大题共 4 小题，每小题 4 分，共 16 分)

1. 简述建筑工程施工合同的合同文件名称及解释顺序。
2. 简述建设项目经济评价的原则。
3. 简述基本建设程序的步骤。
4. 简述施工项目成本控制的方法。

六、计算题(本大题共 4 小题，每小题 5 分，共 20 分)

1. 某一建设项目在开始建设的前三年每年年初向银行分别贷款 500 万元、800 万元和 300 万元，第四年投产，准备从第四年末开始等额还贷，用十年还清，年利率 10%，问每年需要偿还多少贷款？

2. 某工程有 A、B 两个方案，现金流量如下表所示，当基准收益率 $i_c = 12\%$ 时，试用净现值法和净现值率法比较择优。

A、B 两方案的现金流量表　　　　　　　　　　(单位:万元)

方　案	0	1	2	3	4	5
A	-2000	600	1000	1000	1000	1000
B	-3000	500	1500	1500	1500	1500

3. 某建材企业拟建的钢筋生产线的设计产量为 6500t/年，钢筋售价为 4500 元/t，其年总固定成本为 250 万元，单位可变成本为 2820 元/t。假定：产量、成本、盈利之间的关系均为线性关系，试进行盈亏平衡分析。

4. 某企业准备生产一种新产品，该产品市场需求情况估计有销路好(P1)、销路一般(P2)、销路较差(P3)、销路极差(P4)四种自然状态，每种状态出现的概率无法预测。为生产该产品，企业制定了三个改造方案，分别是：新建自动生产线(A1)、改建生产线(A2)、原有车间生产(A3)。三个备选方案在四种自然状态下的损益值可以估算出来，见下表所列。试用乐观准则及后悔值准则选择最优方案。

三个备选方案的损益值 （单位：万元）

自然状态 备选方案	销路好 P1	销路一般 P2	销路较差 P3	销路极差 P4
新建自动生产线 A1	850	420	−150	−400
改建生产线 A2	600	400	−100	−350
原有车间生产 A3	400	250	90	−50

后　　记

　　《建筑经济与企业管理自学考试大纲》是根据全国高等教育自学考试建筑工程专业（独立本科段）考试计划要求编写的。2012年10月土建类专业委员会召开审稿会议，对本大纲进行讨论评审，修改后定稿。

　　本大纲由重庆大学严薇教授和华建民副教授共同主持编写。

　　本大纲经由哈尔滨工业大学武永祥教授主审，重庆大学杨宇教授和中建总公司施工技术专业委员会张希黔教授参加审稿并提出修改意见。

　　本大纲最后由全国高等教育自学考试指导委员会土建类专业委员会审定通过。

　　本大纲编审人员付出了辛勤劳动，特此表示感谢。

全国高等教育自学考试指导委员会
土建类专业委员会
2013年1月

全国高等教育自学考试指定教材
建筑工程专业(独立本科段)

建筑经济与项目管理

全国高等教育自学考试指导委员会　组编

编 者 的 话

全国高等教育自学考试建筑工程专业（独立本科段）《建筑经济与项目管理》自学考试教材是根据《建筑经济与企业管理自学考试大纲》的课程内容与考核目标编写。教材秉承了前版的优良传统，同时，为更好地适应现代社会建筑施工技术及管理岗位对知识和能力的需求，培养以专业技术为依托、重视工程项目管理的懂技术、懂管理、懂经济、懂法规，综合素质较高的专业人才，我们重新编写了教材内容。

新教材主要具有以下特点：

（1）紧密结合行业发展，按现代社会岗位需求，同时结合自学考试特点，将建筑经济和项目管理知识有机融合。

（2）明确本课程教材在建筑工程专业中的地位和作用，同时，注重建立教材本身的系统性和整体架构。

（3）从工程实践应用的思路出发，按"基本原理——基本方法——实践应用"组织具体内容。

另外，结合国家最新政策，增加了绿色施工等内容。

全书由严薇、华建民主编。各章的编写人员有：严薇编写第一、二、五章，华建民编写第四、六、七、八章，罗琳编写第三、九章。部分插图由姜帅绘制，何小飞参与了部分资料的查阅和整理工作。

本教材由土建类专业委员会秘书长邹超英教授组织哈尔滨工业大学武永祥教授、重庆大学杨宇教授、中建总公司施工专业技术委员会张希黔教授审稿，他们在审稿过程中提出了许多宝贵意见，在此深表谢意。本教材最后由严薇教授负责修改定稿。

编 者

2013 年 1 月

第一章 概 论

学习目的与要求

了解基本建设的含义、内容和分类，建筑业管理体制的发展，可行性研究的内容，项目评估的内容；理解建筑业的概念、范围和主要任务，基本建设与建筑业的关系，建筑业在国民经济中的作用，建设项目建设过程各参与主体的项目管理职责，建设程序的步骤和内容；掌握建筑产品、生产和经营管理的特点，建设程序的概念，可行性研究的阶段划分及作用，项目建议书的内容，建设地点选择的要求，设计阶段的划分。

第一节 基本建设与建筑业

一、基本建设

基本建设是指建筑、购置和安装固定资产的活动以及与此相联系的其他工作，是存在于国民经济各部门以获得固定资产为目的的投资经济活动。在美国、英国等国家被称为固定资产投资，目前我国也常用固定资产投资来表述围绕固定资产建设的相关活动。

基本建设是促进社会生产发展和提高人民生活水平的重要手段。它为国民经济各部门新增固定资产和生产能力，对建立新兴产业部门，调整原有经济结构，合理分布生产力，采用先进技术提高社会生产力，加速生产发展速度，以及为社会提供住宅和科研、文教卫生设施以及城市基础设施，改善人民物质文化生活等方面，都具有重要意义。

（一）固定资产

固定资产是指在社会再生产过程中，能够在较长时期内为生产、人民生活等方面服务的物质资料。一般只有具备以下条件才能列为固定资产：①使用年限在一年以上。②单位价值在规定的限额以上，否则只是低值易耗品。具体限额按国家有关财政制度和主管部门的规定确定。

固定资产按其经济用途可分为生产性固定资产和非生产性固定资产。生产性固定资产是指在社会生产过程中，能在较长时间内发挥作用而不改变其实物形态的劳动资料，是人们用来影响和改变劳动对象的物质技术手段。例如厂房、机器、设备、铁路、公路等。非生产性固定资产是指直接服务于人民物质文化生活，且在较长时间内发挥作用而不改变其实物形态的物质资料。如住宅、剧院、教学楼、办公楼和其他生活福利设施。

固定资产与流动资产是联系紧密但又相互区别的两个概念。

首先，固定资产在社会生产过程中是劳动资料；而流动资产则是劳动对象。

其次，固定资产在反复参加生产的过程中始终保持原有的实物形态，直至损耗报废才需要进行实物形态的补偿或替换；流动资产在一次性参加生产的过程中会改变或消失本身的实物形态，并需要在每一次生产周期开始前得到实物形态上的补偿。

第三，固定资产的价值在其使用期内按损耗程度逐渐转移到产品中去；流动资产的价值则是一次性转移到产品中去。

为保持固定资产原有的生产规模或扩大生产规模，都必须进行固定资产再生产，以弥补固定资产在生产和使用过程中的损耗或扩大生产规模带来的产能缺口，依据固定资产再生产后是保持原有规模还是扩大原有规模，可以将固定资产分为简单再生产和扩大再生产。固定资产的新建、改建和扩建都是以形成新的固定资产为目的，具有整体性的固定资产扩大再生产经济活动。如一个工厂、一所医院的工程建设以及与此关联的设备、仪器购置安装等。

（二）基本建设的内容

1. 固定资产的建造

固定资产的建造包括建筑物和构筑物的建造和设备仪器的安装两部分。建筑安装工程主要包括各类建筑物(如厂房、宿舍等)和构筑物(如矿井、桥梁)的建造，管道、输电线和电信线的敷设工程等；设备安装工程包括各种生产、实验、医疗、检验的仪器设备及配套的动力、起重、运输、传动等设施的装配和装置工程。

2. 固定资产购置

固定资产购置是指对建设项目中所有符合固定资产条件的设备、工具、器具的购置。虽然购置活动是流通过程，但购置的物资是固定资产。

3. 其他基本建设工作

指基本建设中不可或缺的其他工作，包括勘察设计、土地拆迁、职工培训、建设单位管理等工作。

（三）基本建设的分类

我们可以按多种不同的角度对基本建设进行分类。

1. 基本建设按投资用途分类

按投资用途对基本建设分类的目的，是为了反映投资在各种不同用途的基本建设工程中的分布情况，便于研究各类用途的基本建设工程的比例关系。

（1）生产性建设。它是指直接用于物质生产或为满足物质生产需要的建设。包括：工业建设、建筑业建设、农林水利气象建设、运输邮电建设、商业和物质供应建设、地质资源勘探建设等。

（2）非生产性建设。它是指用于满足人们物质和文化生活需要的建设。包括：住宅建设、文化卫生建设、科学实验研究建设、公用事业建设、其他建设等。

2. 基本建设按建设项目的性质分类

从全社会的角度，基本建设是由一个个建设项目所组成。建设项目是指在一个或几个场地上，按照总体规划设计或初步设计进行的一个或多个有内在联系的单项工程所组成的，在建设中实行统一核算、统一管理的建设单位。

（1）新建项目。它是指新开始建设的项目。对在原来基础上重新进行总体设计，经扩大建设规模后，其增加的固定资产价值超过原有固定资产价值三倍以上的项目也属于新建项目。

（2）扩建项目。它是指原有企事业单位为扩大原有产品的生产能力和效益，或增加新产品的生产能力和效益，而扩建的主要生产车间或工程的项目，也包括事业和行政单位增建的业务用房(如办公楼、病房等)。

（3）改建项目。它是指原有企事业单位为提高生产效率、改进产品质量，或改进产品方向，对原有设备、工艺流程进行技术改造的项目。企业为消除各工序或车间之间生产能力不平衡、增加或扩建的不直接增加本企业主要产品生产能力的车间为改建项目；现有企事业单位、行政单位增加或扩建部分辅助工程和生活福利设施且不增加本单位主要效益的项目也为改建项目。

（4）恢复项目。它是指企事业单位原有的固定资产因自然灾害、战争或人为灾害等原因已全部或部分报废，而后又恢复建设的项目。无论恢复建设后的规模是否比原来扩大都属于恢复项目；但尚未投产的项目因上述原因损坏再建的，仍按原项目看待，不属于恢复项目。

（5）迁建项目。它是指原有企事业单位由于各种原因迁移到另一个地方而进行的建设项目。无论其建设规模是否扩大都属于迁建项目。

除此之外，还可以根据项目投资额或生产规模的大小将建设项目分为大、中、小型项目。根据投资主体不同将建设项目分为中央投资项目、地方政府投资项目、企业投资项目、联合投资项目等。

二、建筑业

（一）建筑业的定义

依据《中华人民共和国建筑法》，建筑业从事的建造活动分为四大类：

（1）各类房屋建筑及其附属设施的建造，及与之配套的线路、管道、设备的安装活动。

（2）抢险救灾及其他临时性房屋建筑和农民自建低层住宅的建造活动。

（3）军用房屋建筑工程的建造活动。

（4）其他专业建筑工程的建造活动（指铁路、水利水电设施、公路、港口、码头、机场等）。

而要完成这些建造活动，需要围绕建筑工程产品生产过程开展一系列相关工作，因此可以从狭义和广义的角度去定义建筑业。

狭义的建筑业是指直接从事建筑产品加工生产活动的行业。其基本特征是通过运用一定的技术、工程机械进行劳动，将建筑材料、构配件和工艺设备组合，最终形成土木建筑工程产品。

广义的建筑业是指围绕土木建筑工程产品生产过程，支撑展开的从建筑产品规划、计划、设计、施工、运行维护等建设全过程工作的所有相关机构的集合。行业所涵盖的范围包括：工程勘察、设计、建筑材料的生产与供应、构配件加工与组装、土木与建筑工程施工、仪器设备及管道安装、产品运行期维护、工程管理服务以及与之相关的教育、咨询、科研、行业组织等机构。因此，建筑业是一个以为社会提供土木建筑产品为目的，以土木建筑产品生产过程为主导，以相关工程服务为辅助，以与建筑业相关的工业生产（如建筑材料、机械设备制造等）、科研、教育为依托的功能完善的产业。

（二）建筑业组成分类

根据国家标准《国民经济分类》（GB/T4754—2011），建筑业划分如下：

1. 房屋建筑业

房屋建筑指房屋主体工程的施工活动，不包括主体工程施工前的工程准备活动。

2. 土木工程建筑业

土木工程建筑业指土木工程主体的施工活动；不包括施工前的工程准备活动。

土木工程建筑包括：铁路、道路、隧道和桥梁工程建筑；水利和内河港口工程建筑；海洋工程建筑；工矿工程建筑；架线和管道工程建筑；其他土木工程建筑。

3. 建筑安装业

建筑安装指建筑物主体工程竣工后，建筑物内各种设备的安装活动，以及施工中的线路敷设和管道安装活动；不包括工程收尾的装饰，如对墙面、地板、天花板、门窗等处理活动。

建筑安装包括：电气安装；管道和设备安装；其他建筑安装业。

4. 建筑装饰和其他建筑业

建筑装饰指对建筑工程后期的装饰、装修和清理活动，以及对居室的装修活动。

其他建筑业包括：工程准备工作；提供设施服务；其他未列明的建筑活动。

三、建筑业与基本建设的关系

建筑业与基本建设是联系紧密的不同概念，拥有不同的内涵，其相互间的联系与区别见表1-1。

表1-1 基本建设与建筑业的区别与联系

关 系		基 本 建 设	建 筑 业
联系		基本建设投资是建筑业发展的前提	基本建设的主要内容由建筑业完成
区别	性质	是一种投资的综合性经济活动	一个物质生产部门
	内容	包括建筑安装工程和设备购置	完成基本建设投资、更新改造和维修所产生的建筑安装任务
	任务	在一定期限和资金限额内完成投资活动，获得符合建设目标的固定资产	为社会提供更多、更好、更经济的建筑产品并获取利润

四、建筑业在国民经济中的作用

（一）建筑业在国民经济中发挥着支柱产业的作用

建筑业为推动国民经济增长和社会全面发展发挥着重要的作用，建筑业占国内生产总值的比重位居第四，仅次于工业、农业和商业，已经成为国民经济的支柱产业之一。

建筑企业生产经营规模持续扩大，2006~2009年，建筑业总产值增速都在20%以上，2011年全国建筑业总产值达到117734.16亿元。建筑业还成为许多地区当地财政的支柱性财源，税收贡献突出。建筑业对上下游产业的拉动作用明显，据国家发改委研究所对2009年"4万亿元投资对各行业初次拉动作用"进行的测算结果显示，4万亿投资对建筑业的初次拉动作用最大，将使建筑业增加值达到5940亿元，占初次拉动总量的14.85%。

（二）建筑业为社会经济文化发展提供了重要的物质基础

建筑业的产出表现为向本部门和其他部门以及社会最终产品使用者提供产品。这些土木建筑产品构筑了整个社会生产和生活所需的物质环境，是社会经济文化发展不可或缺的物质基础。

近三十年，伴随国家经济的高速发展，建筑业迎来了前所未有的发展机遇，取得了显著成果。宝钢一期、秦山核电站、黄河小浪底水利枢纽、载人航天发射场、西气东输、青藏铁路、长江三峡水利枢纽、首都机场航站楼、奥运会场馆工程、世博园工程等一系列重大工程项目成功完成且良好运行。

铁路、公路、港口、机场和电力等基础设施建设成绩斐然。铁路营运里程由1978年的5.17万km增加到2010年的9.1178万km，其中电气化铁路3.2717万km，且已形成时速达160km以上的"四纵四横"提速网络，覆盖全国大部分地区和主要城市；公路里程2010年达到400.8229万km，其中高速路里程达到7.4113万km、农村公路里程达350.66万km，实现全国省际及大部分中心城市间的高速公路连接，绝大部分乡镇和建制村通公路；港口生产用码头泊位由1978年的755个增加到2010年的18726个，其中万吨级泊位1611个；2010年民航定期航班达到1880条，民航航线里程从1978年的14.9万km增加到2010年的276.5147万km。西电东输的北、中、南三个通道共形成输送能力超过3250万kV。这些建设任务的完成，不仅大大提升了我国的经济实力，也更有利于满足人民生产生活的需要，意义深远。

（三）建筑业促进或带动其他关联产业共同发展

建筑业与国民经济系统中的众多部门相关联，其既为全社会生产和非生产部门提供重要物质技术基础；又消耗着钢材、木材、水泥、玻璃、五金等多个行业上千种品质和规格的产品。

从建筑业直接消耗另一个部门产品数量的角度分析，建筑业在生产中需要投入的建筑材料及其他非金属矿物制品业的产品最多，其次是金属产品制造业产品，第三是对劳动者的需求，这三个部门产品的投入量约占中间投入量的50%。

从建筑业生产需要各部门直接和间接的投入角度分析，建筑业最终产品完全消耗最多的是金属制品制造业产品，其次是机械设备制造业产品，对建材及其他非金属矿物、采掘业、化学工业产品的依赖度基本相当。

由此可见，建筑业的发展对国民经济多部门具有巨大的波及效应和产业关联效应，能为其他产业部门的发展提供广阔的市场，对整个国民经济起到很强的拉动作用，特别对当前拉动内需，促进经济持续发展有着积极的作用。

（四）建筑业为社会提供大量就业机会

建筑业作为劳动密集型行业，建筑业产业规模的扩大，带动建筑业从业人员的增加。以国家统计局公布第二次全国经济普查的结果，截止2008年年底，在单位从业人员中，建筑业从业人数（占14.3%）仅在制造业（占38.2%）之后。到2011年年底建筑业从业人数达到4311.07万人，占当年全社会就业总人数的5.64%。建筑业吸纳大量劳动力，为缓解就业压力、解决农村剩余劳动力转移、促进农村产业结构调整、解决毕业生就业压力等方面做出了积极的贡献。

（五）建筑业在新农村建设中发挥着积极的作用

通过推行针对农村砖木结构、砖混结构或框架结构的设计施工规范；加强农村工程施工队伍建设；加强农村建房质量监督和技术服务；推荐多样化"样板房"施工图样供农民选择等措施。在减轻农民设计负担，保证农村住房质量的同时，还实现了新农村建设的整体性和美观性。

通过帮助农村居民致力于实现"走平坦路、喝干净水、上卫生厕、住整洁房、用洁净能源"的基本生活目标，积极推进新农村"庭院绿化、道路绿化、村旁绿化和垃圾无害化处理"的环境建设，加强对农村医疗、教育、养老和文化等基础设施的升级改造和补充建设，达到不断提升农村居民物质和文化生活水平。

秸秆等植物纤维作为建筑材料的应用研究取得一定突破，随着秸秆建筑的逐步推广，生物沼气转化设施的广泛应用，都为农村固体垃圾无害化处理提供了良好途径。

五、建筑产品及其生产的特点和经营管理特点

建筑业的生产对象是建筑产品，与一般的工业生产比较，建筑产品生产也是把生产资源投入到产品的生产过程，其生产上的阶段性和连续性、组织上的专业化和协作化，都与工业产品的生产一致。与此同时，由于建筑产品自身有别于其他产品的特点，决定了其生产的技术经济特点和经营管理特点的独特性，这些特点对建筑业生产的组织和管理产生了很大的影响。

（一）建筑产品的特点

1. 建筑产品的固定性

作为建筑产品的各种构筑物和建筑物，在固定的地方进行建造后直接与作为基础的土地连接，只能在建造地供长期使用，有的产品甚至成为土地不可分割的一部分（如油田、地下铁道等）。这种固定性是建筑产品区别于其他生产部门产品的重要特点。但是，虽然建筑产品不能移动，不能作为商品在世界市场上流通，这种固定资产的所有权证书却可以变换，可以买卖，即可以观念性流通。同时建筑产品固定性还体现在生产过程中产品本身固定不动，只能是生产者和生产设备在不同的工作面上流动，这一点与造船业的生产过程类似。

2. 建筑产品的多样性

一般的工业生产部门，如机械工业、电子工业、材料工业等，生产的产品都是按照同一设计图样，反复连续进行大批量生产着规格相同、加工制造过程相同的产品，即使研制的新产品要投入生产，也是在开始改变工艺方法和生产流程后就可以继续大批量生产。建筑产品则是根据不同用途、不同地区，依据专门的设计图样，采用不同的施工技术和组织方法建造出的，多种多样的房屋和构筑物。即使是采用同一种设计图样重复建造的建筑产品，也会因为不同建设地点的地形、地质、水文等自然条件不同，以及交通、材料资源等生产条件的不同而在施工中对设计图样、施工技术和组织方法作出相应改变，从而使建筑企业生产出的每个建筑产品都具有个体性。

3. 建筑产品体积庞大

建筑产品体积庞大，在建造过程中要消耗大量的人力、物力和财力，所需建筑材料数量巨大，品种复杂、规格繁多，其品种、规格数以万计；建筑产品所需资金也很多，少则几十万、多则几十亿、上百亿；同时建筑产品体积庞大，占用空间多，建筑生产常常在露天进行，受气候条件影响大。

4. 建筑产品生产周期长

建筑产品的生产周期是指建设项目或单项工程在建设过程中所耗用的时间。即从开始施工到全部建成投产或交付使用所经历的时间。建筑产品体积庞大、造型复杂，产品固定且具有不可分割性，生产过程只能将大量人力物力投入到固定的建设地点，这一切决定了建筑产品生产周期长的特点，这也决定了整个建设工程必须长期占用和消耗相应的机器设备、劳动力和资金，直到生产周期完结，才能出产品。

（二）建筑产品生产的技术经济特点

1. 建筑生产的流动性

由于建筑产品的固定性,决定了生产者和生产工具要发生转移,要从一个施工段转移到下一个施工段,从房屋的一个部位转移到另一个部位,且当施工完成后还要从一个工地转移到另一个工地,这即是建筑产品生产的流动性。

与工业产品在固定的工厂加工,生产过程中产品在生产线上流动,生产者和生产设备固定不同,建筑产品生产的流动性给施工生产管理和生活保障带来很大的影响,如生产基地的迁移性、生活设施的临时性、生产组织形式的多变性、生产过程运输组织的多样性等。虽然随着建筑工业化的不断推进,建筑生产流动性对建筑生产管理的影响会有一定程度的减弱,但永远无法消除。

2. 建筑产品生产过程联系面广,综合性强

建筑产品生产是在固定地点不同技术工种的人员综合应用各种技术、各种设备对各种不同材料进行构筑安装的过程。整个生产过程涉及很多单位。如建设单位、勘察设计单位、建筑公司、安装公司、机械化施工公司、建筑材料和设备生产单位及运输单位等。在生产过程中需要将各方面力量综合组织起来,围绕缩短工期、降低造价、提高工程质量和投资效益来进行,整个组织管理工作非常复杂,需要运用有效的项目管理技术和方法,对建设全程进行综合管理。

3. 影响建筑生产的因素多,受气候影响大

建筑产品生产工程中,由于设计变更、地质实际情况与勘察情况不符、资金和物质供应条件变化、专业协作状况变化、城市交通和环境变化等情况的出现,会对工程进度、工程质量、建筑成本等产生很大的影响。而建筑产品生产这样一个综合性特别强的过程,所需要的支撑协作条件是繁多的,这些相关条件总会或多或少地影响着建筑产品的生产过程和最终结果。

同时,由于建筑产品的固定性决定了生产只能在露天进行,因此受气候影响大,不仅生产者劳动条件差,且必须要根据不同季节的气候条件采取不同的施工技术方案,给建筑生产带来更多的挑战。

4. 建筑生产过程的不可间断性

建筑产品生产的全过程需要经历:确定项目、选择地点、勘察设计、征地拆迁、购置设备和材料、建筑施工和安装、试车、试生产、验收、竣工投产等环节,是一个不可间断、完整、周期性的生产过程。具体到建筑施工安装过程,其还要经历场地平整、基础工程、主体工程、装饰工程及最后的竣工验收等阶段才能形成建筑产品。

一般而言,建筑产品必须是经历所有的生产过程才能完成并发挥作用。即使是在该过程中产出的一些中间产品和局部产品,例如一个生产性建设项目中的一个车间先建成投产,一栋高层建筑的裙楼部分先交付使用等,可以适当提前部分投资的产出期,但终究不能长期独立运行,不能形成综合生产能力。因此建筑产品生产过程的连续性一旦遭到打断,必然延误工期,导致不能及时形成生产力,进而造成前期投入的人力、物力和财力大量积压,严重影响投资效益。

这一特点要求我们必须遵守施工程序,按照合理的施工顺序,统筹安排建筑生产过程的各项工作,科学合理地组织施工,尽力确保施工在时间和空间上连续开展。

(三)建筑产品生产的经营管理特点

建筑产品在产品和生产中所具有的一系列特点,决定了建筑企业实施建筑产品生产经营

管理也具有有别于工业生产经营管理的独特性。

1. 建筑产品是先有用户后组织生产

工业企业一般是先成批生产出产品，再由使用者选购使用。而建筑产品一般是建设单位（用户）先有产品需求，承包单位（施工单位）根据反映用户功能要求的设计图样组织生产，经过竣工验收后交付使用。即使是已经逐步商品化的住房交易，最终用户可以挑选已经建成的建筑产品，但出售这些住房产品的房地产开发商相对于承包商而言，仍然是先有开发商这个用户才有承包商组织的生产。

2. 生产经营业务不稳定

建筑生产企业的所有经营业务有赖于各行各业发展所构成的对不同固定资产的需求。因此，国民经济发展的速度和方向深刻地影响着建筑企业甚至整个建筑业的发展。首先，不同时期固定资产投资量的大小直接影响到建筑企业业务总量的大小，即经济高速发展时期，建筑产品需求量大幅增长，经济调整时期，需求量萎缩甚至急剧下降；其次，同一时期投资重点区域分布的改变会对相关建筑企业的业务量产生影响，即国家因经济发展布局的需要，不同时期在不同区域的固定资产投资变化会造成对建筑产品需求量的变化；第三，不同发展时期，国家经济发展重点的不同也会对建筑企业产品结构产生影响，如一个时期工业建筑需求增加、一个时期民用建筑需求增加等。

这一切对建筑企业直接的影响就是导致建筑企业生产业务从数量到产品结构的不断变化，为此，建筑企业的生存发展就必须建立在打造企业核心技术力量，拓展生产经营范围，预测把握国民经济发展速度和方向，提高企业应变能力上。

3. 管理环境多变

由于建筑产品的固定性，决定了建筑生产只能在不断变化的环境中进行，可变因素和不可预见因素多，相应的管理环境随地点、时间的不同经常发生变化。管理环境分为自然环境和社会环境。自然环境是指建设地点的地形、地质、水文、气象等；社会环境是指建设地区的劳动力来源、物质供应、运输及配套协作条件、相关的法律法规等。首先，不同工程位于不同地点，相应的管理自然环境和社会环境都会发生不同程度的变化，如发达地区的物质供应、交通条件或其他协作条件都要好于边远地区；其次，同一工程在不同的施工阶段，管理环境也会发生不同程度的变化，如夏季、冬季、雨季的施工条件不同，采取的技术措施和管理组织必然不同。管理环境的多变加大了生产经营预见性和可控性的难度。

4. 机构人员变动大

建筑产品生产要经历许多不同的阶段，在每个阶段所采用的施工技术和方法、使用的施工机械都不同，对施工人员的工种和数量需求也各不相同。同一工程在不同时间人员的变动很大；不同工程，同一时间，对不同工种的配合比例很难协调。

5. 市场竞争激烈

由于建筑企业相对工业企业而言技术含量不高，行业准入门槛低，导致建筑企业数量较大，面对起伏不定的建筑产品市场需求，各企业的竞争十分激烈，再加上国家逐步开放和改善私人等非公有制企业参与建筑生产的市场竞争，进一步加剧了建筑业优胜劣汰的竞争态势，为此企业若能抓住国家高速经济发展的契机，在建造更多满足社会需要的建筑产品的同时，苦练内功，提高企业技术管理水平，建立企业核心竞争力，才能在严酷的竞争环境中生存和发展。

第二节 基本建设程序及管理

一、建设程序

建设程序是指建设项目从设想、选择、评估、决策、设计、施工到竣工验收、投入生产或使用的整个建设过程中，各项工作必须遵循的先后次序。即指建设项目建设全过程必须遵循的先后顺序。

建设工程项目具有特定的用途，且位置固定，因此，工程建设一定是在特定的矿藏资源、工程地质、水文地质等自然条件的严格制约下进行的。这决定了任何项目的建设过程，一般都要经过计划决策、勘察设计、组织施工、验收投产等阶段，每个阶段又包含着许多环节。这些阶段和环节有其不同的工作步骤和内容，它们按照自身固有的规律，有机地联系在一起，并按客观要求的先后顺序进行。前一个阶段的工作是进行后一个阶段工作的依据，没有完成前一个阶段的工作，就不能进行后一个阶段的工作。

建设程序是人们基于对以往建设过程中呈现的客观规律的认识，从实践中归纳总结提炼出来，用于指导建设工作，并得到多年建设实践验证的，科学合理的工作程序。它是建设项目科学决策和顺利实施的重要保证。由于建设项目建设周期长，协作配合单位多，影响因素复杂，许多工作需要前后衔接、左右配合或相互交叉，没有一定的程序指导，是很难顺利实施，达到预期效果的。遵循建设程序，先规划研究，后设计施工，有利于防止重复建设、防止主观臆断，确保项目决策正确，缩短建设周期，保证工程质量，控制工程造价，从而提高建设项目的投资效益。

二、建设程序的步骤

建设项目从建设前期工作到建设、投产或使用，需要经历几个循序渐进的阶段，每个阶段都有自身的工作内容。目前我国建设程序的主要阶段包括：项目建议书阶段、可行性研究阶段、设计阶段、建设准备阶段、建设实施阶段、竣工验收阶段、项目后评价阶段等。每个阶段还都包含若干环节和不同的工作内容，他们依照自身的固有规律，有机地联系在一起，且有客观的相互顺序。建设程序示意图见图1-1。

三、建设程序的主要内容

建设程序一般包括以下内容：

（一）项目建议书

建设项目的主管单位根据国民经济和社会发展的长期规划，行业和部门发展规划，区域和城市发展规划，以及市场需求或资源优势，研究提出项目建议书。一般要经历以下阶段：

1. 环境调查和问题研究

即对上层系统状况、市场状况、组织状况、自然环境进行调查，全面罗列发现的问题并进一步分析研究，明确问题的原因，为正确的项目目标设计和决策提供依据。

2. 项目目标设计

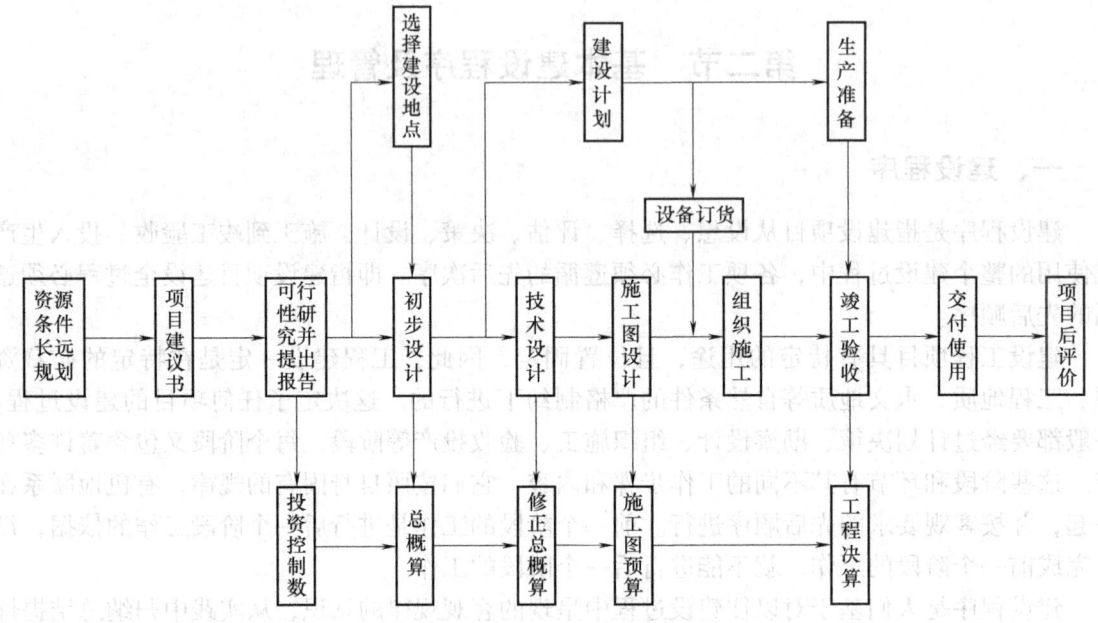

图1-1 建设程序示意图

即是确定项目预期要达到的总目标。针对上层系统的情况和存在的问题，上层组织战略和环境条件提出目标因素；对目标因素进行优化，建立目标系统。

3. 项目定义和总体方案策划

项目定义首先要确定项目的目标系统范围，其次要逐一说明项目的各个目标指标。在此基础上，根据项目总体目标，进一步策划项目总体的实施方案。

4. 提出项目建议书

项目建议书是对建设项目的轮廓设想，是建设项目正式开展前期工作的依据。项目建议书主要是对环境条件、存在问题、总体目标、项目定义和总体方案的说明和细化，同时提出在可行性研究中需要考虑的各个问题和指标。其内容主要包括：

（1）建设项目提出的必要性和依据。
（2）产品方案、拟建规模和建设地点的初步设想。
（3）资源情况、建设条件、协作关系。
（4）投资估算和资金筹措设想。
（5）项目进度设想。
（6）经济效益、社会效益和环境效益的初步估计。

项目建议书按照国家规定的程序审批。经审查批准立项后，才能开展项目的可行性研究。

（二）可行性研究

根据审查批准的项目建议书，建设单位委托符合资质要求的工程咨询单位进行可行性研究，对建设项目在技术、工程、经济上，外部协作条件等方面进行全面的技术经济论证，为项目决策提供科学可靠的依据。在可行性研究的基础上，需要对项目进行财务效益、国民经济效益和环境影响等方面的评估，根据可行性研究和评估的结果，由项目的主管部门对项目立项作出最后决策。凡经可行性研究否决的项目不必进行下一步工作。

可行性研究报告是呈现可行性研究分析过程和结论的书面性文件，它是确定建设项目，编制设计文件的重要依据。可行性研究的具体内容详见后面章节。

(三) 建设地点的选择

建设地点的选择(又称为厂址选择),是在拟建地区、地点范围内具体确定建设项目坐落的位置。它是生产力布局的最基本环节,是建设项目可行性研究的组成部分,又是建设项目进行设计的前提。它是根据各地区生产力布局和新建项目可行性报告的各项要求,由规划与设计部门共同承担,在实地踏勘及区域性技术经济调查的基础上,对各地建设条件分析评价,并选择若干个能基本满足建设要求的建设地点方案作定性与定量相结合的技术经济综合论证,从而确定最优的建设地点和具体位置。

建设地点一经选定,不仅对所在地区的经济发展、城镇建设和环境质量产生重要影响,而且直接关系到新建项目的基本建设投资和建设速度,并长期影响企业的经营、管理等经济效果。同时这项工作各部门有着密切的联系,可能涉及的利益面广,矛盾较多。因此这是一项政策性强、技术性和经济性要求高的工作,对大型和特大型建设项目的建设地点选择尤为重要。

(四) 编制设计文件

建设项目的可行性研究报告按规定程序审查批准后,建设单位经设计招标或委托设计单位,按要求编制设计文件。它是建设程序中不可或缺的重要环节,在规划、项目和建设地点已定的情况下,是建设项目能否在实现功能要求的同时实现综合经济效益的决定性环节。

设计文件是安排建设项目和组织工程施工的主要依据。设计工作要分阶段循序渐进地进行,一般建设项目,按初步设计和施工图设计两阶段进行设计;重大或特殊项目,经要求,需在初步设计和施工图设计之间增设技术设计阶段。一些大型联合企业、矿区或水利水电枢纽,为解决总体部署和开发问题,还需要进行总体规划设计或总体设计。

总体规划设计并不是一个单独的设计阶段,它仅是相对于大型联合企业或特大型建设项目中的每个单项工程的设计而对应存在的。其主要任务是根据生产运行的内在联系,对大型建设项目中的每个单项工程在相互配合、衔接等方面进行统一规划、部署,使整个建设项目布置紧凑、流程顺畅、技术可靠、经济合理。总体设计的主要内容包括:建设规模,产品方案,原料来源,工艺流程概况,主要设备配置,主要建筑物、构筑物,公用、辅助设施,"三废"治理和环境保护方案,占地面积估计,总布置及运输方案,生产组织概况和劳动定员估计,生活区规划设想,施工基地部署和地方材料来源,建设总进度及进度配合要求,投资估算等。

对需要进行总体设计的建设项目,初步设计应在总体设计的原则下进行。

初步设计是对批准可行性研究报告提出的内容进行概略的计算,作出初步规定。其作用在于说明在指定的地点、控制的投资额和规定的期限内,拟建工程在技术上的可能性和经济上的合理性,对设计的项目作出基本的技术决定,同时编制总概算。初步设计的主要内容包括:设计依据,设计的指导思想,建设规模,产品方案,原料、燃料、动力的用量和来源,工艺流程,主要设备选型和配置,总图运输,主要建筑物、构筑物,公用、辅助设施,综合利用、"三废"治理、环境保护设施和评价,占地面积和场地利用情况,生产组织和劳动定员,生活区建设,抗震和人防设施,主要经济指标及分析,建设顺序和年限,总概算等。

技术设计是为解决重大或特殊项目的某些具体技术问题,或确定某些技术方案而进行的设计。它是对初步设计阶段无法解决而又必须解决的问题作进一步的研究、试验和设计。如特殊工艺流程的试验、研究及确定；新型设备的试验、确定和制作；建筑物、构筑物关键部位的试验、研究及确定等。因此，技术设计的具体内容需根据工程项目的具体情况和需要而定。同时，根据初步设计编制修正总概算。

施工图设计是在初步设计和技术设计的基础上，将设计的工程形象化和具体化，绘制正确、完整和尽可能详尽的建筑、结构、安装图样。设计图样一般包括：建筑总平面图，建筑平面、立面和剖面图，结构构件布置图，节点大样图，安装施工详图。非标准设备加工详图，设备材料明细表等。施工图设计应全面贯彻初步设计的各项重大决策，作为现场施工的依据，其详尽程度必须满足施工所有环节的需要。同时根据施工图设计编制施工预算，一般施工预算不得突破总概算。

设计单位必须保证设计质量，每项设计都要进行多方案比较，选择最佳方案；设计必须依据充分正确的基础资料；设计采用的数据和技术要正确可靠；设计中采用的设备材料及所要求的施工条件要切合实际；设计文件的深度要符合建设和生产的要求。

设计文件要按规定程序报告审批，经批准的设计文件不能任意修改和变更，若必须修改，也要经相关部门批准。

（五）建设准备

为保证施工的顺利进行，在建设项目可行性研究报告获批后，就必须开始做好各项建设准备工作。建设项目的实施实行建设项目法人责任制，项目法定代表人对工程质量负总责。项目法定代表人必须具有相应的政治、业务素质和组织能力，具备项目管理工作的实际经验。项目法人单位的人员素质、内部组织结构必须满足工程管理和技术上的要求。

建设准备工作的主要内容包括：征地、拆迁；工程、水文地质勘察，收集设计基础资料；完成现场施工供水、供电和道路等工程；组织设计和施工招标，择优选定工程设计和施工单位，组织申报、材料订货等。

（六）组织施工

建筑安装工程施工是根据合同确定的任务，按照设计图样的要求，完成建设项目的建筑物和构筑物建造、机器设备安装的过程。所有建设项目都必须在做好建设准备，获得开工许可后才能开工。

建筑施工是特殊的生产工程，整个施工过程需要各相关方面的协作配合，要做到计划、设计和施工的相互衔接，投资、施工图样、设备材料、施工力量、工程内容等五个方面的落实，保证建设任务的全面完成。

施工单位通过投标获得承包该建设项目施工任务后，要与建设单位签订建筑安装工程承包合同，固定双方经济关系，严格遵照施工程序组织施工。

施工单位要做好学习审查图样工作，明确工程范围、建设规模和技术要求，掌握建设地区自然和技术经济条件，编制施工图预算和施工组织设计等施工准备工作。

工程要按照合理的施工顺序组织施工。做好地下与地上、场内与场外、土建与安装各个工序的统筹安排，合理组织流水施工和立体交叉作业。严格掌控施工进度、质量、成本和安全等问题。

施工过程中要严格按照设计要求和施工验收规范进行施工，按期保质保量地全面完成工程任务。所有隐蔽工程都要经过检验合格并做好原始记录后才能进行下一道工序；对不符合质量要求的分部分项工程要及时采取措施整改，确保整体工程质量。同时要适时推广应用新的施工技术，科学地进行施工组织管理，做到文明施工。

（七）生产准备

生产准备是指建设项目投产前，为确保建设项目竣工后能及时投产所做的全部生产准备工作。生产准备的完成是确保建设阶段顺利转入生产经营阶段的必要条件。建设单位从可行性报告获批，直至项目建成投产的整个建设工程中，都要在抓好工程建设的同时做好生产准备工作，保证项目建成后能及时投产、发挥应有的效益。

为此，建设单位要根据建设项目的技术经济特点，成立专门的生产准备机构，及时做好机构设置、人员配备和培训、技术准备、物质准备、外部协作条件准备等工作。

（八）竣工验收、交付使用

竣工验收是项目建设全过程的最后一道程序。它是建设投资成果转入生产或使用的标志，是全面考核建设工作，检验设计和工程质量的重要环节；是建设单位、合同施工单位和设计单位，按批准的设计文件，就建设项目建成后的生产能力、质量、成本和效益等全面情况进行评价，交付新增固定资产的过程。竣工验收对促进建设项目及时投产，发挥投资效益，总结建设经验等都起着重要的作用。

所有建设项目，凡按批准的设计文件所规定的内容建成，工业项目经带负荷试运转合格，形成生产能力并能生产出合格产品；非工业项目符合设计要求，能够正常使用的，都要及时组织验收。个别由于少数非主要设备和特殊材料短期内不好解决，未能按设计文件规定全部建成，但对近期生产影响不大的项目也应组织竣工验收，办理交付手续，遗留问题由验收委员会确定具体处理办法，报主管部门批准后交由有关单位执行。大型联合企业应分批分期组织验收。

（九）建设项目后评价

建设项目后评价是工程项目竣工投产、生产运营一段时间后，对建设项目的立项决策、设计施工、竣工投产、生产运营等全过程进行系统评价，是固定资产投资管理的重要内容，也是固定资产投资管理的最后环节。通过建设项目后评价，达到肯定成绩、总结经验、研究问题、吸取教训、提出建议、改进工作，不断提高建设项目决策水平和投资效益的目的。

建设项目后评价一般按三个层次进行：

(1) 建设项目单位自我总结。
(2) 建设项目所属行业或地区的评价。
(3) 主要投资方的评价。

四、基本建设管理

构成基本建设工作的每一个建设项目，都是需要一定投资，经过决策、设计、施工等一系列程序，在一定约束条件下，以形成固定资产为目标的一次性工作。因此，基本建设管理包含从宏观层面对所有基本建设活动的统筹规划管理，从微观层面对具体建设项目建设全过程的管理。

宏观层面进行的基本建设管理主要是由各级政府计划管理、城乡规划管理、环境管理、行业管理等部门完成，以实现社会经济宏观发展目标和实施综合管理为前提，通过设计合理的管理机制，配套出台一系列管理制度，并在具体建设项目实施过程中进行规范和引导。其目的是引导建设单位慎重选择投资方向、合理确定建设规模、适当选择建设地点，实现社生产力在不同区域和城市的合理分布，各行业产业能力的结构协调、基础设施的合理配置，使国民经济和社会文化事业可持续地良性发展。其关键的工作在于投资方向和建设地点选择的把控，目前国家放松了投资控制，对不需要国家投资的基本建设项目不需要报政府审批，按"谁投资、谁决策"的原则，地方政府出资由地方计划部门审批，企业出资由企业自主决策。但对企业投资建设的重大项目和限制类项目，在国务院发布的《政府核准的投资项目目录》内的，要按规定的程序论证并报政府核准，确保我国国民经济主要行业骨干支撑架构和分布的均衡和合理，确保国家经济安全、公共利益保障、生态环境保护、资源合理利用等方面得到切实的维护。同时推行固定资产投资项目资本金制度，确保投资资金落实；建立建设项目法人责任制，明确决策者的权利、义务和责任认定，强化投资决策者责任意识；政府通过建设监理的推行、内部审计机构的设立、国家重大建设项目稽查特派员制度的启动等一系列措施加强对投资的监管；提高各行业生产能力等建设相关信息的收集和发布，为项目前期论证提供尽可能准确详尽的信息资料，帮助投资者做出科学合理的决策。促使各建设项目在取得良好投资效益的同时，能提高其对国家整体社会经济发展的良性贡献。

微观层面的基本建设管理是针对具体的建设项目实施全过程进行的管理。目的是在确定的建设地点，限定的投资额度和时间内，在自然、社会等一系列约束条件下，获得能够满足预定使用功能要求（功能、质量、工程规模），达到预定生产能力或能提供预定要求的产品或服务，具有完备运行条件，能经济、安全、高效率运行的固定资产。

国家于2004年颁发《建设工程项目管理试行办法》，明确了工程项目管理工作的具体要求，并加大了工程项目管理企业的培育力度，使项目管理成为工程建设领域主要的管理方法和手段。

建设项目实施全过程有不同层次和角色的参与者，如政府相关部门、投资者、建设单位、设计单位、承包商、项目管理公司、设备材料供应商等。他们作为实现建设目标中的一部分，在不同阶段承担不同范围和内容的工作任务，都有各自的项目管理工作职责和相应的项目管理组织。因此，在一个建设项目中，"项目管理"一词是分角度和层次的，主要包括以下几个方面：

1. 投资者的项目管理

投资者为建设项目筹措并提供资金，关注的是项目的最终产品或服务的生产，并在工程运行中获得投资收益。为实现投资目的，要对投资方向、投资分配、投资计划、工程规模、建设管理模式等重大和宏观的问题进行决策和控制。

2. 建设单位的项目管理

建设单位以建设项目所有者的身份，主要承担工程的建设管理任务，居于项目组织最高层。

建设单位对项目的管理深度和范围由项目的承发包模式和管理模式决定。建设单位要负责整个固定资产投资达到预定的目标，必须对建设项目的全过程进行管理。也即在前述建设程序的每一个环节中都有相应的管理职责，而这些环节的工作又相互衔接、相互制约，任何环节出现问题都可能对后续工作产生直接或间接的影响，从而最终影响建设项目的建设质量。

建设单位可以将建设项目全部、全过程管理工作委托给项目管理公司，自己不直接管理承包商、供应商、设计单位，主要承担项目的宏观管理及项目有关的外部事务。建设单位也可以自己负责项目的全过程管理，但委托一些阶段性管理工作（如可行性研究、设计监理、施工监理等）或专项咨询工作（如造价咨询、招标代理、合同管理等）给相应的咨询服务公司。

3. 项目管理公司（监理公司或咨询公司）的项目管理

项目管理公司根据建设单位委托业务的范围和深度提供项目管理服务，进行工程合同管理、投资管理、质量管理、进度控制、信息管理等，协调与建设单位签订合同的各个设计单位、承包商、供应商的关系，并为建设单位承担项目中的事务性管理和决策咨询等工作。在国家积极培育工程项目管理企业，大力推行工程项目管理和代建制的情况下，这一角度的项目管理日益变得更加重要。

4. 承包商的项目管理

这里承包商是广义的，包括设计单位、工程承包商、材料设备供应商。虽然他们在项目建设中承担的任务不同、扮演的角色也不同，但他们都在同一组织层次上进行项目管理。

设计单位主要对设计文件编制和施工配合的各项工作进行管理，确保设计文件的深度和质量能满足工程施工的需要；设备材料供应单位主要对材料的生产供应，设备的生产、供应、装配、调试、维修等环节进行管理，确保根据工程进度的要求，按时、按量供应符合质量标准的材料和设备，并适时完成设备的安装调试。

工程承包商（施工单位）承担的施工任务是整个建设项目实施过程的主导活动，其工程的进度计划制约着其他协作单位的工作进度安排，同时工程的质量、进度和成本对建设项目的目标影响最直接、最大。作为建设任务的主要承担者，施工单位负责建设项目施工阶段主要工作的管理，其项目管理是最具体、最细致，同时也是最复杂的。因此，人们在日常工作中常用工程项目管理概念指代施工阶段由施工单位实施的项目管理，相对于建设项目实施全过程进行的项目管理而言，这是狭义的项目管理。

5. 政府的项目管理

政府相关部门履行社会管理职能，依据法律法规对建设项目进行行政管理，提供服务和开展监管，目的是维护社会公共利益，使建设项目的建设符合法律的要求、符合城市规划的要求、符合国家对建设项目的宏观控制要求，同时为建设项目的顺利实施创造规范的实施环境。

政府的项目管理工作包括：对项目立项的审查批准；对建设过程中涉及建设用地许可、规划方案、建筑许可的审查批准；对项目涉及公共安全、环境保护、消防、健康等的审查批准；从社会角度对工程的质量监督和检查；对项目进程中涉及市场行为的监督；对在建设过程中违反法律法规行为的处理等。

综上所述，对建设项目进行的项目管理有广义和狭义之分。广义的项目管理是指对建设项目从提出构想开始到交付使用，实现正常运营的全过程进行的项目管理，它是由项目建设单位主导，项目实施相关者共同参与的项目管理，包含了建设程序中所有环节的相关工作。狭义的项目管理则是指在施工阶段，主要由施工单位实施的项目管理。在随后的章节中，主要对建设程序中的前期论证阶段和施工阶段所要应用到的可行性研究、技术经济评价和项目管理的相关知识进行详细的讲解。

第三节 建筑市场

一、建筑市场及建筑市场管理

（一）建筑市场

建筑市场有广义和狭义之分，狭义的建筑市场是指交易建筑商品的场所。由于建筑产品的固定性决定了不可能集中在一定的地方交易，因此一般意义上的建筑市场为无形市场，它主要通过招标投标等手段，完成建筑商品交易，其交易场所随建筑工程的建设地点和成交方式不同而变化。广义的建筑市场是指建筑商品供求关系的总和，包括狭义的建筑市场、建筑商品的需求程度、建筑商品交易过程中形成的各种经济关系等。

建筑市场一般按照以下方式进行分类：

（1）按其交换范围或地理场所可分为：国际建筑市场（亦称海外承包市场）和国内建筑市场，国内市场又可分为城市、农村、部门、地区等建筑市场，或分为宏观建筑市场与微观建筑市场。

（2）按产品特性和形态可分为：实物形态建筑产品市场和非实物形态建筑产品市场。

（二）建筑市场管理

建筑市场管理，是指各级人民政府建设行政主管部门、工商行政管理机关等有关部门，按照各自的职权，对从事各种房屋建筑、土木工程、设备安装、管线敷设等勘察设计、施工（含装饰装修）、建设监理，以及建筑构配件、非标准设备加工生产等发包和承包活动的监督、管理。

建筑市场管理机构主要是各级人民政府建筑行政主管部门和工商行政管理机关，其职责分别为：

1. 建设行政主管部门的建筑市场管理职责

（1）贯彻国家有关工程建设的法规和方针、政策，会同有关部门草拟或制定建筑市场管理法规。

（2）总结交流建筑市场管理经验，指导建筑市场的管理工作。

（3）根据工程建设任务与设计、施工力量，建立平等竞争的市场环境。

（4）审核工程发包条件与承包方的资质等级，监督检查建筑市场管理法规和工程建设标准（规范、规程）的执行情况。

（5）依法查处违法行为，维护建筑市场秩序。

2. 工商行政管理机关的建筑市场监督管理职责

（1）会同建设行政主管部门草拟或制定建筑市场管理法规，宣传并监督执行有关建筑市场管理的工商行政管理法规。

（2）依据建设行政主管部门颁发的资质证书，依法核发勘察设计单位、施工企业、监理企业和招标代理企业等的营业执照。

（3）根据《中华人民共和国经济合同法》的有关规定，确认和处理无效工程合同，负责合同纠纷的调解、仲裁，并根据当事人双方申请或地方人民政府的规定，对工程合同进行鉴证。

(4) 依法审查建筑经营活动当事人的经营资格，确认经营行为的合法性。
(5) 依法查处违法行为，维护建筑市场秩序。

二、建筑市场运行管理机制

建筑市场是建筑业各方主体在生产、消费、流通、分配活动的综合。建筑市场的变化对建筑市场各个主体会产生重大的影响，反之，生产各主体的变化也会通过市场的种种变化反映出来。《中华人民共和国经济合同法》的颁布，将建筑业企业的交易行为纳入法制化轨道。《中华人民共和国建筑法》和《中华人民共和国招标投标法》的实施，为国家规范建筑市场交易行为，维护建筑市场正常秩序，保障建筑活动当事人合法权益提供了法律依据。

1999年《关于深化建设市场改革的若干意见》明确了深化建设市场改革的主要方面。它涉及建设市场准入制度、政府投资工程管理制度、工程咨询设计制度、政府工程质量监督制度、市场竞价形成工程价格的机制、工程风险管理制度、工程管理信息系统等。

通过建设工程招标投标制、建设工程监理制、项目管理制的全面推行，我国的有形建筑市场体制，建筑业大中小企业分层竞争态势，以及工程总承包、专业承包、劳务分包的三层次企业结构都已基本形成。《建设工程质量管理条例》、《建设工程安全生产管理条例》、《建设工程勘察设计管理条例》等相关法规的实施，针对整个工程项目建设全过程所有工作环节建立了基本适应市场经济要求的运行管理机制，确保我国固定资产投资建设活动规范有序开展，取得显著成效，建筑市场正向统一开放、竞争有序的方向迈进。其市场运行管理的机制主要包括：

（一）建筑市场准入和清除制度

建筑市场准入制度包括：建筑业企业资质管理制度、建筑业个人注册执业制度、建设工程许可制度。

1. 建筑业企业资质管理制度

建筑业企业资质管理是由相关职能部门依据相关法规，对工程建设领域的企业资质进行严格管理。所有工程勘察、设计、施工、监理、招标代理企业，都必须依法取得相应等级的资质证书，并在其资质等级许可的范围内从事相应的工程建设活动，禁止无相应资质的企业进入工程建设市场；同时对获得资质的企业的经营生产状况、诚信状况进行管理，对生产经营中出现严重问题的企业实施相应的处罚，直至撤销企业资质。

国家先后出台了《建筑业企业资质管理规定》、《建筑业企业资质标准》、《工程勘察资质标准》、《工程监理企业资质管理规定》、《工程造价咨询单位管理办法》等相关管理规定和办法，分别对工程建设领域相关企业的资质等级与标准、资质申请与审批、资质管理、业务承接进行了详细规定。《外商投资建设工程服务企业管理规定》对外商在中国投资建设工程服务企业提出了相应的管理规范。这些管理规定和办法的制定和实施，构筑了严格的建筑市场企业准入和清除制度，为提高建设质量，确保投资效益提供了基本保证。

2. 建筑业个人注册执业制度

建筑业个人注册执业是指从业人员通过资格考试，进行注册后，方可在许可范围内执业。

相关职能部门依据相关法规，对工程建设领域的相关专业技术人员执业资格进行严格管理。相关从业人员必须取得相应的执业资格才能从事相应的专业技术工作，禁止无相应执业资格的人员进入工程建设市场；获得注册执业资格的专业技术人员应遵守相关法律法规和技术规程，认真履职，凡注册执业人员因过错造成质量事故的，要责令停止执业或吊销执业资格证书，情节特别恶劣的，终身不予注册。

住房和城乡建设领域设立的执业资格主要包括：注册监理工程师、注册房地产估价师、注册造价工程师、注册建筑师、勘察设计注册工程师、注册城市规划师、注册建造师、注册土木工程师等。经过多年建设，住房和城乡建设领域个人执业资格管理的框架体系已形成，审批主体和执业资格日常管理机构明确，适合各专业领域特点的执业资格准入标准和考试制度已经建立。

执业资格制度的实施，明确了专业人士的执业管理要求，增强了执业人员的责任感，提高了社会监督和生产监管能力，为保障建设工程质量安全发挥着重要的作用。

3. 建设工程许可制度

建设工程许可制度是由相关职能部门针对工程建设中的不同阶段和不同对象实施严格的许可管理。主要包括：建设工程规划许可证、建设工程施工许可证、建筑施工企业安全生产许可证等。

建设工程规划许可证是城市规划行政主管部门依法核发的，确认有关建设工程符合城市规划要求的法律凭证。它是建设单位建设工程的法律凭证，是建设活动中接受监督检查时的法定依据。城市规划区内各类建设项目（包括住宅、工业、仓储、办公楼、学校、医院、市政交通基础设施等）的新建、改建、扩建、翻建，均需依法办理《建设工程规划许可证》。没有此证的建设单位，其工程建筑是违章建筑，不能领取房地产权属证件。可能的法律后果包括：停止建设，限期拆除或没收违法建筑、给予行政处罚。

建筑工程施工许可证是建设行政主管部门核发的，确认建设单位取得施工许可的法律凭证。在我国境内从事各类房屋建筑及其附属设施的建造、装修装饰和与其配套的线路、管道、设备的安装，以及城镇市政基础设施工程的施工，建设单位在开工前都必须依照《建筑工程施工许可管理办法》的规定，向工程所在地的县级以上人民政府建设行政主管部门申请领取施工许可证。按规定必须领取施工许可证的建筑工程未取得施工许可证的，一律不得开工。建设行政主管部门对于不符合法定开工条件的，一律不得颁发施工许可证或者批准开工；对于已完工程项目有违反合同约定拖欠工程款的，对其新建工程项目不得颁发施工许可证或者批准开工；对于未取得施工许可证或批准开工报告而擅自施工的，依法作出处罚。

建筑施工企业安全生产许可证是由建设主管部门核发的，确认建筑施工企业取得安全生产许可的法律凭证。建筑施工企业从事建筑施工活动前，应当依照《建筑施工企业安全生产许可证管理规定》向省级以上建设主管部门申请领取安全生产许可证；中央管理的建筑施工企业（集团公司、总公司）应当向国务院建设主管部门申请领取安全生产许可证。未取得安全生产许可证的建筑施工企业，不得从事建筑施工活动。

建筑工程许可制度的实施，对建筑市场参与各方在不同阶段应该具备的工程实施条件进行了严格的审查管理，为建筑生产活动顺利安全的开展提供了保障。

（二）工程建设强制性条文

建设工程标准是指建设工程设计、施工方法和安全要求以及有关工程建设的技术术语、符号、代号和制图方法等所作的统一的技术要求。依其效力强度分为强制性标准和推荐性标准，依其适用范围分为国家标准、行业标准和企业标准。

工程建设强制性标准是直接涉及工程质量、安全、卫生、环境保护等方面的工程建设标准。工程建设强制性标准主要包括：工程建设勘察、规划、设计、施工（包括安装）及验收等综合性标准和重要的质量标准；工程建设有关安全、卫生和环境保护的标准；工程建设重要的术语、符号代号、量和单位、建筑模数和制图方法标准；工程建设重要的试验、检验和评定方法等标准；国家需要控制的其他工程建设标准。

工程建设强制性条文是工程建设中的强制性技术规定，是参与建设活动各方执行工程建设强制性标准的依据，也是政府对执行情况实施监督的依据。工程建设强制性条文的执行既是贯彻落实《建设工程质量管理条例》的重要内容，又是从技术上确保建设工程质量的关键。强制性条文的正确实施，是促进建筑市场健康发展，保证工程质量、安全，提高投资效益、社会效益和环境效益的重要保证。建设单位和勘察、设计、施工、监理企业要认真学习国家有关工程质量的法律法规及工程建设强制性标准，依法落实各自对质量、安全和环境保护的责任和义务。建设行政主管部门和其他有关专业部门，要依法加强对工程建设强制性标准执行情况的监督检查，并依法对违反工程建设强制性标准的企业进行处理。

（三）工程建设招标投标制

工程建设招标投标是指针对工程以及工程建设有关的货物及服务的招标投标，是指建设单位通过招标方式择优选定建设工程承包单位（监理、设计与施工）。即建设单位对自愿参加某一特定项目投标的投标者进行全面审查、综合评比、择优选定承包人；具有合格资格的设计、监理、施工单位作为投标者，通过投标报价争取设计、监理、施工任务的承包权；建设单位与中标者签订承包合同，明确规定工程承包单位与建设单位间的责任、权利和义务；双方根据签订的合同相互制约、相互督促，确保保质保量按期完成工程建设任务。

2000年1月1日，《中华人民共和国招标投标法》的实施，以及随后颁布实施的《工程建设项目施工招标投标办法》、《中华人民共和国招标投标法实施细则》、《建筑工程设计招标投标管理办法》、《工程建设项目勘察设计招标投标办法》、《工程建设项目招标范围和规模标准规定》，以及各部委、地方政府颁布实施的招标投标的相关法规，基本构建了建筑招标投标领域完整的法律法规体系。为全面推行招标投标制，规范建筑市场的建设工程招标投标活动，保护国家利益、社会公共利益和招标投标当事人的合法权益，提供了重要的法律依据。

（四）建设工程监理制

我国建设工程监理制度于1988年开始试点，1997年《中华人民共和国建筑法》以法律制度形式明确"国家推行建筑工程监理制度"。

建设工程监理是指具有相应资质的工程监理企业，接受建设单位委托，依据国家批准的项目建设文件、有关工程建设的法律、法规和建设监理合同及其他工程建设合同，对工程建设实施的监督管理。建设工程监理可以是技术工程活动的全过程监理，也可以是建设工程项目某一实施阶段的监理，如设计阶段监理、施工阶段监理。

监理单位是建筑市场的主体之一，其与项目法人间是被委托和委托的合同关系，与被监理企业是监理与被监理的关系。监理单位按照"公正、独立、自主"的原则开展建设工程监理工作，提供有偿的工程咨询服务，公平地维护项目法人和被监理企业的合法权益。建设工程监理的主要工作可以概括为三控制、三管理、一协调，即投资控制、进度控制和质量控制；合同管理、安全管理和风险管理；监理机构在施工阶段的组织协调。

《建筑工程质量管理条例》和《建设工程安全生产管理条例》中，从质量和安全的角度明确规定了建设工程监理的义务和责任，特别强调了监理单位要对所监理的建设工程项目的施工质量和安全生产承担监理责任；规范建设监理市场行为的《工程建设监理规定》，《工程建设监理单位资质管理试行办法》《建设工程监理规范和规模标准规定》、《工程监理企业资质管理规定》、《注册监理工程师管理规定》等法律法规相继出台，监理的法律法规体系基本形成，建设工程监理为社会认可，应用广泛，效益明显，已成为我国建设市场运行的基本制度之一。

（五）项目管理制

1987 年，建筑业开始推行"项目法施工"，到 1989 年，项目法施工已为施工企业普遍接受，施工企业组织结构和经营机制改革的总体态势已经形成。原建设部 2002 年制定实施了《建设工程项目管理规范》，使我国工程项目管理走上法治化轨道，为以后的工程项目建设，工程总承包制的推广，"代建制"的推行提供了保证。

加入 WTO 后，我国的工程项目管理方式日益与国际接轨，为应对国际工程承包的需要，原建设部于 2003 至 2004 年先后印发《关于培育发展工程总承包公司和工程项目管理企业的指导性意见》、《建设工程项目管理试行办法》，标志着我国工程项目管理进入新的发展阶段，建筑业的生产方式和组织结构将再次发生深刻变化。对培育工程项目管理企业，大力推行工程项目管理和代建制，促进工程项目管理与国际接轨，提高工程建设质量和投资效益起着重要的推动作用。

2006 年，原建设部完成对《建设工程项目管理规范》的修订并开始实施，为促进工程项目管理的规范化、科学化和法治化，提高工程项目管理水平提供了系统全面的指导依据。

在 2003 年确立建造师执业资格制度的同时，加大项目经理国际化的培训力度，建立了项目管理（建设行业）职业资格的国内和国际认证体系。目前正在开展的培训认证有 IPMA 培训、CIOB 培训。

（六）工程咨询服务体系

围绕建设项目建设活动的开展，需要一系列与市场化运行相配套的咨询、代理服务，国家根据确立的工程建设模式，培育发展了工程建设监理单位、工程造价咨询单位、工程招标代理单位、工程项目管理单位等中介服务企业，并针对他们不同的工作范围、工作性质和特点制定了相应的管理规定或办法，促进中介服务业健康快速发展，更好地为工程建设工作服务。

（七）建设工程担保制度

工程担保制度是建筑市场极为重要的信用保障手段，是确保信用实现的经济手段。工程项目一般要经历招标投标、设计、施工和质量保修等阶段，每个阶段都应有相应的保证担保，如投标担保、履约担保、业主支付担保和保修担保等。这些以合同履约为中心的担保品种，覆盖了工程项目的全过程。

2007 年颁发的《关于在建设工程项目中进一步推行工程担保制度的意见》，规定了工程建设合同造价在 1000 万以上的房地产开发项目，施工单位和建设单位必须分别提供以对方为受益人的承包商履约担保和工程款支付担保。同时提出在 2008 年前完成工程担保制度试点，逐步建立较为完善的工程担保法律法规体系、信用管理体系、风险控制体系和行业自律机制。

三、建设项目采购模式

建设项目采购模式是对建设项目的合同结构、职能划分、责任权利、风险等进行确定和分配的方式。建设项目采购模式的本质是建设项目的交易方式，同时又决定着建设项目的组织方式、管理方式或实施方式，并对应着相应的合同结构和合同安排。

目前国内外建筑市场普遍采用的采购模式主要有：设计—招标—建造模式（DBB模式）、设计—建造模式（DB模式）、设计—采购—建设模式（EPC模式）、建设管理模式（CM模式）、项目管理模式（PM模式）、建设—经营—移交模式（BOT模式）等。

（一）设计—招标—建造模式（DBB模式）

设计—招标—建造模式是业主与设计单位签订专业服务合同，设计单位负责提供项目的设计和合同文件；然后通过竞争性招标将工程施工任务交给中标的承包商完成。此模式是国际上通用的传统项目管理模式，在世界各地长期得到广泛的采用。

在此模式下，参与建设项目的业主、设计商和承包商在各自合同的约定下，履行义务，行使权利，三方责、权、利分配明确；业主可以自由选择设计咨询人员，对设计要求可进行控制；业主可以自由选择监理机构对工程实施监理。但由于项目按设计、招标、施工的顺序组织实施，建设周期长，投资容易失控，业主管理成本较高，设计成果可能因施工方未参与而影响其实际"可施工性"，设计与施工双方协调较困难，甚至可能发生设计与施工双方的责任推诿。

（二）设计—建造模式（DB模式）

设计—建造模式又被称为设计和施工工程、交钥匙工程或一揽子工程。设计—建造模式是指业主提出要求、设计大纲，或者委托自己的顾问工程师准备更详细的设计纲要和招标文件，通过招标等方式确定中标的承包商，并由其负责工程的设计与施工，包括土木、机械、电气等综合工程及建筑工程。此模式在项目实施过程中始终保持单一合同责任，但大部分施工任务要以竞争性招标方式分包出去。项目承包商可以是大型承包商、具备项目管理能力的设计咨询公司或专门的项目管理公司。

此模式下承包商对项目建设的全过程负有全部的责任，责任主体单一；承包商无论自行设计还是委托设计咨询机构完成设计，都可以通过对设计的管理和协调，使设计更加合理和实用，既满足业主的要求又利于工程施工和成本节约。但业主无法参与建筑师/工程师的选择，工程设计可能受施工者利益的影响。

（三）设计—采购—建设模式（EPC模式）

设计—采购—建设模式是指业主通过与总承包商签订总承包合同，把工程项目的设计、采购、施工和开工服务工作全部委托给总承包商负责组织实施，业主只负责整体的、目标的、原则的管理和控制。一般适用于规模较大，工期较长，技术比较复杂的工程。总承包商主要负责建设工程的总体策划，建设工程组织管理的策划和具体管理，工程项目设计，工程项目相关的建筑设备、材料和专业成套设备、材料的采购，工程项目的施工、安装、试车和技术培训等工作。

此模式下，业主可以自组机构或委托专业项目管理公司代表业主实施业主的管理职能；由于承包总价固定，业主风险减少，总承包商在成本和工期方面承担更多的责任和风险，因此拥有更多的获利机会；虽然总承包商可把部分工作委托给分包商，但是整个设计、采购、施工的全过程都由其统一策划、组织、指挥、协调和控制，包括分包商工作在内的全部工作都由总承包商对业主负责；项目执行过程中没有咨询工程师独立第三方的监控，业主又不能过多采用设计方面的意见和要求，因此业主对承包商在质量方面的有效的监控手段较少。

（四）建设管理模式（CM 模式）

建设管理模式是业主委托建设管理单位在项目开始阶段就参与项目的实施过程，为设计方提供施工方面的建议，随后负责管理施工过程。CM 单位负责工程的监督、协调和管理，对成本、进度和质量进行检查，并预测和监控成本和进度的变化。采用 CM 模式可以在完成一部分单项工程设计后，对该单项工程进行施工招标，由业主或 CM 经理与各承包商分别签订每个单项工程合同。

采用 CM 模式，可以实现有条件的"边设计、边施工"，从而缩短了项目建设周期；同时具有施工经验的 CM 经理的早期介入，可以通过合理化建议提高设计成果的施工合理性和可实施性；但是分项招标容易导致施工承包费用增加。此模式一般适用于设计变更可能性大、工期要求紧或总体工作范围和规模不确定的工程项目。

根据合同规定的 CM 经理的工作范围和角色，可将 CM 模式分为代理型建设管理和风险型建设管理。

代理型建设管理方式，CM 经理为业主提供咨询和代理服务。业主与 CM 经理签订委托代理合同，以固定费用或比例费用的方式计费；施工任务多采用竞争性招标选择承包商，业主与各承包商签订施工合同；CM 经理为业主提供项目管理，但与各承包商没有合同关系。代理型 CM 经理的经济风险很小，但声誉损失风险大。

风险型建设管理方式，CM 经理同时担任施工总承包商的角色。CM 经理提出最高成本限额，若结算超过此限额，则由 CM 公司赔偿；若低于此限额，节约的投资归业主所有，CM 公司因承担保证施工成本风险应获得节约投资的奖励。风险型 CM 经理与各专业承包商间有直接的合同关系，并负责工程以不高于最高成本限额的成本竣工，因此其对成本控制的关注远远大于代理型 CM 经理。

（五）项目管理模式（PM 模式）

项目管理模式是指业主委托一家"项目管理承包商"代表业主对整个项目策划、定义、设计、施工到竣工投产全过程进行项目管理。项目管理承包商可以是具有相应实力的工程公司或咨询公司。项目管理承包商应用丰富的项目管理知识和经验，帮助业主进行项目前期策划、可行性研究、项目定义、计划，制定融资方案，并在设计、采购、施工、试运行等实施过程中有效控制工程质量、进度和费用，确保项目得以顺利实施，力求实现项目寿命期技术和经济指标的最优化。

采用此模式，项目管理承包商要根据项目所在地的实际条件，对项目进行全方位的技术经济分析，对项目整个设计进行优化；根据工作包的技术、工期要求和工程量的大小，选择合适的合同方式进行招标；结合工程实际情况对项目的现金流进行优化。业主通过与某种材料或设备制造商签订多项目采购协议，获得制造商在该材料或设备上价格、日常运行维护等方面的优惠；各承包商必须按照业主提供的协议采购相应的材料、设备，以达到降低投资的目的。

（六）建设—经营—移交模式（BOT 模式）

建设—经营—移交模式是由项目所在国政府或所属机构为项目的建设和经营提供一种特

许权协议，作为项目融资的基础，通过竞争性招标获得特许权的国内或国外公司作为项目的投资者和经营者进行融资，开发建设项目，承担风险，并在有限时间内经营该项目获取商业利润，特许期满根据协议将该项目无偿转让给相应的政府机构。一般适用于经济实力比较弱的国家在道路、码头、机场、铁路、桥梁等基础设施项目上的建设。

采用此模式有效地降低了政府财政负担，政府规避了大量的项目风险，提高了公共事业项目的运作效率，外国公司的引入还会给项目所在国带来先进的技术和管理。但项目前期谈判磋商时间长，投标费用较高，投资方和贷款人风险大，特许期内政府有可能会失去对项目的控制权。

小 结

本章学习的主要内容：

（1）建筑业与基本建设的关系。基本建设的含义，固定资产的条件和特点，基本建设的分类情况，建筑业的含义、行业范围，建筑业与基本建设在作用、性质、内容、任务等方面的区别与联系。

（2）建筑业的作用与发展。建筑业在国民经济发展中发挥着支柱产业的作用，为社会发展提供物质基础，为国家创造新的价值和积累，带动相关产业发展，提供大量就业岗位，促进新农村发展。

（3）建筑产品、生产和经营管理特点。建筑产品具有固定性、多样性、体积庞大和生产周期长的特点；建筑产品生产具有流动性大、联系面广、综合性强、影响因素多、受气候影响大等特点；建筑生产经营管理的特点是先有用户再组织生产，生产经营业务不稳定，管理环境多变，机构人员变动大，市场竞争激烈。

（4）建设程序的含义和作用，建设程序涉及的主要内容：项目建议书，可行性研究报告，选择建设地点，编制设计文件，建设准备，组织施工，生产准备，竣工验收、交付使用，项目后评价。

（5）建筑市场，建筑市场管理，建筑市场运行管理的机制，建设项目采购模式。

复习思考题

1. 什么是基本建设？什么是固定资产？固定资产的条件和特点是什么？
2. 基本建设经济活动按用途、性质和规模如何分类？
3. 理解建筑业的含义和行业组成分类。
4. 建筑业作为支柱产业的作用体现在哪些方面？
5. 我国建筑业管理机制体制改革在哪几个方面取得了长足进步？
6. 建筑业与基本建设的联系与区别。
7. 建筑产品及生产的技术经济特点、生产经营特点。
8. 什么是建设程序？建设程序的阶段和主要内容是什么？
9. 建筑设计阶段如何划分？
10. 什么是建筑市场，建筑市场管理的职能是什么？
11. 建筑市场运行管理的机制主要包括哪几个方面？
12. 建设项目采购的模式有哪几种？各种模式的特点是什么？

第二章 建筑工程技术经济分析原理

学习目的与要求

了解技术与经济的关系，建筑工程技术经济评价的含义、内容和程序，建设资金时间价值的意义；理解建筑工程技术经济评价的特点和基本原则，建筑工程技术经济评价的基本要素；掌握复利计息的基本公式和应用，名义利率和实际利率的计算等。

第一节 建筑工程技术经济的基本原理

一、技术与经济的关系

技术是人类应用科学研究所揭示的客观规律进行各种产品（系统、服务）开发、设计和制造所采用的方法、措施和技能的总称，是人类改造自然、变革自然的手段和方法。科学是技术的基础，技术是科学服务社会的桥梁，科学技术的发展是促进社会经济文化发展的动力。随着科学技术的发展，人们不断改进和创造出高效率的生产工具和设备，并通过教育、科研和人才开发，不断将先进科学技术转换为劳动者的知识和技能，从而不断提高生产力，以实现不断创造新产品和新劳务或者以更少的人力物力生产出相同的产品和劳务的目标。技术一般分为自然技术和社会技术，自然技术是指应用于生产实践中的各种工艺操作方法、技能和相应的生产工具及其他物质装备；社会技术是指组织和管理生产和流通的技术。

经济从不同的角度讨论具有不同的含义。从政治经济学的角度，经济是指生产关系与生产力的相互作用；从国民经济学和部门经济学的角度，经济是指社会生产和再生产中物质资料的生产、交换、分配、消费的现象和过程；从技术经济学的角度，经济是指人、财、物、时间等资源的节约和有效利用。对建筑工程而言，建筑产品全寿命周期消耗资源最省即是所追求的经济，也即指在建筑产品规划、设计、施工、竣工交付、使用、报废回收等各阶段所消耗的全部资源的节约。

经济与技术是社会再生产活动中联系密切，既相互促进，又相互制约的矛盾统一体。其相互关系主要体现在以下几个方面：

（1）技术进步是经济发展的重要条件和物质基础。人类历史上每次由新的科学发现和技术发展带来的重大技术革命，无一不导致社会生产手段和生产方法的重大变革，促进建立新的产业部门并带动经济水平的提高，从而极大地推动了生产的发展和社会的进步。特别是进入21世纪，世界范围内的科技创新方兴未艾，所孕育的重大突破正在并持续地深刻改变着现代社会和经济的面貌。新技术的开发利用成为各国竞相采用的促进经济发展的根本手段。

（2）经济发展是技术进步的动力和基础。任何一项新技术的产生或任何一项科学研究转化为新技术都是基于经济上的需要引起的，也即是说经济需要是新技术产生或科研成果转化的前提和动力。同时经济发展的程度又制约着技术发展，任何新技术得以发展、应用和完善的前提是经济需要，基础是经济条件，没有与采用该项技术相适应的物质和经济条件，再好的技术也很难具有广泛应用的可能性。

（3）技术先进性与经济合理性既统一又矛盾，经济效果是技术应用的决定因素。技术与经济在具体的实践应用中可能呈现不同的情况，一般情况下，技术发展往往能带来经济效果的提高，即随着技术的进步，人们能用越来越少的人力物力消耗获得越来越多的产品和劳务，这时技术的先进性与经济的合理性是统一的，且往往人们也将能否取得较高的经济效果作为判定技术先进性的指标之一。但是也有技术先进性与经济合理性矛盾甚至对立的情况，这是因为任何技术的应用都一定会受到当地、当时具体的自然条件、社会条件的约束。因此尽管一些新技术在特定的社会条件下是先进的，但应用到其他的社会环境时可能由于缺少与之配套的物质支撑、技术条件、管理水平等综合社会条件，影响新技术经济效益的发挥；也有一些并不十分先进的技术，在特定的条件下可能经济效益较好。总之，技术先进性与经济合理性的关系会随着社会综合条件的变化而变化。条件不同，技术带来的经济效果不同；条件变化，技术的经济效果也可能变好或变坏，这时，经济效果往往成为判断新技术应用的决定因素。

二、建筑工程技术经济学的研究对象及内容

建筑工程技术经济学是研究建筑工程技术在一定的社会、自然条件下的经济效果的科学，它提供了分析建筑工程技术各种可行方案未来经济效果差异的分析理论和计算方法。通过对建筑工程拟采用的各种技术方案、技术措施、技术政策的经济效果进行计算、比较、分析和评价，为选择最合理方案提供科学依据。

因此，建筑技术经济学的研究对象就是建筑技术的经济学问题，涉及技术方案、技术措施、技术政策、新材料、新工艺、新技术、新设备应用的经济性问题。

建筑技术经济学研究的内容包括：

（1）研究技术方案、技术措施、技术政策的技术经济效果的评价理论和方法。

（2）研究新材料、新工艺、新技术、新产品、新结构的技术经济效果的评价理论和方法。

（3）研究衡量经济效果的指标体系及计算方法。

（4）研究技术经济效果的预测、决策方法。

（5）研究多个技术可行方案优选方法和改进方案的途径。

（6）研究创造各种可行方案的途径。

三、建筑工程技术经济评价的特点及基本原则

技术经济学是技术和经济相结合的综合性边缘学科，建筑工程技术经济评价是技术经济学在建筑领域的应用，是以经济科学为理论指导和方法论，在尊重客观经济规律的前提下，对建筑工程领域的成熟技术或新技术进行经济分析、比较和评价，从经济的角度为建筑技术的采用和发展提供决策依据。

建筑工程技术经济评价具有技术与经济的综合性、评价约束的系统性、方案差异的对比

性、评价基础的预测性和方案的优选性等特点，具体表现如下：

（1）建筑工程技术经济评价是对技术可行方案的经济分析。也即是在技术可行性研究基础上进行的经济合理性研究和论证，为技术可行性提供经济依据，并为改进方案提供符合社会采纳条件的改进方案的途径。

（2）建筑工程技术经济评价是在特定客观（自然、社会）环境大系统下的系统性综合评价。建筑工程技术方案的优选过程必须受到客观条件的制约。

（3）建筑工程技术经济评价是对各可行方案的未来"差异"进行经济效果分析和比较。在研究各方案经济可行性和合理性的基础上，还需要通过比较寻找各技术可行方案的差异，以判断方案间的差别和优劣。

（4）建筑工程技术经济评价是建立在预测基础上的评价。其考察的是未来，一般不考虑已发生的"沉没成本"，只采用预估的数据评价各方案的未来经济效果。同时需要对方案未来执行期内可能遇到的不确定因素和随机因素进行预测和分析，以确定其对方案执行效果的影响程度。

建筑工程技术经济评价应遵循的基本原则是：

（1）力求技术先进性与经济合理性的统一。虽然技术与经济矛盾统一的辩证关系始终存在，其既有相互促进共同发展的一面，又可能出现相互对立、相互限制的一面。且这种相互促进或相互限制的关系有可能随着外界客观条件的变化而变化，原来不经济的技术可能转化为经济，原来经济的技术可能转化为不经济。因此进行技术经济评价时，在追求技术先进性的同时，必须对经济合理性进行有预见的分析，力求实现二者的统一。

（2）坚持微观经济效益是基础，宏观经济效益是决策的重点和前提。国民经济是一个有机整体，建筑业是国民经济的重要组成部分，与其他各部门紧密联系，相互依存、相互制约，项目的生存和发展必须依靠国民经济的宏观政策的支撑和扶持，违背宏观经济发展规律或损害宏观经济发展的项目最终会因此而逐步失去生存空间。因此，在进行建筑工程技术经济评价时，不仅要计算项目的直接经济效益，还必须考虑项目的间接经济效益。要处理好局部经济效益与全局经济效益的关系，当二者出现矛盾时，坚持局部利益服从国家整体利益的原则，同时兼顾局部经济效益，因为局部健全"细胞"的健康，是组成健全机体的基础和保证。

（3）兼顾当前经济效益和长远经济效益。并非所有的建筑技术方案都能做到当前经济效益好，未来经济效益也好。因此在评价时必须从项目全寿命周期的角度进行考察，既要考虑施工过程的经济性，又要考虑使用过程的经济性；要将项目近期的经济效益与长远的经济效益结合起来综合评价。

（4）力求经济效益、社会效益与环境效益的统一。经济效益是建筑工程技术经济评价的主要依据，但并非唯一依据。任何建筑工程技术方案的实施都必然会对周围的社会和环境造成影响，因此需要根据技术方案的具体目标和具体情况，把经济效益、社会效益和环境效益结合起来进行综合评价。特定情况下甚至可能将社会效益或环境效益作为技术方案评价的主要依据。

（5）效益与费用计算口径对应一致。将效益与费用限定在同一范围内，才能进行有效的比较。

（6）收益与风险的权衡。高收益往往伴随高风险，因此在进行投资决策时，不仅要关注效益，也要注意风险，仔细权衡利弊得失后再行决策。

（7）定量分析与定性分析相结合。项目经济评价要求尽量采用定量指标，但对不能量化的经济因素要进行定性分析，并结合定量分析结果进行综合评价。

（8）动态分析与静态分析相结合，动态分析为主。项目经济评价的理论基础是资金时间价值的原理，评价的核心是折现，因此分析评价指标应以动态（折现）指标为主。

（9）节约稀缺资源。对不可再生的自然资源和稀缺资源，要择优分配，即对单位资源所获得的经济效益进行综合评价。

四、建筑工程技术方案经济评价的可比性

技术方案进行评价和比较的前提是各技术方案在一些主要的方面具有可比性，即必须遵循可比原则，才能保证分析论证全面、准确地反映实际情况，有助于做出正确的决策。可比性主要包括以下几个方面：

（1）满足需要和预定目标的可比。即只能对满足相同需要或相同预定目标的方案进行对比评价。

（2）消耗费用的可比。即要对所有对比方案中所消耗的费用进行全面对比，对每个方案的全过程所需费用进行综合对比。

（3）价格指标的可比性。即对比方案相同类型和规格的产品和原材料要在相同的、合理的价格基础上进行比较。

（4）时间因素的可比。即对比方案应该采用相同的计算期作为比较基础，同时考虑人力、物力和资源投入以及效益发挥时间的先后不同对国民经济所产生的经济影响。

五、建筑工程技术经济分析的程序

建筑工程技术经济分析需要经历以下步骤：确定目标、明确关键因素、制定可行方案、评价方案、决策。

（一）确定目标

这一阶段主要的工作是通过调查研究，寻找与项目有关的需求，可能是内部需求或外部需求，同时应包括显在和潜在的需求，将需求用系统的观点表达为需要解决的问题，也即是对问题的范围进行定义，从而确定问题的基本元素和它的环境约束。

目标确定的过程即是对问题评价的过程，也即是对需求重新定义，并使用评价阶段获得的信息不断完善问题原始形式的过程。通过对问题不断重新定义直到达成一致意见是确定目标的最重要部分。而只有目标描述准确全面，才能使后续的技术经济评价具有足够的可靠度。

（二）明确关键因素

任何目标的实现都是在特定的环境下完成的，都要受到各种因素的制约，因此确定实现目标的主要制约因素是解决问题、实现目标的关键。只有确定了关键制约因素，才能有的放矢地寻找到最有效措施去解决问题，为实现目标扫除障碍。寻找关键因素需要应用系统的思想方法，采用系统分析方法，综合应用各相关学科的知识、技能，对获得的相关信息进行分析判断，才能在抓住主要矛盾的同时不遗漏重要制约因素，确保关键因素的描述全面、准确且重点突出。

(三) 制定可行方案

关键因素的确定，就是对寻找实现目标、解决问题的方法和途径加上了约束条件，而任何一个问题的解决都可以采用多种方法来解决，因此我们可以制定出多个不同的方案。如提高劳动生产率可以通过：培训工人提高劳动效率、简化操作流程、购买高效率的设备等方法来实现，而具体采用哪一种方法，就需要依据关键因素的约束进一步分析评价才能确定。

提出解决问题的方案要尽可能多，同时必须都是技术上可行的方案。制订方案要多专业交叉配合，必须深入研究、充分论证、反复比较，才能获得较为满意的方案。要注意避免工程技术人员仅凭自己的经验和直觉提出方案，或分析人员轻率淘汰方案。这是因为最合理的方案不一定是工程技术人员认为最好的方案，分析人员凭感觉拒绝的方案说不定是解决问题的最佳方案。

(四) 评价方案

前期制订的方案往往是从工程技术的角度提出的，因此技术上应该都是可行的。但当解决问题的效果相同时，必须考虑费用最低的方案才是最佳方案；当解决问题的效果存在差异时，就需要综合考虑满足需求的程度与付出经济代价间的平衡，以及项目对满足需求限度降低的容忍度等诸多因素。而这就需要对备选方案进行经济效果评价。所采用的评价方法在后面的章节中会详细介绍。

(五) 决策

决策是从若干可行方案中选择将采用的实施方案。它将对工程项目建设的结果产生决定性的影响。评价和决策的区别在于前者仅仅是应用一些定量的方法对项目的经济效果进行计算比较，其分析结果为决策提供了一定的依据，它的准确度对决策会产生深远的影响，但其结果并不是决策的唯一依据。也即是说，决策中还需要考虑一些非定量因素的影响，它需要工程技术人员、经济分析人员和决策人员充分地沟通，交流信息，减少信息不对称所产生的分歧和盲点，使决策者全面了解各方案在技术和经济方面的优点和缺点，提高决策的科学性。

第二节 建筑工程经济分析的基本要素

进行建筑工程经济分析时，需要使用各种基础数据，涉及投资、成本、销售收入、利润、税金和折旧等，这些数据预测估算的准确度直接影响技术经济评价结论的科学性和准确性。

一、投资

投资的概念有广义和狭义之分，广义投资即总投资，是经济组织为获取预期利润而投入某项计划的全部资源，涉及资金、人力、技术和信息等，包括建设投资、生产经营费用、建设期借款利息等。狭义投资即固定资产投资，是指为实现某一建设项目而投入的资金，一般发生在工程初期。

(一) 建设投资的构成

项目建设投资最终形成的相应资产主要包括：固定资产、流动资产、无形资产和递延资产。一般工业项目建设投资的构成见表 2-1 所示。

表 2-1 建设投资构成

建设投资	固定资产购建费	工程费用	建筑工程费
			设备购置费
			安装工程费
		固定资产其他费用	
	无形资产获取费	场地使用权获取费	
		专利权、专有技术使用或转让费	
		商标权、商誉等其他无形资产获取费	
	递延资产获取费(开办费)	咨询调查费	
		人员培训费	
		其他筹建费	
	预备费	基本预备费	
		涨价预备费	

构成固定资产原值的费用为：固定资产购建费，建设期借款利息和外币借款汇兑差额，预备费。固定资产残值为项目寿命周期结束时固定资产的残余价值，一般是在当时市场上可实现的价值。

流动资金在项目运营中以流动资产的形式体现。包括存货(产品生产过程中以物质形态存在的原材料、能源、半成品或产成品等)、现金及各种存款、短期投资、应收及预付款项等。

无形资产是指企业持有的不具有实物形态，能为企业长期使用，并为企业提供某些权利和利益的资产。

递延资产指集中发生的，在会计核算中需要在以后年度分期摊销的费用。

(二) 投资估算

建设项目投资估算按照工作阶段的作用和精度要求不同而分为估算(可行性研究阶段)、概算(初步设计阶段)、预算(施工图设计之后)。可行性研究阶段进行的建设投资估算，其结果是判别接受或拒绝该项目的依据之一。一般采用以下方法：

1. 生产规模指数估算法

利用已知的投资指标概略估算同类型不同规模的工厂或设备投资。

假设工厂或设备投资为 Y、已知的同类型的工厂或设备投资为 a、规模倍数为 x、指数为 n，产量与投资按下列关系变化

$$Y = a \times x^n \tag{2-1}$$

当 x_1 为第一种规模，x_2 为第二种规模时，则 Y_1 为第一种规模的投资，Y_2 为第二种规模的投资，则有

$$Y_2 = Y_1 \left(\frac{x_1}{x_2}\right)^n \tag{2-2}$$

在以提高设备生产能力扩大生产规模时，$n = 0.6 \sim 0.7$；以增加设备数量扩大生产规模时 $n = 0.8 \sim 1.0$。

2. 工程系数法

$$\text{建设项目投资} = \text{估算系数} \times \text{根据经验估算的设备总价值} \tag{2-3}$$

估算系数按照工厂类型的不同而不同。一般固体处理过程企业：按设备交货价格系数为3.10、按设备安装价格系数为2.16；固体－流体处理过程企业：按设备交货价格系数为3.63、按设备安装价格系数为2.56；流体处理过程企业：按设备交货价格系数为4.74、按设备安装价格系数为3.30。

3. 按比例投资估算法

依据已建成同类工程主要设备投资占项目建设总投资的比例进行投资估算。

$$\text{建设总投资} = \text{主要设备或主要生产车间投资} \div \text{占建设总投资的比例} \tag{2-4}$$

（三）流动资金估算

流动资金是指运营期间长期占用并周转使用的运营资金，不包括运营中使用的临时资金。流动资金一般包括定额流动资金和非定额流动资金，由于非定额流动资金占流动资金总额比例较小且随时变化，因此通常只计算定额流动资金。投产第一年的流动资金需提前在投产前安排，但评价中可简化为第一年开始。其具体计算方法有：

1. 扩大指标估算法

参照同类企业流动资金占营业收入或经营成本的比例，或单位产量占用营业资金的数额估算。

2. 分项详细估算法

在分项估算流动资产和流动负债的主要构成要素的基础上，估算流动资金。

$$\text{流动资金} = \text{流动资产} - \text{流动负债} \tag{2-5}$$

流动资产的构成要素：存货、库存现金、应收款项和预付款。

流动负债的构成要素：应付账款、预收账款。

二、费用与成本

费用是指项目运营期内发生的与生产经营有关的各项耗费，其中符合规定的部分才构成成本，即在运营期内为生产产品或提供服务所发生的核定认可的全部费用称为总成本费用。各行业成本构成不完全相同，应根据各行业规定确定。成本估算应依据国家现行的企业会计制度规定的成本和核算方法，同时须遵循国家税收制度中准予在所得税前列支科目规定进行计算。

（一）成本估算方法

制造业一般可以依据以下方法进行计算：

1. 制造成本法

$$\text{总成本费用} = \text{生产成本} + \text{期间费用} \tag{2-6}$$

其中：

$$\text{生产成本} = \text{直接材料费} + \text{直接燃料和动力费} + \text{直接工资} + \text{其他直接费} + \text{制造费用} \tag{2-7}$$

$$\text{期间费用} = \text{管理费用} + \text{销售费用} + \text{财务费用} \tag{2-8}$$

制造费用是指企业内部为生产产品或提供劳务所发生的各项间接费用。在建设项目评价中将制造费用简化为生产单位管理人员工资及福利费、折旧费、修理费、其他制造费。

管理费用是指企业行政管理部门为组织和管理生产经营活动所发生的各项费用。在建设项目评价中将管理费用简化为行政部门管理人员工资及福利费、折旧费、无形资产和其他资产摊销、修理费和其他管理费。

销售费用是指企业在销售商品、自制半成品或提供劳务过程中发生的各项费用及专设销售机构的各项费用。在建设项目评价中将销售费用简化为销售人员工资及福利费、折旧费、修理费和其他营业费。

财务费用是指企业在筹集资金等财务活动中发生的各项费用。包括生产经营期间发生的利息收支净额、汇兑净损失额、金融机构手续费及筹集资金发生的其他费用。

2. 生产要素估算法

为便于计算,还可按照各项费用要素的经济性质和表现形态计算成本。

$$总成本 = 外购原材料、燃料和动力费 + 工资及福利费 + 折旧费 + 摊销费 + 财务费用(利息支出) + 修理费 + 其他费用 \qquad (2-9)$$

(二) 经营成本、沉没成本和机会成本

经营成本是指从总成本中扣除折旧费、流动资金利息、维检费、摊销费后的成本。因投资已经按发生时间计入现金流量,为避免重复计算,需从总成本中扣除折旧和摊销费;而若不考虑资金来源则不需要将利息计入现金流量,若需要考虑,则将利息单列入现金流量。

沉没成本是指已经发生的与项目相关而又与当前决策无关的费用。沉没成本是造成当前状况的因素之一,但不是决策应该考虑的因素,因为决策要考虑的是未来可能发生的费用和获得的收益。也即不能让沉没成本影响决策。当然必须注意,在有所得税的情况下,沉没成本对未来的效果有一定影响。

机会成本是指将一种具有多种用途的有限资源置于特定用途时所放弃最佳机会的收益差值。例如,一个大学毕业生收到四家公司的聘用通知,其年薪分别为3万元、3.4万元、4万元、5万元。在综合考虑自己的专长、兴趣和未来发展空间等因素后他选择了年薪4万元的企业去工作,因此,他此选择的机会成本就是1万元。

三、折旧与摊销

折旧是资产在估计的寿命期内分摊的成本。即建设项目投入运营后,在使用中固定资产会逐渐磨损和贬值,其价值逐步转移到项目运营过程中提供的产品或服务中,转移的价值以折旧的形式计入生产或劳务成本中,并通过产品或劳务的销售以货币形式回收到投资者,这种伴随固定资产损耗发生的价值转移就是固定资产折旧。

折旧是沉没成本的反映,它的作用仅是为了在计算所得税基数时,从应税收入中扣除折旧,减少交纳的所得税。因此在税前分析时不必考虑折旧。

折旧费必须按照国家相关规定计算。固定资产净值等于固定资产原值减去之前各年折旧的累计值,它不能准确反映当时固定资产的真实价值。因此有必要根据社会再生产条件和生产情况对重新购置该固定资产所需要的全部费用进行估算,对固定资产价值进行重新评估时确定的该固定资产价值称为固定资产的重估值;所估得的重新购建费用称为固定资产的重置成本或重置值。

(一) 固定资产的折旧方法

折旧方法有很多,常用的有匀速折旧法(直线折旧法和工作量法)和加速折旧法(年数总和法和余额递减法)。一般我国企业采用匀速折旧法,在符合国家有关规定且获得批准可采用加速折旧法,加速折旧法是在固定资产使用前期计提折旧较多后期较少,但无论何种方法

其折旧总额都相同。

1. 直线折旧法

直线折旧法又称为年限法，是按固定资产使用年限平均计算折旧，每年或每月提取折旧额相等。计算式为

$$年折旧额 = \frac{固定资产原值 - 固定资产净残值}{折旧年限} \tag{2-10}$$

$$年折旧率 = \frac{年折旧额}{固定资产原值} = \frac{1 - 预计资产残值率}{预计折旧年限} \times 100\% \tag{2-11}$$

2. 工作量法

工作量法是以固定资产完成的工作量（行驶里程、工作小时、工作台班或生产产量等）来计算折旧额，适用于计算交通运输工具和专用设备等的折旧。计算式为

$$单位工作量折旧额 = \frac{固定资产原值 - 固定资产净残值}{预计完成的总工作量} \tag{2-12}$$

$$年折旧额 = 单位工作量折旧额 \times 年实际完成工作量 \tag{2-13}$$

3. 年数和法

年数和法是一种加速提取折旧额的方法。计算式为

$$年折旧率 = \frac{预计折旧年限 - 已使用年限}{预计折旧年限 \times (预计折旧年限 + 1) \div 2} \times 100\% \tag{2-14}$$

$$年折旧额 = (固定资产原值 - 固定资产预计期末净残值) \times 年折旧率 \tag{2-15}$$

采用此法折旧的，应在预计折旧年限到期前两年，将固定资产净值扣除预计净残值后平均摊销。

4. 双倍余额折旧法

双倍余额折旧法是按直线折旧法固定资产残值为零时折旧率的两倍为折旧率，乘以上一年末的固定资产余额来计提折旧。计算式为

$$年折旧率 = \frac{2}{预计折旧年限} \times 100\% \tag{2-16}$$

$$年折旧额 = 固定资产净值 \times 年折旧率 \tag{2-17}$$

（二）摊销

无形资产从开始使用之日起，按照有关协议、合同在受益期内分期平均分摊，没有规定受益期的摊销期限不少于 10 年。

递延资产中的开办费在企业开始生产经营之日起，按不短于 5 年期限分年平均分摊。

摊销费在技术经济评价中具有与折旧费相同的性质。

四、收入、税金和利润

（一）销售收入

销售收入是指企业在一定时期内销售产品或提供劳务的货币收入总额。计算式为

$$销售收入 = 产品销售量 \times 产品销售单价 \tag{2-18}$$

技术经济评价中销售收入被视为效益或收益，通过预测方法获得，一般假设生产出来的产品全部售出，生产量等于销售量，销售价格采用出厂价格，根据分析需要还可以采用送达价格或离岸价格。

(二) 税金

税金是国家依据法律对有纳税义务的企业单位和个人征收的财政资金。国家按照法律规定标准无偿取得财政资金的手段叫税收，是国家凭借政治权力强制参与社会产品和国民收入的一种方式，具有强制性、无偿性和固定性。税收也是国家宏观调控国民经济活动的重要杠杆。

对工业企业而言，计入成本费用的税金有：房产税、土地使用税、车船使用税、印花税、进口原材料、备品备件的关税等。

从销售收入中直接扣除的税金有：消费税、营业税、资源税、城乡维护建设税和教育费附加，这几种税合称为销售税金。

营业税是对不实行增值税的劳务交易和第三产业征收的税，是价内税，营业税附加包含城市维护建设费和教育费附加。

消费税是对工业企业生产、委托加工和进口的部分应税消费品按差别税率或税额征收的税。

资源税是对在我国境内开采应税矿产品或生产盐的单位和个人征收的税。

从利润中扣除的所得税。

各种税金及附加按现行税法规定的税目、税率、计税依据进行计算。

(三) 利润

利润是指企业在一定时期内的经营成果。在会计制度中规定，利润总额等于营业利润加上投资净收益和营业外收支净额的代数和。但在项目经济分析中，为简化计算，一般只考虑主营业务的收入和成本，即

$$纯收入 = 销售收入 - 总成本 \tag{2-19}$$

$$销售利润 = 纯收入 - 销售税金及附加 \tag{2-20}$$

第三节 资金的时间价值

在评价比较投资方案时，由于投资方案产生的资金流量多要持续较长时间，将不同时间点的收入或支出简单加减后进行评价是不合理的，往往需要考虑资金时间价值后才能得到正确的结论。这是因为资金的价值随时间的变化会发生变化，引起这种变化主要原因有：通货膨胀致使货币贬值，同样面额的钱在未来不如现在价值大；货币增值，即通过一系列经济活动使开始投入的钱在未来获得一定利润而增值。

资金的时间价值包含两层含义：其一是货币用于投资，通过资金的运动而使货币增值；其二是货币存入银行，货币所有者因失去一定时间内对这些货币的使用权而获得适当的补偿。即资金的时间价值是资金作为生产要素在生产及资金流通过程中，随时间的推移而产生的增值。

一、利息与利率

利息是指货币所有者因贷出货币而失去这笔货币一定时间内的使用权所获得的补偿。

利率是一个计息周期内所得利息额与借贷金额（本金）的比值，反映了资金随着时间推移的增长率。计息周期是指计算利息的时间单位，有年、季、月或日等不同计息长度。

二、现金流量

在经济活动中,任何项目或生产的实施过程始终伴随着现金的流入与流出。现金流量是指拟建项目在整个项目计算期内的各个时间点上实际发生的现金流入与流出,以及流入流出的差额。对同一项目而言,现金流入是收益,现金流出是支出,流入流出的差额是净现金流量。且流入与流出是相对的,借方的流入是贷方的流出,反之亦然。

项目计算期一般包括建设期、投产期、达产期和回收处理期。建设期指项目从开始施工到建成投产的时间;投产期指项目开始投产到达到设计生产能力的时间;达产期指达到设计生产能力后持续发挥生产能力的时间;回收处理期指项目达到预计寿命期后停产处理的时间。

现金流量图是描述现金流量的流入与流出、数值大小、发生时点的图形。一般形式如图2-1 所示。

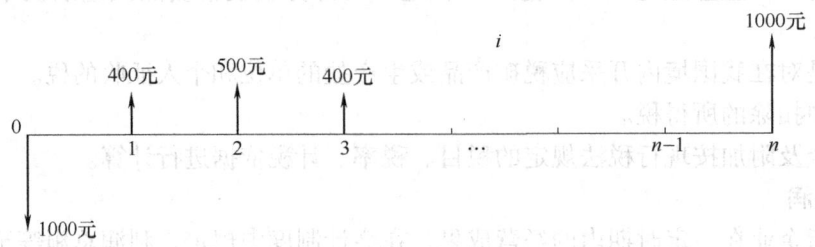

图 2-1 现金流量图

其中,横轴为时间轴,表示从 0 到 n 的时间序列,时间间隔的单位以计息期为准,一般以年为单位。时间轴上的 0 代表时间序列的起始点,1 到 n 代表各计息期的终点,同时又代表下一个计息周期的始点。如 3 时点,既表示第 3 计息期期末,又代表第 4 计息期期初。

各时点上垂直于横轴的有大小比例的箭线代表现金流量。一般现金流入为正值,箭头向上;现金流出为负值,箭头向下。

三、计算利息的方法

利息计算有单利计息和复利计息两种方法。

(一)单利

单利计息是指只用本金计算利息,不计算先期利息产生的利息。其本利和计算式如下

$$F = P(1 + n \times i) \tag{2-21}$$

式中 F——本利和;

P——本金;

n——计息周期数;

i——利率。

【例 2-1】 某人向银行贷款 1000 元,年利率 8%,按单利计息,第 3 年末应向银行偿还多少元?

【解】 $F = P(1 + n \times i) = 1000(1 + 3 \times 8\%)$ 元 = 1240 元

(二)复利

复利计息时,不仅本金要产生利息,且先期利息到期不付也要产生利息。即以本金与前

期累计利息之和计算当期利息。

【例2-2】 同例1条件,采用复利计息,第3年末应向银行偿还多少元?

【解】 各年本利和计算如下:

第一年本利和:$F = 1000(1 + 1 \times 8\%)$元 $= 1080$元

第二年本利和:$F = 1080(1 + 1 \times 8\%)$元 $= 1166.4$元

第三年本利和:$F = 1166.4(1 + 1 \times 8\%)$元 $= 1259.7$元

由此可以推出复利本利和的公式如下:

$$F = P(1+i)^n \qquad (2\text{-}22)$$

四、资金的等值、现值、折现、终值、年值和时值

资金的等值是指在考虑时间因素后,在不同时刻发生的数值不等的资金可能具有相等的价值。由于资金时间价值的存在,只有发生在同一时刻的资金流入或流出才能直接求代数和,为满足这一时间可比性的要求,就必须进行资金的等值计算。

现值(P)一般表示发生在建设初期0点上的资金价值,或表示未来某时点之前的某时点的资金价值。将未来某时点的现金流量折算为现值称为折现或贴现。

终值(F)一般表示计算期末的资金价值,或表示某时点之后的某时点的资金价值。

年值(A)是指连续发生在相同时间间隔期末且数值相等的现金流序列。也称为年金或月金。

时值是指资金在某一特定时点上的价值。如现值是0时点的时值。

五、复利等值计算公式

资金的等值计算采用复利计息方法,需要通过资金数量、资金流动发生的时间及利率来共同决定。

(一) 一次支付终值公式

一次支付是指分析项目现金流量时,现金流入或流出均发生在一个时点。

一次支付终值公式即是复利本利和公式。已知P、i、n,求终值F。现金流量图如图2-2所示。

计算公式如下:

$$F = P(1+i)^n$$

式中$(1+i)^n$称为一次性支付终值系数,记为$(F/P,i,n)$,因此上式可以表示为

$$F = P \times (F/P, i, n) \qquad (2\text{-}23)$$

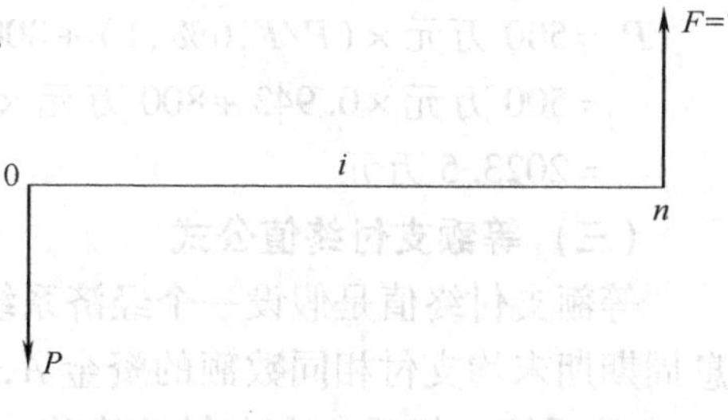

图2-2 一次性支付终值现金流量图

在$(F/P,i,n)$这类符号中,括号内斜线上的符号表示未知数,斜线下的符号代表已知数。即$(F/P,i,n)$代表已知P,i,n求F。实际工作中,一般通过查阅按不同利率和计息周期数编制的复利因子表来确定相应的复利系数。

【例2-3】 某项目第一年初投资900万元,第二年末投入1100万元,第三年末投入500万元,年利率为8%,若要求第六年末一次回收,问共需要多少万元?

【解】 画出现金流量图,如图2-3所示:

$F = 900$万元$\times(F/P,8\%,6) + 1100$万元$\times(F/P,8\%,4) + 500$万元$\times(F/P,8\%,3)$

= 900 万元 × 1.5869 + 1100 万元 × 1.3605 + 500 万元 × 1.2597

= 3554.61 万元

(二) 一次支付现值公式

已知 F、i、n，求现值 P。现金流量图如图 2-4 所示。

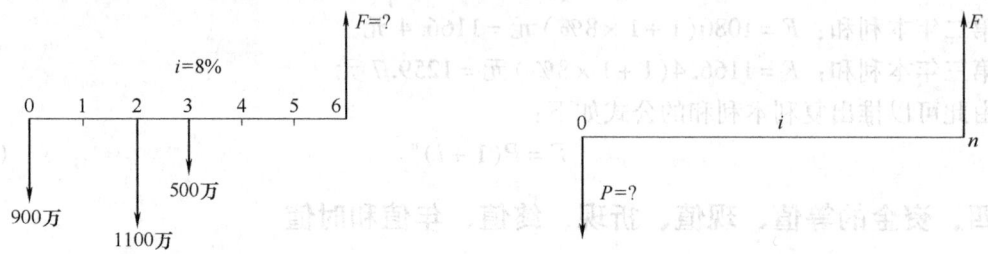

图 2-3 现金流量图　　　　　图 2-4 一次性支付现值现金流量图

由式 (2-23) 可以推导出一次性支付现值公式如下

$$P = F \frac{1}{(1+i)^n} \tag{2-24}$$

式中 $1/(1+i)^n$ 称为一次支付现值系数，它与一次性支付终值系数互为倒数，记为 $(P/F, i, n)$。即

$$P = F \times (P/F, i, n) \tag{2-25}$$

在经济分析中常常把未来值折算到零期，这个计算过程叫"折现"或"贴现"，其采用的利率常常被称为折现率、贴现率，对应的 $(P/F, i, n)$ 被称为折现系数或贴现系数。

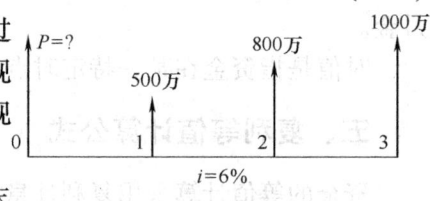

图 2-5 现金流量图

【例 2-4】 某工程项目预计在投产后的 3 年，每年末可分别获得 500 万元、800 万元和 1000 万元，年利率为 6%，问这些利润相当于投产时的多少？

【解】 画出现金流量图，如图 2-5 所示。

P = 500 万元 × $(P/F, 6\%, 1)$ + 800 万元 × $(P/F, 6\%, 2)$ + 1000 万元 × $(P/F, 6\%, 3)$

　= 500 万元 × 0.943 + 800 万元 × 0.890 + 1000 万元 × 0.84

　= 2023.5 万元

(三) 等额支付终值公式

等额支付终值是假设一个经济系统，每个计息周期期末均支付相同数额的资金 A，年利率为 i，求该系统 n 年后一次支付的终值。即已知 A、i、n，求年金终值 F。现金流量图如图 2-6 所示。

由式 (2-22) 可以推导出

$$F = A + A(1+i) + A(1+i)^2 + \cdots + A(1+i)^{n-1}$$

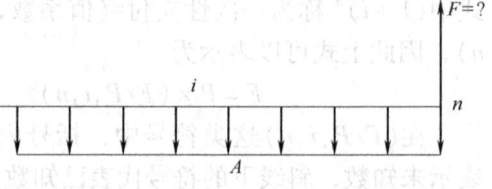

图 2-6 等额支付终值现金流量图

计算式如下

$$F = A \times \frac{(1+i)^n - 1}{i} \tag{2-26}$$

式中 $\frac{(1+i)^n - 1}{i}$ 称为等额支付终值系数或年金终值系数，记为 $(F/A,i,n)$。即

$$F = A \times (F/A,i,n) \qquad (2\text{-}27)$$

【例2-5】 若某人第一年年初向银行存入15000元，然后每年年末存入1000元，年率为5%，问到第8年末他连本带利一共能从银行取出多少钱？

【解】 画出现金流量图，如图2-7所示。

$$F = 15000 \text{元} \times (F/P,5\%,8) + 1000 \text{元} \times (F/A,5\%,8)$$
$$= 15000 \text{元} \times 1.477 + 1000 \text{元} \times 9.549$$
$$= 31704 \text{元}$$

（四）等额支付系列偿债基金公式

等额支付系列偿债基金是假设一个经济系统，n年后一次支付终值F，年利率为i，求该系统n年内每个计息周期期末均应等额支付的年值。即已知F、i、n，求年金A。现金流量图如图2-8所示。

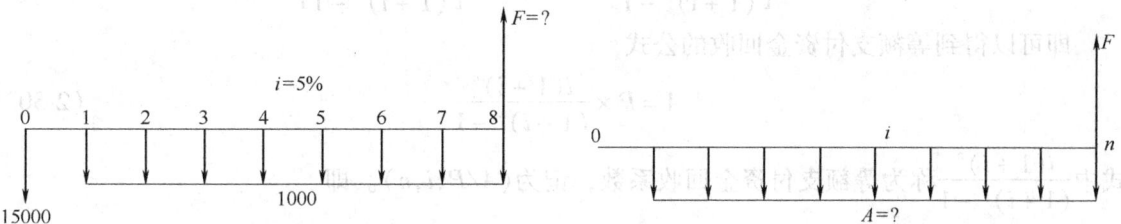

图2-7 现金流量图　　　　图2-8 等额支付偿债基金现金流量图

由式(2-27)可以推导出等额支付系列偿债基金公式如下

$$A = F \times \frac{i}{(1+i)^n - 1} \qquad (2\text{-}28)$$

式中 $\frac{i}{(1+i)^n - 1}$ 称为等额支付偿债基金系数，它与等额支付终值系数互为倒数，记为$(A/F,i,n)$。即：

$$A = F \times (A/F,i,n) \qquad (2\text{-}29)$$

【例2-6】 某企业计划在未来的第8年末投入1000万元对现有设备进行技术改造，若从企业盈利中筹集这部分资金，银行利率为6%，问需要每年末向银行等额存入多少资金？

【解】 画出现金流量图，如图2-9所示。

$$A = 1000 \text{万元} \times (A/F,6\%,8)$$
$$= 1000 \text{万元} \times 0.101$$
$$= 101 \text{万元}$$

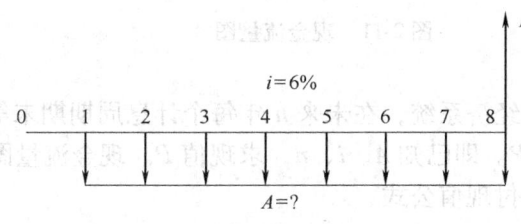

图2-9 现金流量图

(五) 等额支付资金回收公式

等额支付资金回收是假设一个经济系统，在零年一次性支付现值P，年利率为i，求该系统需要每个计息周期期末应回收等额的年值A。即已知P、i、n，求年值A。现金流量图如图2-10所示。

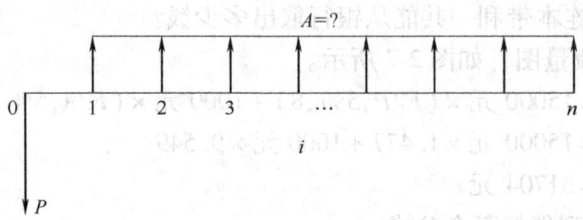

图2-10 等额支付资金回收现金流量图

由式(2-23)与式(2-29)可知

$$A = F\left[\frac{i}{(1+i)^n - 1}\right] = P(1+i)^n\left[\frac{i}{(1+i)^n - 1}\right]$$

即可以得到等额支付资金回收的公式

$$A = P \times \frac{i(1+i)^n}{(1+i)^n - 1} \tag{2-30}$$

式中$\frac{i(1+i)^n}{(1+i)^n - 1}$称为等额支付资金回收系数，记为$(A/P, i, n)$。即

$$A = P \times (A/P, i, n) \tag{2-31}$$

【例2-7】 某一建设项目在开始建设的前三年每年年初向银行分别贷款500万元、800万元和300万元，第四年投产，准备从第四年末开始等额还贷，用十年还清，年利率10%，问每年需要偿还多少贷款？

【解】 画出现金流量图，如图2-11所示。

$A = [500\text{万元} \times (F/P, 10\%, 3) + 800\text{万元} \times (F/P, 10\%, 2) + 300\text{万元} \times (F/P, 10\%, 1)] \times (A/P, 10\%, 10)$

$= [500\text{万元} \times 1.331 + 800\text{万元} \times 1.210 + 300\text{万元} \times 1.1] \times 0.16275$

$= 319.56\text{万元}$

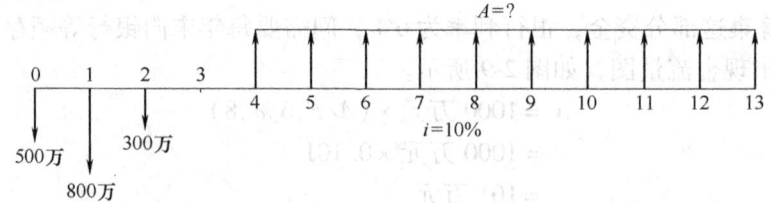

图2-11 现金流量图

(六) 等额支付现值公式

等额支付现值是假设一个经济系统，在未来n年每个计息周期期末等额支付年值A，年利率为i，求该系统的折现值P。即已知A、i、n，求现值P。现金流量图如图2-12所示。

由式(2-30)推导出等额支付现值公式

$$P = A \times \frac{(1+i)^n - 1}{i(1+i)^n} \tag{2-32}$$

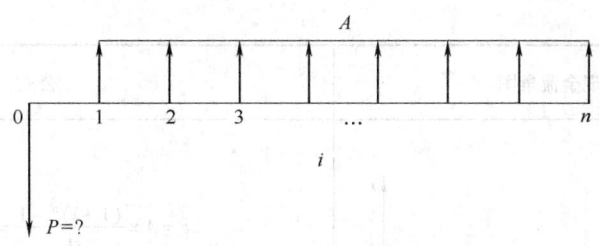

图 2-12 等额支付现值现金流量图

式中 $\dfrac{(1+i)^n - 1}{i(1+i)^n}$ 称为等额支付现值系数，与等额支付资金回收系数互为倒数，记为 $(P/A, i, n)$。即

$$P = A \times (P/A, i, n) \tag{2-33}$$

【例 2-8】 某桥梁项目拟依靠建成使用后的过桥费来偿还建设时的投资贷款，该桥梁投入使用后收取的费用去除维护运营成本后，预计每年末可用于偿还贷款的资金 800 万元，年利率为 8%，要求运营期十年还清贷款，问相当于可在运营第一年年初可向银行贷款多少万元？

【解】 画出现金流量图，如图 2-13 所示。

$$\begin{aligned} P &= 800 \text{ 万元} \times (P/A, 8\%, 10) \\ &= 800 \text{ 万元} \times 6.710 \\ &= 5368 \text{ 万元} \end{aligned}$$

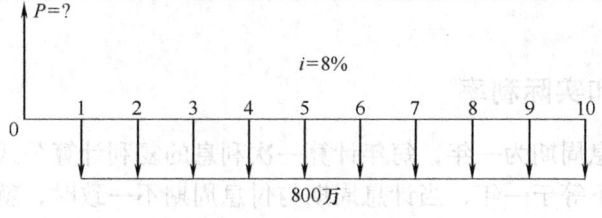

图 2-13 现金流量图

综合以上讨论，复利计算的基本公式可以汇总为表 2-2。

表 2-2 复利计算的基本公式

公式名称	现金流量图	公式
一次支付终值公式		$F = P(1+i)^n = P(F/P, i, n)$
一次支付现值公式		$P = F \dfrac{1}{(1+i)^n} = F(P/F, i, n)$

公式名称	现金流量图	公式
等额支付终值公式		$F = A \times \dfrac{(1+i)^n - 1}{i} = A(F/A, i, n)$
等额支付偿债基金公式		$A = F \times \dfrac{i}{(1+i)^n - 1} = F(A/F, i, n)$
等额支付资金回收公式		$A = P \times \dfrac{i(1+i)^n}{(1+i)^n - 1} = P(A/P, i, n)$
等额支付现值公式		$P = A \times \dfrac{(1+i)^n - 1}{i(1+i)^n} = A(P/A, i, n)$

六、名义利率和实际利率

前面讨论的是计息周期为一年，每年计算一次利息的复利计算公式。但在实际资金筹措中，计息周期有可能不等于一年，当计息周期与付息周期不一致时，就产生了名义利率和实际利率之分。

（一）名义利率

名义利率 r 是指当一个利率周期内存在多个计息周期时，用计息周期利率 i_c 乘以一个利率周期内的计息周期数 m 所获得的利率周期利率。即

$$r = i_c \times m \tag{2-34}$$

例如，当月利率为 1% 时，对应的年名义利率为 12%。由此可以看出名义利率没有考虑前期利息再生的因素，与单利计息相同。

（二）实际利率 i

实际利率 i 是指当一个利率周期内存在多个计息周期时，考虑利率周期内各计息周期前期利息再生因素，用计息周期利率计算出的利率周期利率。

举例说明如下：

设年利率为 12%，现有存款额为 100 元，期限一年，若按一年一次计息；一年 4 次按季度以 3% 利率计息；一年按 12 次以 1% 利率计息，按复利分别计算各种情况的本利和。

一年 1 次计息：$F = 100 \times (1 + 12\%)$ 元 = 112 元

一年 4 次计息：$F = 100 \times (1 + 3\%)^4$ 元 = 112.551 元

一年 12 次计息：$F = 100 \times (1 + 1\%)^{12}$ 元 = 112.683 元

这里的 12% 对一年 1 次计息时既是名义利率又是实际利率，对其他两种情况则仅仅是名义利率，3% 和 1% 则是计息周期利率。

根据利率的概念可以推导出实际利率的计算公式。

设名义利率为 r，一个利率周期内计息 m 次，则计息周期利率为 $i_c = r/m$，在一个利率周期初有资金 P，则可以用一次支付终值公式计算该利率周期末的终值 F。即

$$F = P\left(1 + \frac{r}{m}\right)^m$$

根据利息定义可得利率周期的利息

$$I = F - P = P\left(1 + \frac{r}{m}\right)^m - P = P\left[\left(1 + \frac{r}{m}\right)^m - 1\right]$$

根据利率定义可得利率周期实际利率

$$i = \frac{I}{P} = \left(1 + \frac{r}{m}\right)^m - 1 \tag{2-35}$$

由此可知，名义利率与实际利率比较，实际利率真实反映了资金的时间价值，名义利率却未考虑。当计息周期等于一年时，名义利率等于实际利率；计息周期小于一年时，实际利率大于名义利率；名义利率越大，周期越短，实际利率与名义利率的差值越大。在工程项目的经济分析中，有关投资利率的计算应以实际利率作为比较基础。

【例 2-9】 某企业拟筹集资金购买设备，有两个银行愿意提供贷款，甲银行年利率 16%，按年复利计息；乙银行年利率 15%，按月复利计息，试选贷款银行。

【解】 甲银行的实际利率即是名义利率，$i_甲 = 16\%$；

乙银行名义利率 $r = 15\%$，需求出实际利率。

已知每年计息周期数 $m = 12$

$$i_乙 = \left(1 + \frac{0.15}{12}\right)^{12} - 1 = 16.075\%$$

因为实际利率 $i_甲$ 小于 $i_乙$，故应选择甲银行。

小　结

本章主要内容：

（1）技术与经济的关系。

（2）建筑工程技术经济学的研究对象和内容，建筑工程技术经济评价的特点、基本原则及可比性，建筑工程技术经济分析的步骤。

（3）建筑工程技术经济分析要素：投资、成本、销售收入、利润、折旧、摊销、税金等。

（4）资金的时间价值。利息基本知识、复利计算的六个基本公式及应用，复利表的用法，名义利率和实际利率的关系和应用。

复习思考题

1. 什么是建筑工程技术经济学？其研究的对象和内容是什么？
2. 技术与经济的关系是怎样的？

3. 建筑工程技术经济评价的特点是什么？
4. 简述建筑工程技术经济评价的基本原则。
5. 建筑工程技术经济评价的可比性是什么？
6. 简述建筑工程技术经济分析的步骤。
7. 建筑工程技术经济分析要涉及哪些要素？简述这些要素的计算方法。
8. 资金时间价值的含义是什么？什么是现金流量图？
9. 什么是名义利率和实际利率？
10. 某项目计划2年建成，向银行贷款，年利率8%，复利计息，第一年初贷款4000万元，第二年初贷款1500万元，要求第七年末还清本利，第七年末应还多少元？
11. 某企业计划每年从利润中提取50万元作为技术改造基金存入银行。年利率5%，复利计息，问到第六年末共有多少元？
12. 某企业计划在六年时间筹集800万元进行设备更新，银行年利率为6%，复利计息，问每年应等额从利润中提取多少发展基金存入银行？
13. 某企业用85万元购入一台设备，服务期为10年，期末残值为4万元，如年利率为10%，问在此10年间，每年应等额回收资金多少万元？
14. 某建筑构件公司计划在今后5年间每年投入400万元扩大生产，预计投资利润率为12%，问第5年末，该公司共获得多少万元？相当于现值多少万元？
15. 某企业与设备供应商商定租售协议，供应商提出两个支付方案，第一个方案是在设备投入使用后的第1年初支付200万元，第3年末再支付550万元后获得设备所有权，第二个方案是在设备投入使用后的第1年末支付300万元，随后两年的每年末支付200万元，也于第3年末获得设备所有权。试画出两个方案的现金流量图，并确定选择哪个方案对企业更有利。
16. 某企业拟向银行贷款300万元，现有两家银行愿意提供贷款，甲银行提出按年利率16%，半年复利计息，8年还清本利；乙银行提出按年利率15%，按季复利计息，8年还清本利，比较向哪家银行贷款更有利？并试画出现金流量图。
17. 某设备价格60万元，合同签订时预付10万元，然后采用分期付款方式偿还。第1年年末支付15万元，从第2年年初开始每半年付款4万元。年利率为10%，每半年复利计息1次，问多少年能支付完设备价款？

第三章 建筑工程技术经济分析方法

学习目的与要求

理解可行性研究的任务和作用；了解可行性研究的内容和可行性研究报告的内容及项目评估的内容。了解建设项目经济评价的指标体系；掌握经济评价的各种方法及其应用于互斥方案、独立方案和混合方案中的比选方法。了解风险分析的程序，掌握盈亏平衡点分析、敏感性分析、概率分析的方法。掌握价值工程的基本概念和基本原理、价值工程的工作程序，了解价值工程的信息资料收集，制定改进方案的方法，改进方案的评价方法；理解价值工程对象选择的方法，提高产品价值的途径，功能分析的内容和方法。

第一节 可行性研究

可行性研究是运用多学科理论、技术和方法，在建筑项目投资决策前将项目目标细化并进行详细的技术经济论证，保证实现项目最佳经济效益的综合性工作。它是项目建设过程最关键的环节。

可行性研究的任务是，研究拟建项目在技术上是否先进、适用、可靠，在经济上是否合理，在财务上是否赢利。可行性研究需要回答以下问题：项目建设的必要性，技术可行性，经济合理性，财务赢利性，预计需要的人力、物力、资源、资金及如何筹集，预计建设时间，项目成功的可能性等。

一、项目前期策划论证的阶段划分

可行性研究是从市场、技术、法律、政策、经济、财力、环境等方面对项目进行全面策划和论证，实质上整个项目前期策划论证阶段都是围绕项目的可行性进行研究。国际上通常将可行性研究划分为机会研究、初步可行性研究和可行性研究三个阶段，在可行性研究中按照各阶段研究的目的和工作范围由粗略到详细、由构想到具体，逐步完成可行性研究的任务。我国将前期策划论证阶段按照研究重点和深度的不同分为：

1. 项目建议书阶段

项目建议书阶段对应于机会研究阶段。即在项目构思形成后，寻求合适的项目机会，确定项目的方向和发展领域；进一步研究项目的市场、外部环境、项目发起者的状况，提出项目的总方案构想，并形成项目建议书。项目建议书主要对推荐拟建项目进行初步说明，简要说明项目建设的必要性、建设条件的可行性和投资效益性。项目建议书经批准后才可以进行可行性研究。

2. 可行性研究阶段

可行性研究阶段对应于初步可行性研究和详细可行性研究阶段。即首先初步论证建设项目在建设上的必要性、财务上的可行性、经济上的合理性，初步估计项目建设所需的时间、人力和物力资源以及资金及来源。经初步可行性研究若确认项目基本可行，进一步进行详细可行性研究，对项目的市场、生产能力、建设地点、建设过程和进度安排、经营的资源投入、投资和成本估算、资金的需求和来源等做更深入的研究，并据此编制建设项目可行性研究报告。

3. 建设项目评估阶段

项目评估是指在可行性研究报告的基础上，由第三方（国家、银行或有关机构）根据国家颁布的政策、法规、条例、方法、参数等，从项目（或企业）、国民经济、社会的角度出发，对拟建项目建设的必要性、建设条件、生产条件、产品市场需求、工程技术、经济效益和社会效益等方面进行全面评价、分析和论证，进而判断项目是否可行，并编制项目评估报告。项目评估的目的是审查项目可行性研究的可靠性、真实性和客观性，为银行的贷款决策或行政主管部门的审批或核准决策提供科学依据。

二、可行性研究的内容

可行性研究的内容随着行业不同、项目的大小不同而有所差别，但基本内容相同，一般主要包括以下几个方面。

（一）市场需求预测

产品的需求预测是项目可行性研究最重要的基础工作，其工作的好坏直接影响项目可行性研究的水平和质量。

1. 需求分析的内容

需求和市场分析的目的是要获得关于产品的基本信息，主要包括以下几个方面：

（1）既有市场需求的大小与组成，市场地域分布。

（2）市场细分。可以从最终用途、消费者类别（如不同收入水平）、地理区域（如区域、国内或出口市场）等角度进行。

（3）对项目运行前期，整个市场及各部分进行需求预测。

（4）在环境变化时，拟议项目在预测期内预期达到的市场渗透率。

（5）作为预测增长与市场渗透依据的定价结构。

（6）推销条件。售后服务类型、预定包装标准和销售组织形式。

2. 需求预测

需求预测内容包括以下几个方面：

（1）对某一种或几种产品潜在需求的预测。

（2）对潜在供应的估计。

（3）对拟议项目可能达到的市场渗透程度的估计。

（4）某段时期潜在需求的特性。

（二）原材料和投入的供应选择

原材料和投入可分为：原料（未加工或半加工的）、经过加工的工业产品（中间产品）、制成品（组件）、辅助材料、工厂供应品及公用设施（水、电、气、燃料、"三废"处理等）。在很多项目中，同一生产可以采用不同的原材料，因此必须对不同的原材料进行调查研究，从获取原材料的难易度、工艺与技术的合理性及经济性等方面进行分析后，选择合适的原材料。分析工作主要包括质量性能比较、来源和可获得数量、单位成本、供应计划等方面。

（三）产品结构及工艺方案的确定

作为项目可行性研究中的技术选择问题，产品结构及采用的生产工艺方案对企业未来的发展方向及经济效益有着直接的影响。工艺方案的选择包括拟采用的技术和工艺过程，要根据具体的技术经济条件选择"适宜"的可行技术，采用的新结构、新工艺必须有系统、可靠的实验依据。技术评价主要包括技术先进性、实用性、可靠性、连带效应、危害性等方面。

（四）生产规模的确定

生产规模（或生产能力）是指一个企业在一定时期内能够生产出产品的数量。

生产规模的确定首先要通过市场调查，预测出拟生产产品未来一定时间内的市场需求量；再根据当前生产相同产品企业的生产能力和在建项目将形成的生产能力，预测该产品未来可能达到的生产能力；比较两者间的差距得出该产品未来的供需预测；进而对基于资源供应、资金投入等限制条件下各种可供选择的项目规模和生产能力进行分析论证，确定可行的生产规模。影响项目生产规模的因素除市场供需状况外，还涉及：最小经济规模、技术和设备、资金、投资、生产成本构成、销售范围等。

（五）技术与设备的选择

1. 技术选择

技术选择是要根据具体项目提出可供选择的各种技术并逐一进行评价，再按照项目各组成部分的最佳组合选择最合适的技术，并对获得所需技术所涉及的问题进行估计。

2. 设备选择

设备选择一般要根据项目生产规模和所选择的生产技术来确定。即是要寻找到通过使用某种技术达到某种的生产规模所必需的机械设备的最佳组合。必须明确每一加工阶段对所需设备的额定生产能力的要求，并使之与下一生产阶段的生产能力和设备需要相吻合。另外还要注意电力、运输等基础设施方面的限制，劳动力培训的要求，投资或外汇等方面的约束等问题。

（六）建设地点选择

建设地点的选择一般应考虑：适合全国和地区生产力布局以及产品供需安排的要求；符合城市规划或工业区域规划；尽可能节约占地面积，少占或不占良田、耕地；企业生产所需的资源能够落实，原料、燃料及辅助材料的供应经济合理；有充足可靠的水源和电源；交通运输便利、经济；不污染环境，不破坏文物古迹，不妨碍文化、旅游及其他精神文明建设；对拟建项目留有适当发展余地；地质条件较好，施工难度小，建设投资省；项目建成投产后，经济效益良好。另外，还要根据不同性质企业的技术经济特点，着重考虑不同的建设项目所选建设地点必须具备的主要控制条件。如核电站的厂址，必须具备良好的地质条件，环境影响符合安全要求，具有充足可靠的水源。铁路、公路的选线，要根据沿线运量的发展前景，必须穿经连接的城镇，地形地质条件的好坏，土石方量多少，控制性工程大小难易来定。

（七）投资、成本估算与资金筹措

1. 总投资估算

总投资费用由建设投资和流动资金构成。建设投资包括：建筑安装工程费、设备及工器具购置费、工程建设其他费、预备费、建设期贷款利息等。工程建设其他费包括：勘察费、设计费、咨询费、建设单位管理费、研究试验费、土地使用费、与项目建设相关的其他费用、与未来企业生产经营相关的其他费用等。预备费包括：基本预备费和涨价预备费。流动资金指全部或部分经营该项目所需的资金。净周转资金等于流动资产减去短期负债。流动资产包括：应收款、存货（原料、辅料、备件及小工具等）、在制品、成品和现金；短期负债主要包括应付款项等。

2. 资金筹措

资金筹措可行性是项目可行性分析的前提条件。主要应明确实际或可能的资金来源，包括自有资金、各种贷款及偿还条件；自有资金与贷款的比例；贷款类型等。

3. 生产成本

生产成本的估算要以生产计划的各种消耗和费用开支为依据，计算全部成本和单位产品的成本。但由于单位产品成本计算复杂，多数可行性研究报告都只计算生产总成本，生产总成本包括：生产成本、管理费用、销售费用、财务费用等。生产成本主要用于计算项目盈亏，计算净周转资金的需要量和财务评价等。

4. 财务现金流量表

编制财务现金流量表目的是向投资者系统说明项目编制和相应的财务分析。要求按照财务报表标准的项目和格式进行编制。按照评价角度的不同可以将财务现金流量表分为：

（1）项目投资现金流量表。即将项目建设所需总投资作为计算基础，反映项目在整个计算期内现金的流入和流出。用于计算项目投资财务内部收益率、财务净现值、财务净现值率、投资回收期等评价指标。

（2）项目资本金现金流量表。以资本金为计算基础，把借款本金偿还和利息支付作为现金流出，计算资本金内部收益率。

（3）投资各方现金流量表。以投资者的出资额作为计算基础，计算投资各方收益率。

（4）财务计划现金流量表。反映项目计算期各年的投资、融资及经营活动的现金流入流出。用于计算累计盈余资金、分析项目的财务生存能力。

（八）经济评价及综合分析

1. 经济评价

经济评价分为财务评价和国民经济评价。

项目财务评价是指在财务预测的基础上，根据国家现行财税制度和现行价格，分析预算项目的效益和费用，考察项目的获利能力、清偿能力及外汇效益等财务状况，判别项目财务上的可行性。

国民经济评价是按照资源合理配置的原则，从国家整体的角度考察项目的效益和费用，采用货物影子价格、影子汇率、影子工资和社会折现率等经济参数，计算项目对国民经济的贡献，从而评价项目经济上的合理性。

2. 综合分析

经济评价之后还需要对项目进行不确定性分析和综合分析。

不确定性分析是基于经济评价所采用的预测数据在未来可能发生变化而进行的。产生不确定性最普遍的原因：通货膨胀、技术变革、额定生产能力测定失实、施工期长短变化等。一般的不确定性分析包括：盈亏平衡分析、敏感性分析、概率分析等。

综合分析应结合项目具体情况选择分析以下方面：政治和国防评估；工业配置评估；发

展地区经济或部门经济评估；提高国家、地区和部门科技水平的评估；节约外汇或创造外汇的评估；环境保护和生态平衡评估；节约能源评估；节约劳动力或提供就业机会评估；产品质量评估；提高社会福利和物质文化生活水平的评估等。

经济评价、不确定性分析所要采用的相关技术方法在后续的章节中有详细的讲述。

三、可行性研究报告的内容

不同的建设项目，可行性研究的侧重点不同，可行性研究报告的结构存在较大差别。一般工业项目可行性研究报告包括以下基本内容：

0. 项目总论：项目背景；项目概况；项目启动过程；已完成的调查和研究工作成果；可行性研究结论；主要技术经济指标表；存在问题和建议。

1. 市场研究与建设规模：市场调查；产品市场供应和需求预测；市场推销战略；产品市场竞争力分析；产品方案和建设规模；产品销售收入预测；市场风险。

2. 建设条件与厂址选择：资源、原材料、燃料及动力的需求和供应；建设地区的选择；厂址选择。

3. 项目技术方案：项目组成；生产技术方案；主要设备；总平面布置和运输；土建工程和其他工程初步技术方案。

4. 运营组织和劳动定员：运营组织机构；人力资源配置；人员培训。

5. 环境保护与劳动安全：场址环境现状；项目建设和生产的主要污染源和污染物；拟采用的环境保护标准；环境保护的方案；环境监测制度建议；环境保护投资估算；环境影响评价；节能节水措施；劳动保护和安全措施；消防设施。

6. 项目实施进度安排：项目实施的各阶段；项目实施进度表；项目实施费用。

7. 投资估算与资金筹措：投资估算依据、建设投资估算、流动资金估算、投资估算表、投资使用计划；资本金筹措、债务资金筹措、融资方案分析。

8. 财务和经济评价：生产成本和销售收入估算；财务评价；国民经济评价；不确定性分析；社会效益和社会影响分析。

9. 风险分析：项目主要风险识别；风险程度分析；防范和降低风险的对策。

10. 研究结论与建议：推荐方案的整体构想和优缺点；结论与建议。

11. 附图、附表和附件。

四、项目评估

项目评估是对可行性研究报告的全面评价，甚至是对项目前期策划工作的全面评价。项目评估结论是项目决策的依据，对立项后资金筹措、设计、计划和风险防范都有重要的作用。

1. 项目评估的内容

项目评估的内容一般与可行性研究报告内容对应。主要包括：

（1）项目与企业概况评估。

（2）项目建设必要性评估：项目与国家产业政策、行业及地区规划、社会经济发展、生产需求、企业发展要求的符合度评估。

（3）项目市场评估：项目产品或服务的市场前景评估。

(4) 项目生产规模的评估：产品结构、资金筹措能力、技术管理水平和最佳生产规模的评估。

(5) 项目建设生产条件评估：评估建设条件能否满足项目正常实施需要；生产条件能否满足项目生产经营活动需要。

(6) 项目技术评估：项目工艺方案、技术和设备方案、工程设计方案的合理性、经济性和安全性评估。

(7) 项目实施方案评估：项目实施进度、实施组织和经营管理评估。

(8) 人力资源配置评估：人力资源配置、劳动定员和培训计划评估。

(9) 项目环境影响评估：评估项目对环境和生态平衡的影响程度，并审查相关环保措施的可行性，环保投资费用的保证程度及经济合理性。

(10) 投资估算与资金筹措评估：审查投资估算和资金筹措的可靠性、合理性。

(11) 财务效益分析：审查选用数据是否可靠、主要指标计算及参数选取是否正确、推荐方案是否"最佳"。

(12) 国民经济效益评价：核查费用和效益范围及数值调整是否正确。

(13) 项目风险评估：项目不确定性分析、主要风险因素及敏感度和概率分析、项目风险预防措施及处置方案。

(14) 项目总评估。项目评估结论、提出的问题和建议。

2. 项目评估报告大纲

项目评估报告一般包括三个方面的内容：

(1) 项目概况：项目基本情况；综合评估结论，即提出可否批准或可否贷款的结论性意见。

(2) 详细评估意见。

(3) 总结和建议：存在或遗漏的重大问题；潜在的风险；建议。

第二节 经济评价方法与应用

建设项目经济评价是项目前期工作的重要内容，是可行性研究和项目评估的重要组成部分。项目前期研究阶段要做技术的、经济的、环境的、社会的、生态影响的分析论证，每一类分析都可能影响投资决策。经济评价只是项目评价的一项重要内容。

建设项目经济评价的方法即是根据项目的基础数据计算评价指标，根据评价指标的计算结果判断项目是否可行。建设项目经济评价方法主要应用于方案比选。一个建设项目可能存在一个或多个不同的投资方案，建设项目的经济评价不仅涉及项目的经济可行性分析，而且涉及多个可行方案的优选问题。

一、建设项目经济评价的指标体系

建设项目经济评价效果的好坏，一方面取决于基础数据的完整性和可靠性，另一方面取决于选取的评价指标体系的合理性。只有选取正确的评价指标体系，经济评价的结果才能与客观实际情况相吻合，才具有实际意义。

一般来讲，建设项目的经济评价指标根据不同的评价深度要求、可获得资料的多少及项目本身所处的条件不同，可选用不同的指标，这些指标有主次之分，可以从不同的角度反映建设项目的经济效果。根据不同的划分标准，建设项目经济评价指标体系分为以下几类：

（一）按是否考虑资金的时间价值分类

以是否考虑资金的时间价值为标准进行划分，将经济评价指标分为静态评价指标和动态评价指标两大类，见表3-1所列。

表3-1 按是否考虑资金的时间价值分类

建设项目经济评价指标	静态评价指标	投资收益率	财务评价指标
		静态投资回收期	
		借款偿还期	
		资本金利润率	
		资产负债率	
		流动比率	
		速动比率	
		利息备付率	
		偿债备付率	
	动态评价指标	财务净现值	
		财务净现值率	
		财务内部收益率	
		动态投资回收期	
		经济内部收益率	国民经济评价指标

（二）按建设项目经济评价的性质分类

以指标的性质为标准进行分类，将建设项目经济评价指标划分为时间性指标、价值性指标、比率性指标三大类。

时间性指标包括静态投资回收期、动态投资回收期、借款偿还期等。该类指标是衡量建设项目回收投资的快慢程度。

价值性指标包括财务净现值、财务净年值等。该类指标是评价建设项目在整个计算期内的盈利能力。

比率性指标包括财务内部收益率、财务净现值率、投资收益率、利息备付率、偿债备付率等。该类指标是评价建设项目的投资报酬率及偿债能力等。

（三）按建设项目经济评价的内容分类

根据建设项目经济评价内容不同，可以将指标分为三类：财务盈利能力分析指标、偿债能力分析指标、财务生存能力分析指标。

财务盈利能力分析指标包括静态投资回收期、动态投资回收期、财务内部收益率、财务净现值、财务净年值、投资收益率、资本金利润率等。该类指标主要是分析项目的盈利能力。

偿债能力分析指标包括借款偿还期、资产负债率、流动比率、速动比率、利息备付率、偿债备付率等。该类指标主要是分析项目能否按期偿还债务的能力。

财务生存能力分析指标包括净现金流量、累计盈余资金等。该类指标主要是分析项目是否有足够的净现金流量维持正常运营。

二、经济评价方法

建设项目经济评价的方法就是在项目初步方案的基础上，通过计算经济评价指标，对拟建项目的财务可行性和经济合理性进行分析论证，为项目的科学决策提供经济方面的依据。

各种财务评价指标的计算方法和评价准则列举如下。

（一）投资收益率

投资收益率又称投资效果系数，是考察投资方案单位投资的盈利能力的静态评价指标。它是投资方案达到设计生产能力后一个正常年份的年净收益与方案的投资总额的比率。它表明投资方案在正常的生产年份中，单位投资每年能创造的年净收益额。对生产期各年的净收益额变化幅度较大的方案，则应计算生产期年平均净收益与投资总额的比率。它适用于项目处在初期勘察阶段或者项目投资不大、生产比较稳定的财务盈利能力分析。

1. 投资收益率的计算公式

$$R = \frac{F}{T} \times 100\% \tag{3-1}$$

式中 R——投资收益率；

F——项目达到设计生产能力后正常年份的年净收益或年平均净收益；

T——项目总投资。

投资收益率是一个综合性指标，在进行项目经济评价时，根据分析目的不同，投资收益率又可分为：总投资收益率、资本金净利润率、投资利润率等。即根据 T、F 的具体含义不同，R 可以表现为不同的应用指标。

总投资收益率(R_z)表示总投资的盈利水平，是指项目达到设计生产能力后正常年份的年息税前利润或运营期内年平均息税前利润与项目总投资的比率。

资本金净利润率(R_e)是指项目达到设计生产能力后正常年份的年净利润或运营期内年平均净利润与项目资本金的比率(其中：年净利润 = 年利润总额 - 年所得税)。

投资利润率(R_N)是指项目达到设计生产能力后正常年份的年利润总额或运营期内年平均利润总额与项目总投资的比率。

2. 评价准则

用投资收益率判断方案的优劣时，应将项目的投资收益率与行业平均投资收益率比较。设项目的行业平均投资收益率为 i_c，判断准则是：

（1）当 $R \geq i_c$ 时，项目可行，可以考虑接受；

（2）当 $R < i_c$ 时，项目不可行，应予以拒绝。

若多个方案比较，则在各个方案满足 $R \geq i_c$ 时，投资收益率越大的方案越好。

【例3-1】 某建设项目，建设投资和铺底流动资金共计 24000 万元，流动资金贷款为 4500 万元。在项目建成投产后的第二年，每年可实现利润(利润总额)5200 万元，年利息支出为 300 万元，所得税为 1800 万元，请计算项目的总投资收益率和投资利润率。若该类项目的行业平均投资收益率为 12%，试问该项目是否可行？

【解】 项目的总投资 = (24000 + 4500)万元 = 28500 万元

项目年息税前利润额 = (5200 + 300 + 1800)万元 = 7300 万元

$$总投资收益率 = \frac{7300}{28500} = 25.6\%$$

$$投资利润率 = \frac{5200}{28500} = 18.2\%$$

因为项目的投资收益率大于行业平均投资收益率，所以，该项目可行。

（二）投资回收期

投资回收期是指回收投资所需要的时间，也称为返本期。它是考察建设项目回收投资的快慢程度的时间性指标，是考察项目财务上投资回收能力的指标。项目的投资回收期越短，项目将来面临的风险就会较小。实际应用时，如果项目的投资回收期小于或等于行业基准投资回收期，则从回收投资快慢的角度来说，项目是可行的；否则，项目不可行。

根据计算投资回收期时是否考虑资金的时间价值，即项目现金流量是否折现，投资回收期分为静态投资回收期和动态投资回收期。

1. 静态投资回收期(P_t)

静态投资回收期是在不考虑资金的时间价值的情况下，以项目每年的净收益回收项目全部投资所需要的时间。

（1）原理公式：自建设开始年算起，静态投资回收期必须满足下式

$$\sum_{t=0}^{P_t}(CI-CO)_t = 0 \tag{3-2}$$

式中　P_t——静态投资回收期；
　　　CI——现金流入量；
　　　CO——现金流出量；
　　$(CI-CO)_t$——第 t 年的净现金流量。

静态投资回收期的计算可根据项目全部投资的财务现金流量表中的年净现金流量和累计净现金流量来计算。其计算式为

$$P_t = T - 1 + \frac{|第(T-1)年的累计净现金流量|}{第\ T\ 年的净现金流量} \tag{3-3}$$

式中　T——项目累计净现金流量首次出现正值或零的年份。

（2）评价准则：用投资回收期评价项目时，需要与投资者确定的基准投资回收期相比较。设基准投资回收期为 P_c，判断准则是：

① 当 $P_t \leq P_c$ 时，项目可行；
② 当 $P_t > P_c$ 时，项目不可行。

【例 3-2】 某项目的现金流量经测算如表 3-2 所示，如果行业基准投资回收期为 6 年，试用静态投资回收期分析该项目的可行性。

表 3-2　净现金流量表　　　　　（单位：万元）

年份	0	1	2~9
净现金流量	-25	-20	12

【解】 项目的现金流量图如图 3-1 所示。

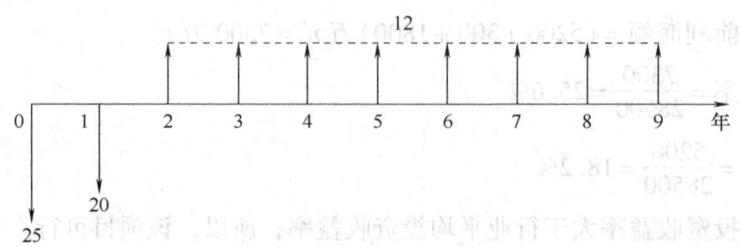

图 3-1 项目的现金流量图

项目各年的累计净现金流量列于表 3-3。

表 3-3 累计净现金流量表 （单位：万元）

年份	0	1	2	3	4	5	6	7	8	9
净现金流量	-25	-20	12	12	12	12	12	12	12	12
累计净现金流量	-25	-45	-33	-21	-9	3	15	27	39	51

根据表 3-3，各年累计净现金流量首次出现正值的年份是第 5 年（$T=5$），该年对应的净现金流量为 12 万元，上年（即第 4 年）对应的累计净现金流量绝对值是 9 万元。代入公式(3-3)，静态投资回收期

$$P_t = \left[(5-1) + \frac{9}{12}\right] \text{年} = 4.75 \text{ 年}$$

因为 $P_t = 4.75$ 年 $< P_c = 6$ 年，所以，该项目从回收投资快慢的角度来看，是可行的。

2. 动态投资回收期（P_d）

动态投资回收期是在考虑资金的时间价值的情况下，即对项目现金流量进行折现，以项目每年的净收益回收项目全部投资所需要的时间。

（1）原理公式：自建设开始年算起，动态投资回收期必须满足公式

$$\sum_{t=0}^{P_d}(CI-CO)_t(1+i_c)^{-t} = 0 \tag{3-4}$$

或

$$\sum_{t=0}^{P_d}(CI-CO)_t(P/F,i_c,t) = 0 \tag{3-5}$$

式中 P_d——动态投资回收期；

i_c——行业基准投资收益率；

$(CI-CO)_t(1+i_c)^{-t}$——第 t 年的净现金流量现值。

其他符号含义同前。

与静态投资回收期计算方法类似，在实际计算中，动态投资回收期是将财务现金流量表核中的净现金流量折现，并累计净现金流量现值求出。其计算式为：

$$P_d = T - 1 + \frac{|第(T-1)年的累计净现金流量现值|}{第 T 年的净现金流量现值} \tag{3-6}$$

式中 T——项目各年累计净现金流量现值首次出现正值或零的年份。

（2）评价准则：设行业基准投资回收期为 P_c，判断标准是：

① 当 $P_d \leq P_c$ 时，项目可行；

② 当 $P_d > P_c$ 时，项目不可行。

【例 3-3】 以【例 3-2】的数据为例。设行业基准投资收益率 $i_c = 10\%$，计算该项目的动态投资回收期。

【解】 计算过程列于表 3-4。

表 3-4 累计净现金流量现值表　　　　　　　　　（单位：万元）

年 份	0	1	2	3	4	5	6	7	8	9
净现金流量	-25	-20	12	12	12	12	12	12	12	12
$(P/F, 10\%, t)$	1	0.9091	0.8264	0.7513	0.6830	0.6209	0.5645	0.5132	0.4665	0.4241
净现金流量现值	-25	-18.18	9.9168	9.0156	8.196	7.4508	6.774	6.1584	5.598	5.0892
累计净现金流量现值	-25	-43.18	-33.3	-24.2	-16.0	-8.59	-1.82	4.34	9.94	15.03

各年累计净现金流量现值首次出现正值的年份是第 7 年，该年对应的净现金流量现值为 6.1584 万元，上年对应的累计净现金流量现值的绝对值是 1.82 万元。代入公式 (3-6)，动态投资回收期：

$$P_d = \left[(7-1) + \frac{|-1.82|}{6.1584} \right] \text{年} = 6.30 \text{ 年}$$

因为 $P_d = 6.30$ 年 $> P_c = 6$ 年，所以，该项目从回收投资快慢的角度来看，是不可行的。

3. 投资回收期指标的不足

计算投资回收期时，没有反映投资回收期之后的收益和费用。而任何投资的目的不仅是收回投资，更主要的是要有收益。由于投资回收期没有全面地反映项目在整个计算期内的经济效益，所以，投资回收期一般只能作为一种辅助指标。常用于单个方案的初选或概略评价，即通常作为辅助的绝对效果评价指标使用，而不能用于多个方案的比较选择。

（三）净现值（NPV）及净现值率（NPVR）

1. 净现值（NPV 即 Net Present Value）

净现值是反映投资方案在计算期内盈利能力的动态评价指标。净现值是将建设项目在整个计算期内各年的净现金流量，按行业基准收益率折现到建设期初（第 0 年即第 1 年年初）的现值的代数和。

（1）计算公式

$$NPV = \sum_{t=0}^{n} (CI - CO)_t (1 + i_c)^{-t} = \sum_{t=0}^{n} (CI - CO)_t (P/F, i_c, t) \tag{3-7}$$

式中　NPV——财务净现值；

$(CI - CO)_t$——计算期中第 t 年的净现金流量；

i_c——行业基准折现率（即行业基准收益率）；

n——投资方案的计算期。

（2）评价准则

① 若 $NPV > 0$，说明投资方案的投资收益水平除能达到行业的基准收益水平外，还可获得更多的收益，即项目的盈利能力超过行业的基准收益水平，表明该项目在财务上是可行的。

② 若 NPV = 0，说明投资方案的投资收益水平恰好达到行业的基准收益水平，表明该项目在财务上是可行的。

③ 若 NPV < 0，说明投资方案的投资收益水平低于行业的基准收益水平，表明该项目在财务上是不可行的。

【例 3-4】 以【例 3-2】的数据为例，项目的现金流量图如图 3-1。设行业基准投资收益率 $i_c = 10\%$，用净现值法评价项目的财务可行性。

【解】 项目净现值

$$NPV = -25 - 20(P/F, 10\%, 1) + 12(P/A, 10\%, 8)(P/F, 10\%, 1) = 15.02 \text{ 万元}$$

因为 NPV > 0，所以项目在财务上是可行的。

(3) 净现值指标的优点与不足

1) 净现值指标的优点：考虑了项目资金的时间价值，并全面考虑了项目在整个计算期内的经营情况；指标直接用货币金额表示，经济意义明确直观，计算简便。

2) 净现值指标的不足：在计算净现值时，须事先设定基准折现率。而基准折现率的确定往往比较困难。项目的财务净现值是随着折现率的逐渐增大而逐渐变小的，且由正变负。在确定基准折现率时，如果折现率定得过高，会导致净现值变小，从而使一些经济效益不错的方案被拒绝；如果折现率定得过低，又会使净现值变大，致使一些经济效益不好的项目也可能会被接受。因此，运用净现值法，需要对折现率客观、准确地进行估计。净现值指标的不足还反映在不能直接说明项目运营期间各年的经营成果，且不能真正反映项目投资中单位投资的使用效率。

2. 净现值率(NPVR)

净现值指标用于多个方案比较时，因没有考虑各个方案投资额的大小，所以不能真正反映项目投资中单位投资的使用效率。净现值率就是弥补此不足而发展起来的一个辅助评价指标。

(1) 概念及计算公式：净现值率是项目的净现值与项目全部投资现值的比率。净现值率反映了项目单位投资所取得的净现值额，是表示单位投资所能获取收益的能力。其计算式为

$$NPVR = \frac{NPV}{K_P} = \frac{NPV}{\sum_{t=0}^{n} K_t (1 + i_c)^{-t}} \tag{3-8}$$

式中 K_P——项目全部投资现值；

K_t——项目计算期中第 t 年的投资额。

(2) 评价准则：用净现值率评价单个方案时，当 $NPVR \geq 0$ 时，方案可行；当 $NPVR < 0$ 时，方案不可行。用净现值率进行多方案优选时，以净现值率较大的方案为优。

【例 3-5】 某工程有 A、B 两个方案，现金流量如表 3-5 所示，当基准收益率 $i_c = 12\%$ 时，试用净现值法和净现值率法比较择优。

表 3-5 A、B 两方案的现金流量表 （单位：万元）

方案	0	1	2	3	4	5
A	-2000	600	1000	1000	1000	1000
B	-3000	500	1500	1500	1500	1500

【解】 （1）用净现值法择优

$$NPV_A = -2000 + 600(P/F,12\%,1) + 1000(P/A,12\%,4)(P/F,12\%,1)$$
$$= 1247.5 \text{ 万元}$$
$$NPV_B = -3000 + 500(P/F,12\%,1) + 1500(P/A,12\%,4)(P/F,12\%,1)$$
$$= 1514.1 \text{ 万元}$$

因为 $NPV_A < NPV_B$，所以 B 方案较优。

（2）用净现值率法择优

$$NPVR_A = \frac{1247.5}{2000} = 0.6238$$

$$NPVR_B = \frac{1514.1}{3000} = 0.5047$$

因为 $NPVR_A > NPVR_B$，所以 A 方案较优。

由以上例题可见，用净现值法与净现值率法计算的结论有时相反，此时应以净现值为方案决策依据。因为 NPVR 指标对投资额不相等的备选方案进行择优时，当计算期确定得较短的方案，结论会比较片面。一般只有对投资额相近的方案进行优选时，才使用 NPVR 作为辅助性指标。

（四）净年值(NAV)

净年值是通过资金等值计算，依据基准收益率，将项目计算期内各年净现金流量分摊到每一年年末的等额年值。

1. 计算公式

$$NAV = \left[\sum_{t=0}^{n}(CI-CO)_t(P/F,i_c,t)\right](A/P,i_c,n) = NPV(A/P,i_c,n) \quad (3-9)$$

2. 评价准则

（1）当 $NAV \geq 0$，项目在经济上可行。

（2）当 $NAV < 0$，项目在经济上不可行。

3. NAV 与 NPV 的关系

净年值与净现值在单个项目的评价结论上总是一致的，即对于单个项目的判断和计算期相同的多个方案的择优过程中，净年值与净现值是等效的评价指标。

对于多个方案的择优，净年值指标与净现值指标对于计算期相同的方案，其评价结论是相同的。但是，对于计算期不相同的方案，比较净年值指标更合理，更具有实际意义。

【例 3-6】 已知某建设项目期初一次性投资 3000 万元，当年投产，预计寿命期 10 年，每年能获得净收益 800 万元，第 10 年末可得到残值 200 万元。已知基准折现率为 12%，试以净年值法判断项目的经济可行性。

【解】 此投资项目的现金流量图如图 3-2 所示。

$$NAV = 800 \text{ 万元} - 3000 \text{ 万元} \times (A/P,12\%,10) + 200 \text{ 万元} \times (A/F,12\%,10)$$
$$= 800 \text{ 万元} - 3000 \text{ 万元} \times 0.1770 + 200 \text{ 万元} \times 0.0570 = 280.4 \text{ 万元}$$

因为该项目的净年值大于零，所以该项目在经济上是可行的。

（五）内部收益率(IRR)

净现值法虽然简单易行，但它只能判断项目是否达到或超过要求的投资收益率(行业基

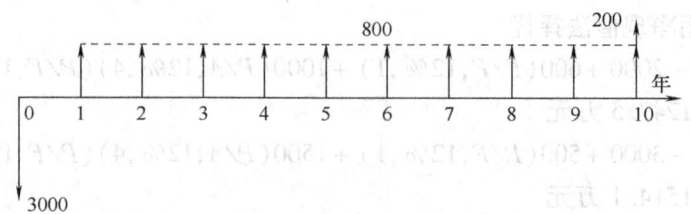

图 3-2 某项目现金流量图

准投资收益率或投资者的期望收益率），不能求出项目实际达到的收益率，而内部收益率法能够解决这个问题，它所求出的是项目实际的投资收益率。因此，在所有的经济评价指标中，内部收益率是除净现值外最重要的动态评价指标。

1. 内部收益率的定义

项目的内部收益率就是根据项目净现金流量算出的项目净现值为零时对应的折现率。因为该折现率的计算只与项目自身的净现金流量有关，所以该指标被称为"内部"收益率。它应满足的方程是：

$$\sum_{t=0}^{n}(CI-CO)_t(1+IRR)^{-t} = \sum_{t=0}^{n}(CI-CO)_t(P/F,IRR,t) = 0 \quad (3\text{-}10)$$

式中，IRR 是内部收益率。IRR 也是方程中需要求解的变量。

2. 内部收益率的计算

由于方程(3-10)是一个高次方程，不易直接求解 IRR，通常用计算机求解，如果手工求解，则采用试算法及"线性插值法"求解内部收益率的近似值。

试算法及"线性插值法"求解内部收益率的基本步骤如下：

首先根据经验，选定一个适当的折现率 i_0。

（1）根据投资方案的现金流量情况，及选定的折现率 i_0，求出方案的净现值 NPV。

（2）因为常规投资方案的净现值是随着折现率的增大而呈非线性减小的，所以若试算出的 $NPV>0$，则适当增大 i_0；若试算出的 $NPV<0$，则适当减小 i_0。

（3）重复步骤(3)，直到找到两个折现率 i_1 和 i_2，其对应的净现值 $NPV_1>0$，$NPV_2<0$，且 $(i_2-i_1)<5\%$。为了保证内部收益率的近似值与精确解的偏差足够小，(i_2-i_1) 的值最好 $\leq 2\%$。

（4）如图 3-3 所示，将 i_1、i_2 之间的曲线近似看作直线，采用线性插值法计算内部收益率的近似解，计算式如下

$$IRR = i_1 + \frac{NPV_1(i_2-i_1)}{NPV_1+|NPV_2|} \quad (3\text{-}11)$$

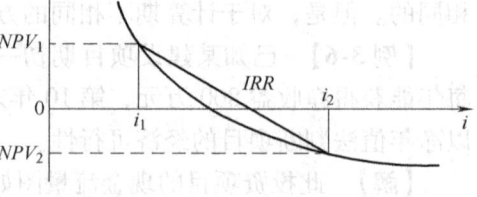

图 3-3 内部收益率线性插值法示意图

3. 评价准则

根据净现值与折现率的关系，以及净现值指标在方案评价时的判别准则，可将计算出的内部收益率与行业基准收益率进行比较，以此判断方案是否可行，即

（1）若 $IRR \geq i_c$，则 $NPV \geq 0$，方案在财务上可行；

（2）若 $IRR < i_c$，则 $NPV<0$，方案在财务上不可行。

【例 3-7】 某建设项目投资方案净现金流量如表 3-6 所示，当基准收益率为 10% 时，用

内部收益率指标判断项目是否可行。

表 3-6 某项目现金流量表 （单位：万元）

t 年末	0	1	2	3	4	5
净现金流量	−2000	300	500	500	500	1200

【解】 初始取折现率 $i_0 = 10\%$

$NPV(10\%) = -2000 + [300 + 500(P/A, 10\%, 3)](P/F, 10\%, 1) + 1200(P/F, 10\%, 5)$
$\qquad\qquad = 148.23 \text{ 万元} > 0$

再取 $i_1 = 12\%$

$NPV(12\%) = -2000 + [300 + 500(P/A, 12\%, 3)](P/F, 12\%, 1) + 1200(P/F, 12\%, 5)$
$\qquad\qquad = 21 \text{ 万元} > 0$

再取 $i_2 = 14\%$

$NPV(14\%) = -2000 + [300 + 500(P/A, 14\%, 3)](P/F, 14\%, 1) + 1200(P/F, 14\%, 5)$
$\qquad\qquad = -91 \text{ 万元} < 0$

因为 $NPV_1 = 21$ 万元，$NPV_2 = -91$ 万元，$i_2 - i_1 = 2\%$，则

$$IRR = i_1 + \frac{NPV_1(i_2 - i_1)}{NPV_1 + |NPV_2|} = 12\% + \frac{21 \times (14\% - 12\%)}{21 + |-91|} = 12.38\% > 10\%$$

所以，该投资方案在经济上可行。

4. 关于内部收益率的计算和应用中应注意的问题

（1）采用线性插值法计算内部收益率，只适用于具有常规现金流量的投资方案，而对于具有非常规现金流量的方案，其内部收益率的存在可能不是唯一的，甚至可能不存在内部收益率，所以，非常规现金流量的方案不适合应用内部收益率指标进行评价。

（2）在计算中得出的内部收益率值的精度与 $(i_2 - i_1)$ 的大小有关。i_2 与 i_1 之间的差距越小，则内部收益率的计算结果越精确；反之，结果误差越大。

（3）假设项目的全部投资均来自借入资金，则项目的内部收益率是借入资金利率的临界值，是项目对贷款的最大承受能力利率值。即，若借入资金利率 i 小于项目的内部收益率 IRR，则项目会有盈利；若借入资金利率 i 大于项目的内部收益率 IRR，则项目就会亏损；若借入资金利率 i 等于项目的内部收益率 IRR，则项目全部投资所获得的净收益刚好等于偿还借入资金的本利和。

（六）费用现值（PC）及费用年值（AC）

当有些项目不能明确计算收益（如学校、医院）或有些项目效益相同或效益基本相同的方案进行比选择优时，为简化计算可以采用费用现值比较法和费用年值比较法。即把各方案的费用折现为现值或费用年金后，选择费用最小的方案为最优方案。

1. 费用现值（PC）

（1）概念及计算公式：费用现值是将方案计算期内各年的费用，根据行业基准收益率或设定的折现率，折现到期初的现值之和。其计算式如下

$$PC = \sum_{t=1}^{n}(T + C - S - W)_t (P/F, i_c, t) \qquad (3\text{-}12)$$

式中 T——年全部投资（包括固定资产投资和流动资金）；

C——年经营费用；

S——计算期末回收的固定资产余值；

W——计算期末回收的流动资金；

i_c——行业基准收益率或设定的折现率。

(2) 评价准则：比较计算出的各方案的费用现值，以费用现值最低的方案为优。

2. 费用年值(AC)

(1) 概念及计算公式：费用年值是将方案计算期内各年的费用，根据行业基准收益率或设定的折现率，等值计算到计算期中各年的年金值。其计算式如下

$$AC = \left[\sum_{t=0}^{n}(T+C-S-W)_t(P/F,i_c,t)\right](A/P,i_c,n) = PC(A/P,i_c,n) \quad (3-13)$$

式中　符号含义同前一公式。

(2) 评价准则：比较计算出的各方案的费用年值，以费用年值最低的方案为优。

【例 3-8】 已知将建设一小学校，项目有 A、B 两种方案，已知 $i_c = 10\%$，其有关的年费用支出见表 3-7，试用费用现值法和费用年值法选择最佳方案。

表 3-7　A、B 两方案费用支出表　　　　　　　　　（单位：万元）

项目	投资(第一年末)	年运营成本(第 2~15 年末)	计算期
A	300	52	15
B	200	60	15

【解】 (1) 费用现值法：根据费用现值的计算公式可分别计算出 A、B 两方案的费用现值为：

$PC_A = 300\text{ 万元} \times (P/F,10\%,1) + 52\text{ 万元} \times (P/A,10\%,14)(P/F,10\%,1)$

$\quad\quad = 300\text{ 万元} \times 0.9091 + 52\text{ 万元} \times 7.3667 \times 0.9091$

$\quad\quad = 621.0\text{ 万元}$

$PC_B = 200\text{ 万元} \times (P/F,10\%,1) + 60\text{ 万元} \times (P/A,10\%,14)(P/F,10\%,1)$

$\quad\quad = 200\text{ 万元} \times 0.9091 + 60\text{ 万元} \times 7.3667 \times 0.9091$

$\quad\quad = 583.6\text{ 万元}$

因为 $PC_A > PC_B$，所以，方案 B 为最佳方案。

(2) 费用年值法：根据费用年值的计算公式可分别计算值 A、B 两方案的费用年值为：

$AC_A = PC_A(A/P,10\%,15) = 621.0\text{ 万元} \times 0.1315\text{ 万元} = 81.7\text{ 万元}$

$AC_B = PC_B(A/P,10\%,15) = 583.6\text{ 万元} \times 0.1315\text{ 万元} = 76.7\text{ 万元}$

因为 $AC_A > AC_B$，所以，方案 B 为最佳方案。

费用现值法实际上是净现值法的一个特例。费用现值法计算出的净现值，只包括费用部分，没有考虑收益。

费用年值法实际上是净年值法的一个特例。费用年值法计算出的净年值，只包括费用部分，没有考虑收益。

费用现值法和费用年值法也正是适用于当项目的收益无法估算时评价采用。

三、经济评价方法的应用

(一) 方案比选的概念和类型

建设项目经济评价方法主要应用于方案比选。

方案比选,即方案的比较和选优,就是对根据实际情况所提出的多个备选方案,通过选择适当的经济评价方法与指标,对各个方案的经济效益能力(盈利能力、偿债能力、财务生存能力)进行比较,最终选择出具有最佳投资效果的方案。

方案比选是寻求合理的经济和技术方案的必要手段,也是建设项目经济评价的重要组成内容。

方案比选的类型有局部比选和整体比选、综合比选与专项比选、定性比选与定量比选三类。整体比选是按各个备选方案所含的因素(相同因素和不同因素)进行定性和定量的全面的综合的对比;局部比选是仅就备选方案的不同因素或部分重要因素进行局部的或专项的对比。如果备选方案在许多方面都有差异,则适合采用整体比选方法。方案比选的定性分析方法适合于方案比选的初级阶段,如果先经过定性分析,仍直观很难判断各个方案的优劣,则应进行定量分析,论证其经济效益的大小,据以判别方案的优劣。通常,需要定性比选与定量比选相结合来判别方案的优劣。本部分内容主要介绍定量分析评价方法的应用。

(二) 方案之间的经济关系类型

多个备选方案之间的经济关系类型不同,方案比选的思路便有所不同,因此,在方案比选前,合理分析和确定备选方案之间的经济关系类型是方案比选成功的基础。

一般来说,一组备选方案之间存在的经济关系类型常见的有:互斥型关系、独立型关系、混合型关系等。

1. 互斥型关系

互斥关系是指各个方案之间存在着互不相容、互相排斥的关系。在进行方案比选时,在各个备选方案中只能选择一个,其余的均必须放弃。这类互斥方案在实际工作中最常见。例如,一个建设项目的厂址选择,不是选在甲地,就是选在乙地,或者选在丙地;只要选择了其中一个地点,其他的厂址方案都必须放弃。互斥方案的比选是项目经济评价的重要内容,也是其他关系类型方案比选的基础。

互斥方案根据不同的因素有不同的分类:

(1) 按方案的寿命期不同进行分类有:寿命期相同的互斥方案、寿命期不同的互斥方案、寿命期无限的互斥方案。

(2) 按方案的规模不同进行分类有:相同规模的方案、不同规模的方案。

2. 独立型关系

独立型关系是指各个方案的现金流量是独立的,不具有相关性,其中任何一个方案的采用与否只与方案自己的可行性有关,而与其他方案是否采用没有关系。例如某企业面临三个投资机会:一个是开发住宅,一个是生物制药项目,还有一个是某高速公路的投资建设。在没有资金约束的条件下,这三个方案之间不存在任何的制约和排斥关系,因此,这三个方案就是一组独立方案,称之为无资源限制的独立方案。但是多数情况下,方案选择大都可能有资源(资金、人力、原材料等)的限制,这时方案之间的关系就不是纯粹的独立关系,而是有资源限制的独立方案。(有的书上称之为组合—互斥方案)

3. 混合型关系

在一组备选方案中,方案之间有些具有互斥关系,有些具有独立关系,则称这一组方案为混合方案。混合方案在组织结构上有两种形式。

(1) 在一组独立方案中，每个独立方案下又存在若干个互斥方案的形式。简称为先独立后互斥方案。

(2) 在一组互斥方案中，每个互斥方案下又有若干个独立方案的形式。简称先互斥后独立方案。

(三) 互斥方案的经济评价

由于互斥方案的排他性使得人们在若干个互斥方案中只能选择一个方案。为使投资资金发挥最大效益，人们当然希望所选的方案是若干个备选方案中经济性最优的。

为了达到所选的方案是若干个备选互斥方案中经济性最优的目的，对互斥方案经济效果的评价应包括两部分内容：一是绝对效果检验，即判断各个方案本身是否可行；二是相对效果检验，即从若干个可行的备选方案中选出相对经济性最优的方案。对于互斥方案的经济评价，这两项内容通常缺一不可，以确保所选方案不但可行而且最优。

需要注意的是，在进行相对经济效果评价时，不论使用哪种经济评价指标，都必须满足方案可比条件。当方案的计算期不相等时，应转化为计算期相等的条件下进行比选。

1. 静态评价方法

对互斥方案进行经济效果的静态评价，选择的主要经济评价方法是追加投资收益率法、追加投资回收期法、年折算费用法等。

(1) 追加投资收益率法

1) 概念及计算公式：追加投资收益率是指追加投资所带来的经营成本的节约额与追加投资之比。这个概念成立有个前提假设：某一个方案的投资额较大，但经营成本却比较小；而另一个方案则相反，即投资额较小，但经营成本却较大。对于这样的互斥方案，需要通过计算互斥方案的追加投资收益率，判断互斥方案相对经济效果，据此选择最优方案的评价方法。其原理是，追加投资带来的经营成本节约额相当于该部分投资的收益，此收益与该追加投资之比，即可视为追加投资的收益率。其计算式是

$$R_{2-1} = \frac{C_1 - C_2}{T_2 - T_1} \times 100\% \tag{3-14}$$

式中 R_{2-1}——追加投资收益率；

T_1——投资额小的方案（设为方案1）的投资额；

T_2——投资额大的方案（设为方案2）的投资额；

C_1——方案1的经营成本；

C_2——方案2的经营成本；

2) 评价准则：将计算出来的追加投资收益率R_{2-1}与行业基准投资收益率i_c进行比较：

若$R_{2-1} \geq i_c$，则投资额大的方案为较优方案；

若$R_{2-1} < i_c$，则投资额小的方案为较优方案。

在各个互斥方案中，当其效益、规模相同或基本相同时，最理想的方案是投资额和经营成本都最小的那个方案，这样的话，直接选择该方案即可。

【例3-9】 备选的两个方案的计算期相同，甲方案投资额为200万元，年经营成本为40万元；乙方案投资额为150万元，年经营成本为48万元。若行业基准投资收益率为8%，试选择较优的方案。

【解】 计算甲、乙两个方案的增额投资收益率：

$$R_{2-1} = \frac{48-40}{200-150} \times 100\% = 16\%$$

因为 R_{2-1} 大于行业基准投资收益率 8%，所以，投资额较大的甲方案为较优的方案。

(2) 追加投资回收期法

1) 概念及计算公式：追加投资回收期是指用互斥方案经营成本的节约额或增量净收益来补偿其追加投资的年限。追加投资回收期法是指通过计算互斥方案的追加投资回收期，判断互斥方案相对经济效果，据此选择最优方案的评价方法。

其计算式为

$$P_{t(2-1)} = \frac{T_2 - T_1}{C_1 - C_2} \quad (3-15)$$

式中　$P_{t(2-1)}$——追加投资回收期。其余符号意义同前。

2) 评价准则：将计算出来的追加投资回收期 $P_{t(2-1)}$ 与行业基准投资回收期 P_c 进行比较：若 $P_{t(2-1)} > P_c$，则投资小的方案（方案1）为优选方案；

若 $P_{t(2-1)} \leq P_c$，则投资大的方案（方案2）为优选方案。

【例3-10】　已知本行业基准投资回收期为 8 年，其余数据同【例3-9】，试选择较优的方案。

【解】　计算这两个方案的增额投资回收期：

$$P_{t(2-1)} = \frac{200-150}{48-40} \text{年} = 6.25 \text{年}$$

因为 $P_{t(2-1)}$ 小于行业基准投资回收期 8 年，所以投资大的方案甲方案为较优的方案。

(3) 年折算费用法

1) 概念及计算公式：年折算费用是指将投资方案的投资额用行业基准投资回收期分摊到各年，再与年经营成本相加的费用之和。年折算费用法是指通过计算互斥方案的年折算费用，判断互斥方案的相对经济效果，据此选择最优方案的静态评价方法。其计算式为

$$Z_j = \frac{T_j}{P_c} + C_j \quad (3-16)$$

式中　Z_j——第 j 个方案的年折算费用；

　　　T_j——第 j 个方案的总投资；

　　　P_c——行业基准投资回收期；

　　　C_j——第 j 个方案的年经营成本。

2) 评价准则：在多方案比选时，年折算费用最小的方案为最优方案。

当互斥方案个数较多时，用追加投资收益率法和追加投资回收期法进行方案经济评价，要进行两两比较淘汰，计算量较大，而运用年折算费用法，只需计算各个方案的年折算费用，计算简便，评价准则直观明确。

【例3-11】　某建设项目有四个备选方案，费用见表3-8，基准投资回收期为 8 年，请用年折算费用法选择最优方案。

表3-8　各方案的费用　　　　　　　　　　　　　　（单位：万元）

方案	方案1	方案2	方案3	方案4
投资	2600	2100	2300	2850
年经营成本	790	850	810	760

【解】 分别计算各个方案的年折算费用如下：

$$Z_1 = \left(\frac{2600}{8} + 790\right) 万元 = 1115 \text{ 万元}$$

$$Z_2 = \left(\frac{2100}{8} + 850\right) 万元 = 1112.5 \text{ 万元}$$

$$Z_3 = \left(\frac{2300}{8} + 810\right) 万元 = 1097.5 \text{ 万元}$$

$$Z_4 = \left(\frac{2850}{8} + 760\right) 万元 = 1116.25 \text{ 万元}$$

由计算可知，方案 3 的年折算费用最小，所以方案 3 为最优方案。

2. 动态评价方法

（1）计算期相同的互斥方案的经济评价：对计算期相同的互斥方案进行经济评价，主要有净现值法、净现值率法、追加投资内部收益率法、净年值法、费用现值法、费用年值法等。

其中，净现值法、追加投资内部收益率法和净年值法使用较多，鉴于净现值法和净年值法具有一致性，建议采用净现值法和追加投资内部收益率法即可；费用现值法和费用年值法通常适用于多方案比选时，各方案收益相同或收益难以用货币计量，在计算净现值指标时省略现金流量中的收益，只计算费用的情况；而净现值率法是净现值法的一个延伸，是一个相对经济效益指标。

1）净现值法：净现值法是指通过计算互斥方案的净现值，判断互斥方案相对经济效果，据此选择最优方案的评价方法。净现值法的基本步骤是：

① 分别计算各个备选方案的净现值，并用评价准则加以检验，剔除 $NPV<0$ 的方案。

② 对所有 $NPV \geq 0$ 的方案比较其净现值，选择净现值最大的方案为最优方案。

【例3-12】 现有 A、B、C 三个互斥方案，其寿命期均为 16 年，规模大体接近，各方案的净现金流量如表 3-9 所示，试用净现值法选择出最优方案。已知基准收益率 $i_c = 10\%$。

表3-9 各方案净现金流量表 （单位：万元）

方案 \ 年末	建设期		生产期		
	1	2	3	4~15	16
A	-2120	-2500	550	1150	1760
B	-2600	-2800	560	1260	1900
C	-2500	-2000	400	950	2000

【解】 计算各方案的净现值如下：

$NPV_A = -2120$ 万元 $\times (P/F,10\%,1) - 2500$ 万元 $\times (P/F,10\%,2) + 550$ 万元 $\times (P/F,10\%,3) + 1150$ 万元 $\times (P/A,10\%,12) \times (P/F,10\%,3) + 1760$ 万元 $\times (P/F,10\%,16)$

$= (-2120 \times 0.9091 - 2500 \times 0.8264 + 550 \times 0.7513 + 1150 \times 6.8137 \times 0.7513 + 1760 \times 0.2176)$ 万元

$= 2689.9$ 万元

$NPV_B = -2600$ 万元 $\times (P/F,10\%,1) - 2800$ 万元 $\times (P/F,10\%,2) + 560$ 万元 $\times (P/F,10\%,$

$3) + 1260$ 万元 $\times (P/A, 10\%, 12) \times (P/F, 10\%, 3) + 1900$ 万元 $\times (P/F, 10\%, 16)$
$= 2606.7$ 万元

$NPV_C = -2500$ 万元 $\times (P/F, 10\%, 1) - 2000$ 万元 $\times (P/F, 10\%, 2) + 400$ 万元 $\times (P/F, 10\%,$
$3) + 950$ 万元 $\times (P/A, 10\%, 12) \times (P/F, 10\%, 3) + 2000$ 万元 $\times (P/F, 10\%, 16)$
$= 1673.3$ 万元

计算结果表明 A 方案的净现值最大，所以，方案 A 是最优方案。

2）净现值率法：净现值率法是在净现值法的基础上发展起来的，可以作为净现值法的补充指标，在净现值相同或相近时，净现值率指标可以反映单位投资的净效益，在多方案选择中有重要作用。

【例3-13】 某项目有四个方案。甲方案的财务净现值 $NPV = 195$ 万元，投资现值 $T_P = 2800$ 万元；乙方案的财务净现值 $NPV = 192$ 万元，投资现值 $T_P = 2000$ 万元；丙方案的财务净现值 $NPV = 190$ 万元，投资现值 $T_P = 3000$ 万元；丁方案的财务净现值 $NPV = 198$ 万元，投资现值 $T_P = 2500$ 万元。试选择出最优方案。

【解】 由于四个方案的净现值几乎相等，无法用净现值法比选，因此采用净现值率法比选。各个方案的净现值率 $NPVR$ 计算如下：

甲方案：$NPVR = 195/2800 = 0.0696$；
乙方案：$NPVR = 192/2000 = 0.096$；
丙方案：$NPVR = 190/3000 = 0.0633$；
丁方案：$NPVR = 198/2500 = 0.0792$；

因为乙方案的净现值率最大，所以，乙方案是最优方案。

净现值法和净现值率法是对计算期相同的互斥方案进行比选时最常用的方法。但两者的比选思路是有区别的：NPV 注重方案绝对盈利能力的大小，而 $NPVR$ 注重方案单位投资的盈利能力大小。有时根据这两个指标进行方案比选的结论是不同的，这时，决策的依据主要取决于投资者的选择思路：如果希望充分利用投资，并注重绝对盈利能力的大小，则以 NPV 的比选结果为准；当实际情况中如果投资者更注重单位投资效果，则以 $NPVR$ 的比选结果为准。

3）追加投资内部收益率法

① 概念及计算公式：追加投资内部收益率（ΔIRR）是指两方案的现金流量图相减后所得到的新现金流量图的内部收益率。相减时，一定要用投资额度较大的方案 A 的现金流量减去投资额度较小的方案 B 的现金流量，这样新的现金流量才符合常规投资项目现金流量的特征（期初为负，后期为正），这样计算出的 ΔIRR 才具有正常的经济意义。

计算式如下

$$\sum_{t=0}^{n} [(CI_A - CO_A)_t - (CI_B - CO_B)_t] \times (1 + \Delta IRR)^{-t} = 0 \quad (3-17)$$

其中，ΔIRR 是待求值，其计算与内部收益率的计算相同，也采用试算法和线性插值法求得。

② 评价准则

若 $\Delta IRR_{(A-B)} > i_c$，表明追加的投资带来的收益率超过了基准收益率，说明投资额度大的方案较优；

若 $\Delta IRR_{(A-B)} > i_c$，表明追加的投资带来的收益率刚好等于基准收益率，根据利润最大化原则，此时仍说明投资额度大的方案较优；

若 $\Delta IRR_{(A-B)} > i_c$，表明追加的投资带来的收益率小于基准收益率，此时应选投资额度小的方案。

追加投资内部收益率法是一种差额分析法，相似的方法还有追加投资净现值法和追加投资收益率法。这类方法实际上是判断追加投资所产生的增量收益的经济合理性，从而判断两方案的优劣。值得注意的是：差额分析法只能说明追加的投资部分是否经济合理，并不能说明全部投资的经济合理性，因此采用这类方法前，应该先对备选方案进行单方案检验。

【例 3-14】 已知某公司拟投资一个公共建筑项目，目前有三个意向性方案 A、B、C，每个方案的投资收益现金流量见表 3-10，若行业基准收益率为 15%，试进行方案比选。

表 3-10　各方案的投资收益现金流量数据　　　　　　　　　　（单位：万元）

方案 \ 年末	0	1~10	NPV	追加投资现金流 0	追加投资现金流 1~10
A	-5000	1400	2026	B - A = -3000	B - A = 500
B	-8000	1900	1536	C - A = -5000	C - A = 900
C	-10000	2500	2547		

【解】 第一步，先进行单方案检验，即采用净现值法检验各个方案的经济可行性。

$$NPV_A = -5000 \text{ 万元} + 1400 \text{ 万元} \times (P/A, 15\%, 10)$$
$$= -5000 \text{ 万元} + 1400 \text{ 万元} \times 5.0188 = 2026 \text{ 万元}$$
$$NPV_B = -8000 \text{ 万元} + 1900 \text{ 万元} \times (P/A, 15\%, 10)$$
$$= -8000 \text{ 万元} + 1900 \text{ 万元} \times 5.0188 = 1536 \text{ 万元}$$
$$NPV_C = -10000 \text{ 万元} + 2500 \text{ 万元} \times (P/A, 15\%, 10)$$
$$= -10000 \text{ 万元} + 2500 \text{ 万元} \times 5.0188 = 2547 \text{ 万元}$$

经计算，三个方案的净现值均大于零，所以三个方案在经济上都是可行的。

第二步，采用试算法及线性插值法计算追加投资内部收益率，经计算得出：

$\Delta IRR_{(B-A)} = 10.5\% < 15\%$，应选投资小的方案 A，舍弃方案 B；

$\Delta IRR_{(C-A)} = 17.6\% > 15\%$，应选投资大的方案 C，舍弃方案 A。

至此，三个方案比选完毕，最优方案是 C 方案。

4）最小费用法：当两个或多个互斥方案的产出效果相同或基本相同，难以进行具体估算，例如环保、国防、教育等项目，其产出的效益无法或很难用货币直接计量。这就导致得不到项目的净现金流，因此也不能采用净现值法、追加投资内部收益率法等方法进行经济评价。在这种情况下，我们可以假定各方案的收益是相等的，然后对各方案的费用进行比较，根据效益极大化目标的要求及费用较小的项目比费用较大的项目更为可取的原则来选择最佳方案，这种方法被称为最小费用法。

最小费用法包括费用现值比较法（PC）和年费用比较法（AC）。寿命期相同的互斥方案的比选中，常用费用现值法。

费用现值比较法是净现值法的一个特例。其计算方法和评价准则详见本章第二节。其表达式还可以是：

$$PC = \sum_{t=0}^{n} CO_t(1+i_c)^{-t} = \sum_{t=0}^{n} CO_t(P/F, i_c, t) \tag{3-18}$$

【例3-15】 某项目有 A、B 两种工艺设计方案，均能满足同样的生产技术要求，其有关费用支出见表 3-11 所列。试用费用现值法比选出最佳方案。已知 $i_c = 10\%$。

表 3-11　A、B 两方案费用支出表　　　　　　　　　　　　　（单位：万元）

费用 项目	投资（第一年末）	年经营成本（第 2~10 年末）	寿命期/年
A	600	280	10
B	785	245	10

【解】 根据费用现值的计算公式可分别计算出 A、B 两方案的费用现值为：

$PC_A = 600\ \text{万元} \times (P/F, 10\%, 1) + 280\ \text{万元} \times (P/A, 10\%, 9) \times (P/F, 10\%, 1)$
$\quad\quad = 600\ \text{万元} \times 0.9091 + 280\ \text{万元} \times 5.7590 \times 0.9091$
$\quad\quad = 2011.40\ \text{万元}$

$PC_B = 785\ \text{万元} \times (P/F, 10\%, 1) + 245\ \text{万元} \times (P/A, 10\%, 9) \times (P/F, 10\%, 1)$
$\quad\quad = 1996.34\ \text{万元}$

因为 $PC_A > PC_B$，所以方案 B 为最佳方案。

（2）计算期不同的互斥方案的经济评价：如果互斥方案的寿命期不同，则方案按照寿命期确定的计算期就不同，这种情况就不能直接采用净现值法等评价方法来进行方案比选。因为此时计算期长的方案的净现值与计算期短的方案的净现值不具有可比性。因此对于计算期不等的互斥方案，必须采取科学的处理措施，使各个方案能在一个共同的基础上进行比较，这样才能保证经济评价的合理性。

为满足时间可比条件而进行处理的方法很多，常用的有净年值法（NAV）、费用年值法（AC）、最小公倍数法、研究期法等。

1）净年值法（NAV）和费用年值法（AC）

在计算期不相等的互斥方案评价时，净年值法和费用年值法是最为简便的方法，可以直接使用。这是因为净年值和费用年值是以"年"为时间单位比较各个方案的经济效果，从而使寿命期不相等的互斥方案具有可比性。

净年值与费用年值的计算方法和评价准则详见本章第二节。

净年值法和费用年值法计算简便，评价准则直观明确，因此在参加比选的寿命期不同的互斥方案众多的情况下，净年值法或费用年值法是首选的经济评价方法。

【例3-16】 已知某建设项目有 A、B 两个方案，其净现金流量情况如表 3-12 所列，若 $i_c = 10\%$，试用净年值法对方案进行比选。

表 3-12　A、B 两方案的净现金流量　　　　　　　　　　　　（单位：万元）

年末 方案	1	2~5	6~9	10
A	-300	80	80	100
B	-100	70	—	—

【解】 先求出 A、B 两个方案的净现值：

$NPV_A = -300 \text{ 万元} \times (P/F,10\%,1) + 80 \text{ 万元} \times (P/A,10\%,8) \times (P/F,10\%,1) + 100 \text{ 万元} \times (P/F,10\%,10)$

$= -300 \text{ 万元} \times 0.9091 + 80 \text{ 万元} \times 5.3349 \times 0.9091 + 100 \text{ 万元} \times 0.3855$

$= 153.82 \text{ 万元}$

$NPV_B = -100 \text{ 万元} \times (P/F,10\%,1) + 70 \text{ 万元} \times (P/A,10\%,4) \times (P/F,10\%,1)$

$= -100 \text{ 万元} \times 0.9091 + 70 \text{ 万元} \times 3.1699 \times 0.9091$

$= 110.81 \text{ 万元}$

再根据公式(3-12)求出 A、B 两方案的净年值：

$NAV_A = NPV_A \times (A/P,10\%,10) = 153.82 \text{ 万元} \times 0.1627 = 25.03 \text{ 万元}$

$NAV_B = NPV_B \times (A/P,10\%,5) = 110.81 \text{ 万元} \times 0.2638 = 29.23 \text{ 万元}$

因为 $NAV_A < NAV_B$，且 NPV_A、NPV_B 均大于零，所以方案 B 是最佳方案。

由上例可以看出，虽然 $NPV_A > NPV_B$，但是 $NAV_A < NAV_B$，所以 A 方案净现值大的原因是它在 B 方案寿命结束后仍存在收益。而 B 方案寿命结束后可能会面临其他投资机会，因此如果按照净现值来比选，对 B 方案是不公平的。根据净年值比选，B 方案优于 A 方案，这种方法和结论更科学。

【例 3-17】 某城市有两种可供选择的供水方案 A、B，见表 3-13 所列，若基准收益率为 5%，试比选出最优方案。

表 3-13 A、B 两种供水方案情况表　　　　　　（单位：万元）

供水方案	A（修建水库）	B（打水井）
期初一次投资	800	45
年经营费用	2.5	6
使用寿命	+∞	5 年

【解】 水库寿命为无穷大，井的使用寿命只有 5 年，为了保证城市不间断供水，每 5 年必须再投资 45 万元重新打新井。该题采用费用年值法最简便。

根据公式(3-16)，两个方案的费用年值计算如下：

$AC_A = 800 \text{ 万元} \times (A/P,5\%,\infty) + 2.5 \text{ 万元} = (40 + 2.5) \text{ 万元} = 42.5 \text{ 万元}$

$AC_B = 45 \text{ 万元} \times (A/P,5\%,5) + 6 \text{ 万元} = (45 \times 0.2310 + 6) \text{ 万元} = 16.40 \text{ 万元}$

因为 $AC_A > AC_B$，所以方案 B 打水井方案为最优方案。

2) 最小公倍数法：最小公倍数法是将一组互斥方案按照重复型更新假设理论将每个方案的计算期延长至各方案寿命期的最小公倍数，然后按照互斥方案的比选方法进行比选。

重复型更新假设理论包括以下两方面：

① 在较长时间内，方案可以连续地以同种方案进行重复更新，直到多方案的最小公倍数寿命期或无限寿命期。

② 替代更新方案与原方案现金流量完全相同，延长寿命后的方案现金流量以原方案寿命期为周期重复变化。

最小公倍数法即是以各备选方案计算期的最小公倍数作为方案比选的共同计算期；并假设备备选方案在其原计算期结束后，均可按与其原计算期内完全相同的现金流量系列周而复始地循环下去直到共同的计算期。最小公倍数法又称为方案重复法。

【例 3-18】 已知两个互斥方案 A、B 的净现金流量见表 3-14 所列，A 方案的寿命期是 6 年，B 方案的寿命期是 9 年。已知基准收益率为 10%，试用净现值法选出最优方案。

表 3-14 A、B 两个方案的净现金流量　　　　　　　　　　　　（单位：万元）

年末	0	1	2	3	4	5	6	7	8	9
A	−400	180	180	180	180	180	180			
B	−350	100	100	100	100	100	100	100	100	100

【解】 采用最小公倍数法。A、B 两个方案寿命期的最小公倍数是 18 年，则 A、B 两方案经过重复至共同计算期的现金流量图，如图 3-4、图 3-5 所示。

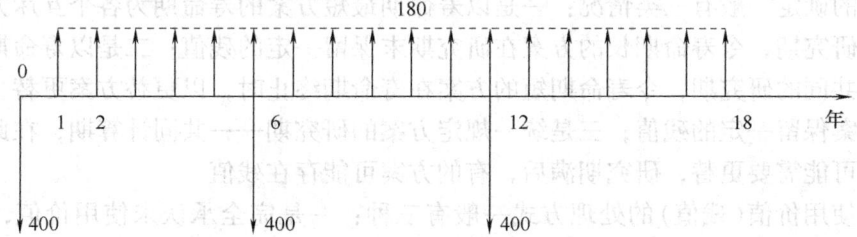

图 3-4 A 方案重复至共同计算期的现金流量图

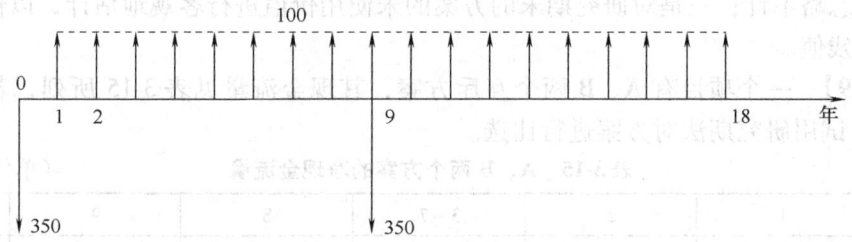

图 3-5 B 方案重复至共同计算期的现金流量图

两个方案在共同计算期内的净现值如下：

$NPV_{A(18)} = 180$ 万元 $\times (P/A,10\%,18) - 400$ 万元 $- 400$ 万元 $\times (P/F,10\%,6) - 400$ 万元 $\times (P/F,10\%,12)$

$= (180 \times 8.2014 - 400 - 400 \times 0.5645 - 400 \times 0.3186)$ 万元

$= 723.01$ 万元

$NPV_{B(18)} = 100$ 万元 $\times (P/A,10\%,18) - 350$ 万元 $- 350$ 万元 $\times (P/F,10\%,9)$

$= (100 \times 8.2014 - 350 - 350 \times 0.4241)$ 万元

$= 321.71$ 万元

因为 $NPV_{A(18)} > NPV_{B(18)}$，所以最优方案是 A 方案。

对于计算期不相等的互斥方案采用最小公倍数法，处理成为计算期相等的互斥方案后，就使得参与比选的互斥方案在时间上具有了可比性。

利用最小公倍数法有效地解决了寿命期不相等的互斥方案之间净现值（或费用现值）的可比性问题，但这种方法将原方案周而复始的重复的假设不是在任何情况下都适合。例如，对于某些不可再生资源开发型项目，这种对原方案周而复始重复的假设就不再成立；再例如有的时候最小公倍数法求得的计算期过长,需要将原方案重复很多次,这与实际情况差距太大,因为技术是在进步的,一个完全相同的方案在一个较长时期内反复实施的可能性很小,这样计算出的方案的经济效果指标的可靠性和真实性很低。以上列举的两种情况都不适合用最小公倍数法确定共同计算期,而应该用研究期法确定共同计算期。

3)研究期法 研究期法是指针对寿命期不相等的互斥方案,根据对市场前景的预测,直接选取一个适当的分析期作为各个互斥方案共同的计算期,在此共同计算期内对方案进行比选。这样计算期不同的互斥方案就转化成了计算期相同的互斥方案。

为了得到正确合理的评价结论,应用研究期法需要三个前提:一是研究期确定得合理;二是对于在研究期内提前达到原寿命期的方案,应合理确定其更替方案及现金流量;三是对于在研究期末仍未达到原寿命期的方案或更替方案,应合理确定其未使用价值(即残值)。

研究期的确定一般有三类情况:一是以寿命期最短方案的寿命期为各个互斥方案共同的计算期——研究期,令寿命期长的方案在研究期末保留一定的残值;二是以寿命期最长方案的寿命期为共同的研究期,令寿命期短的方案在寿命期终止时,以更替方案更替,在研究期末令更替方案保留一定的残值;三是统一规定方案的研究期——共同计算期,在此期限内有的互斥方案可能需要更替,研究期满后,有的方案可能存在残值。

方案未使用价值(残值)的处理方式一般有三种:一是完全承认未使用价值,即将方案的未使用价值全部折算到研究期末;二是完全不承认未使用价值,研究期末以后的方案的未使用价值均忽略不计;三是对研究期末的方案的未使用价值进行客观地估计,以估计值作为研究期末的残值。

【例3-19】 一个项目有A、B两个互斥方案,其现金流量见表3-15所列,若基准收益率为10%,试用研究期法对方案进行比选。

表3-15 A、B两个方案的净现金流量　　　　　　　　　　(单位:万元)

年末	1	2	3~7	8	9	10
A方案	-650	-400	380	420		
B方案	-1250	-650	720	720	720	800

【解】 取A、B两个方案中计算期较短的年数为共同的计算期,即8年。分别计算当计算期为8年时两个方案的净现值。对B方案的残值的处理方式按照完全不承认未使用价值计算。

$NPV_A = -650$万元$\times(P/F,10\%,1)-400$万元$\times(P/F,10\%,2)+380$万元$\times(P/A,10\%,5)\times$
　　　$(P/F,10\%,2)+420$万元$\times(P/F,10\%,8)$
　　$=(-650\times0.9091-400\times0.8264+380\times3.7908\times0.8264+420\times0.4665)$万元
　　$=464.89$万元

$NPV_B = -1250$万元$\times(P/F,10\%,1)-650$万元$\times(P/F,10\%,2)+720$万元$\times(P/A,10\%,$
　　　$6)\times(P/F,10\%,2)$
　　$=(-1250\times0.9091-650\times0.8264+720\times4.3553\times0.8264)$万元
　　$=917.90$万元

因为$NPV_B>NPV_A>0$,所以方案B为最佳方案。

(3)计算期无限的互斥方案的经济评价:对于一些大型的公共项目,例如运河、大坝等项目，服务年限相当长，可以看作寿命期无限的项目，即其计算期无限。一般当建设项目的计算期大于50年时，可以将此建设项目近似地当做计算期无限的建设项目进行经济评价。在现实生活中，如桥梁、铁路、机场、公园等具有很长寿命期的建设项目，在作经济分析时遥远未来的现金流量是不敏感的，况且计算期越长，越难作出准确的预测，经济评价的效果越差。因此，对于计算期很长的建设项目，应在其计算期趋向无穷大的条件下，对所选择的经济评价指标的计算进行简化处理。具体处理如下：

1）净现值法：因为 $NPV = NAV \dfrac{(1+i)^n - 1}{i(1+i)^n} = NAV\left[\dfrac{1}{i} - \dfrac{1}{i(1+i)^n}\right]$，所以当计算期 n 趋向无穷大时，净现值法的计算式为

$$NPV = NAV \lim_{n \to \infty}\left[\dfrac{1}{i} - \dfrac{1}{i(1+i)^n}\right] = \dfrac{NAV}{i} \tag{3-19}$$

评价准则：$NPV \geq 0$，且 NPV 最大的方案为最优方案。

2）净年值法：当计算期 n 趋向于无穷大时，净年值法的计算式为：

$$NAV = NPV \times i \tag{3-20}$$

评价准则：$NAV \geq 0$，且 NAV 最大的方案为最优方案。

3）费用现值法：因为 $PC = CO \dfrac{(1+i)^n - 1}{i(1+i)^n} = CO\left[\dfrac{1}{i} - \dfrac{1}{i(1+i)^n}\right]$，所以当计算期 n 趋向于无穷大时，费用现值法的计算式为

$$PC = CO \lim_{n \to \infty}\left[\dfrac{1}{i} - \dfrac{1}{i(1+i)^n}\right] = \dfrac{CO}{i} \tag{3-21}$$

评价准则：费用现值 PC 最小的方案为最优方案。

4）费用年值法：当计算期 n 趋向于无穷大时，费用年值法的计算式为

$$AC = PC \times i \tag{3-22}$$

评价准则：费用年值最小的方案为最优方案。

（四）独立方案的经济评价

独立方案一般有两种情况：无资源限制和有资源限制。

1. 无资源限制的情况

如果独立方案之间共享的资源足够多（没有限制），则任何一个方案的选择只与其自身的可行性有关，因此，只要该方案在经济上是可行的，就可以采纳。因此，这种情况实际上就是单方案检验。需要指出的是，无资源限制并不是指有无限多的资源，而是资源足够多，已满足所有独立方案的需要。

对于无资源限制的独立方案的经济评价，可通过计算各个独立方案的净现值、净年值、内部收益率、投资回收期等指标进行评价。

2. 有资源限制的情况

如果独立方案之间共享的资源是有限的，不能满足所有独立方案的需要，则在这种不超出资源限制的条件下，独立方案的选择有两种方案：一是方案组合法；二是净现值率排序法。

（1）方案组合法：方案组合法的基本原理是：在资源限制的条件下，列出独立方案所有可能的组合，每种组合形成一个组合方案，所有可能的组合方案之间是互斥型的经济关

系，然后根据互斥方案的比选方法选择最优的组合方案，即进行独立方案的选择，实现最佳投资决策。

【例3-20】 已知有三个独立方案A、B、C，寿命期均为10年，其现金流量见表3-16所列。基准收益率为8%，投资资金限额为12000万元。试做出最佳投资决策。

表3-16 独立方案A、B、C的现金流量表

方案	初始投资/万元	年净收益/万元	寿命期/年
A	3000	600	10
B	5000	850	10
C	7000	1200	10

【解】 三个独立方案的净现值都大于零，从单方案检验的角度看都是可行的，但是由于投资总额有限制（三个独立方案同时实施的总投资额是15000万元，超过了投资资金限额），因此三个独立方案不能同时实施，只能选择其中的一个或两个方案。采用方案组合法，按以下步骤选择最佳投资决策（计算过程见表3-17）。

1）列出不超过投资限额的所有组合方案。
2）对每个组合方案内的各独立方案的现金流量进行叠加，作为组合方案的现金流量，并按投资额从小到大排列。
3）按组合方案的现金流量计算各组合方案的净现值。
4）选择净现值最大者为最优组合方案。该最优组合方案就是最佳投资决策。

表3-17 组合方案的现金流量及净现值表

序号	组合方案	初始投资/万元	年净收益/万元	寿命期/年	净现值/万元	结论
1	A	3000	600	10	1026	
2	B	5000	850	10	704	
3	C	7000	1200	10	1052	
4	A+B	8000	1450	10	1730	
5	A+C	10000	1800	10	2078	最佳
6	B+C	12000	2050	10	1756	

通过以上计算（表3-17所示），（A+C）组合方案为最佳组合方案，因此最佳投资决策是同时投资A、C方案。

(2) 净现值率排序法：净现值率排序法是指净现值率大于或等于零的各个独立方案按净现值率的大小，从大到小依次排序，并依此次序选取方案，直至所选取的方案组合的投资总额最大限度地接近或等于投资限额为止。

【例3-21】根据例题3-20的数据资料，试采用净现值率排序法做出最佳投资决策。

【解】 首先计算A、B、C三个独立方案的净现值率：

$NPVR_A = 1026/3000 \times 100\% = 34.2\%$

$NPVR_B = 704/5000 \times 100\% = 14.08\%$

$NPVR_C = 1052/7000 \times 100\% = 15.03\%$

然后,将各个独立方案按净现值率从大到小依次排序,如表 3-18 所示。

表 3-18 独立方案 A、B、C 的 NPVR 排序表

方　案	净现值率	投资额/万元	累计投资额/万元
A	34.2%	3000	3000
C	15.03%	7000	10000
B	14.08%	5000	15000

由表 3-19 可知,方案的选择顺序是 A→C→B。由于资金限额为 12000 万元,所以投资决策是同时投资 A、C 方案。

对于有资源限制的独立方案的比选,方案组合法和净现值率排序法各有其优劣。净现值率排序法的优点是计算简便,选择方法简明扼要;缺点是经常会出现资金没有被充分利用的情况,因而不一定能保证获得最佳组合方案。而方案组合法的优点是在各种情况下均能获得最佳组合方案,但缺点是计算比较繁琐。因此,在实际运用中,应该综合考虑各种因素,选用适当的方法进行方案的比选。

(五)混合方案的经济评价

如前所述,混合方案可以划分为先独立后互斥和先互斥后独立两种类型,由于这两种类型在同一层是单一的经济关系类型,两层之间是不同的经济关系类型,因此混合方案又称为层混方案。正是由于层混方案的这一特点,所以层混方案的比选一般按层次首先进行最下层的比选,然后进行上一层的比选。

1. 先独立后互斥混合方案的比选

先独立后互斥的层混方案的比选,是先在互斥层根据互斥方案的比选方法进行比选,然后对选出来的最优方案在独立层中按照独立方案的比选方法进行比选。

【例 3-22】 某大型零售业公司有足够资金在 A 城和 B 城各建一座大型仓储式超市。在 A 城有 3 个可行地点 A_1、A_2、A_3 供选择;在 B 城有 2 个可行地点 B_1、B_2 供选择。根据各地人流量、购买力、工资水平、相关税费资料,搜集整理相关数据见表 3-19 所列。假设基准收益率为 10%,试进行方案比选。

表 3-19 基础数据表　　　　　　　　　　　　　　　　(单位:万元)

方　案	A_1	A_2	A_3	B_1	B_2
投资	1000	1100	980	1800	2300
年收入	900	1200	850	1500	1800
年经营费用	450	650	380	890	1150
寿命期	10	8	9	12	10

【解】 根据题意可知:A_1、A_2、A_3 是互斥关系,B_1、B_2 也是互斥关系。A、B 是独立关系。因此可以先根据互斥方案的比选方法对最下层互斥关系层进行比选,即在 A_1、A_2、A_3 中选出最优方案,在 B_1、B_2 中选出最优方案;然后对选出的最优方案再根据独立方案的比选方案进行比选。

在互斥关系层，由于各方案的寿命期不同，因此根据互斥方案的比选方法中的净年值法（NAV 法）分别计算各方案的 NAV：

$$NAV_{A1} = -1000 \text{万元} \times (A/P, 10\%, 10) + (900 - 450) \text{万元}$$
$$= (-1000 \times 0.1627 + 450) \text{万元}$$
$$= 287.3 \text{万元}$$

$$NAV_{A2} = -1100 \text{万元} \times (A/P, 10\%, 8) + (1200 - 650) \text{万元}$$
$$= (-1100 \times 0.1874 + 550) \text{万元}$$
$$= 343.86 \text{万元}$$

$$NAV_{A3} = -980 \text{万元} \times (A/P, 10\%, 9) + (850 - 380) \text{万元}$$
$$= (-980 \times 0.1736 + 470) \text{万元}$$
$$= 299.87 \text{万元}$$

因为 $NAV_{A2} > NAV_{A3} > NAV_{A1}$，所以应选择方案 A_2；

$$NAV_{B1} = -1800 \text{万元} \times (A/P, 10\%, 12) + (1500 - 890) \text{万元}$$
$$= (-1800 \times 0.1468 + 610) \text{万元}$$
$$= 345.76 \text{万元}$$

$$NAV_{B2} = -2300 \text{万元} \times (A/P, 10\%, 10) + (1800 - 1150) \text{万元}$$
$$= (-2300 \times 0.1627 + 650) \text{万元}$$
$$= 275.79 \text{万元}$$

因为 $NAV_{B1} > NAV_{B2}$，所以应选择方案 B_1；

在独立关系层，因为该公司有足够多的资金可以在两地同时建设，所以最后选择为方案 A_2 和方案 B_1。

2. 先互斥后独立混合方案的比选

先互斥后独立混合方案的比选是先对最下层独立层，根据独立方案的比选方法选择组合方案，然后再根据互斥方案的比选方法对上一层互斥关系的各组合方案进行比选。

【例 3-23】 某企业集团面临两个投资机会，一个是房地产开发项目 C，一个是生物制药项目 D。由于资金限制，同时为防止专业过于分散，该集团仅打算选择其中之一。房地产开发项目是某市一个大型的城市改造项目，其中包括居住物业 C_1、商业物业 C_2、和一个体育设施项目（包括游泳池、室内健身场地和室外健身场地等）C_3，该集团可以选择全部进行投资，也可选择其中的一个或两个项目进行投资；生物制药项目有 D_1 和 D_2 两个地区都急需投资以充分利用当地资源，该企业集团的资金也可以同时支持 D_1 和 D_2 两个项目的投资。假设该企业集团能够筹集到的资金为 10000 万元，各方案所需的投资额和 NPV 等数据见表 3-20 所列。试进行方案比选。

表 3-20 基础数据表

方　案	C_1	C_2	C_3	D_1	D_2
所需投资/万元	4300	5500	4800	3800	4900
NPV/万元	1100	1650	900	950	1250
NPVR	25.58%	30%	18.75%	25%	25.51%

【解】 根据题意,C、D 是互斥关系;C_1、C_2、C_3 是独立关系,D_1、D_2 是独立关系。这是先互斥后独立的混合方案。所有方案的净现值都大于零,都是可行的。

首先对独立层进行比选,采用净现值率排序法:

在第一组方案 C 中,可以选择 C_1 和 C_2 方案——$C_1 + C_2$;

在第二组方案 D 中,两个方案 D_1、D_2 都可以选择——$D_1 + D_2$。

然后再对互斥层进行比选,采用净现值法:

组合方案 $C_1 + C_2$ 的净现值 $NPV = (1100 + 1650)$ 万元 $= 2750$ 万元;

组合方案 $D_1 + D_2$ 的净现值 $NPV = (950 + 1250)$ 万元 $= 2200$ 万元;

根据净现值最大的原则,应选择 $C_1 + C_2$。

第三节 风 险 分 析

一、风险分析的含义

对项目进行经济评价所采用的基本数据都是来自于对未来的预测和假设,因而具有不确定性,项目投资目标的实现存在风险。通过对拟建项目实施过程中具有较大影响的不确定性因素进行分析,计算基本变量的增减变化引起项目财务或经济效益指标的变化,找出最敏感的因素及其临界点,预测项目可能承担的风险,使项目的投资决策建立在较为稳妥的基础上,这种分析即是风险分析,也称为不确定性分析。

风险分析通常是通过对风险因素的识别,采用定性或定量分析的方法,估计各风险因素发生的可能性及对项目的影响程度,揭示影响项目成败的关键风险因素,提出项目风险的预警、预报和相应的对策,为投资决策服务。经济风险分析的另一重要功能还在于它有助于在可行性研究的过程中,通过信息反馈,改进或优化项目设计方案,直接起到降低项目风险的作用。风险分析的程序包括风险因素识别、风险估计、风险评价与风险防范应对。

二、项目不确定性和风险的来源

建设项目的不确定性和风险来源于以下一方面或几方面的共同影响。

(1)政策方面:由于政府税收、金融、环保、产业等政策的调整,使项目原定效益目标的实现存在风险。

(2)市场方面:由于市场需求的变化、竞争对手的竞争策略调整,以致项目预期收益的实现存在风险。

(3)资源方面:资源开发与利用的项目,由于矿产资源的储量、品位、可采储量、开拓工程量及采选方式等与原预测结果不一致,导致项目目标的实现存在风险。

(4)技术方面:项目采用的技术,特别是引进技术的先进性、可靠性、实用性和经济性与原方案发生重大变化,导致项目预期目标的实现存在风险。

(5)工程方面:因工程地质和水文地质条件出乎预料的变化,工程设计发生重大变化,前期准备工作不足,工程设计方案不合理等不确定性,导致项目效益目标的实现存在风险。

(6)融资方面:项目资金来源的可靠性、充足性和及时性不能保证,利率、汇率变化等都会给项目目标的实现带来风险。

（7）组织管理方面：由于项目组织结构不当、管理机制不完善或是主要管理者能力不足等，都会给项目目标的实现带来风险。

（8）环境与社会方面：环境包括自然环境和社会环境。如果项目选址不当，或项目对环境影响估计不足，或项目环保措施不当等都会给项目效益目标的实现带来风险。

（9）配套条件方面：建设项目需要的外部配套设施，例如供水排水、供电供气、公路铁路、港口码头以及上下游配套设施等，在可行性研究中虽都作了考虑，但是实际上仍然可能存在外部配套设施没有如期落实的问题，都会给建设项目的效益目标的实现带来风险。

（10）其他方面：预测方法具有局限性，预测的假设不正确；所依据的基本数据不充分和统计偏差等。

以上10方面不确定性与风险的来源可归纳为影响项目效益的6种风险因素，分别是：收益风险、建设风险、融资风险、建设工期风险、运营成本费用风险、政策风险。

三、风险分析的过程和方法

1. 风险分析的过程

风险分析是采用定性与定量相结合的方法，分析风险因素发生的可能性及给项目带来经济损失的程度，其分析过程包括风险识别、风险估计、风险评价与风险应对。

（1）风险识别是运用系统论的方法对项目进行全面考察和综合分析，找出潜在的各种风险因素，并对各种风险进行比较、分类，确定各因素间的相关性与独立性，判断其发生的可能性及对项目的影响程度，按其重要性进行排队，或赋予权重。

（2）风险估计又称风险衡量和估算等，是在风险识别之后，通过定量分析的方法测度风险发生的可能性及对项目的影响程度，即通过采用主观概率和客观概率的统计方法，确定风险因素的概率分布，运用数理统计分析方法，计算项目评价指标相应的概率分布或累计概率、期望值、标准差。

（3）风险评价是在项目风险识别和估计的基础上，通过建立项目风险的系统评价模型，列出各种风险因素发生的概率及概率分布，确定可能导致的损失大小，从而找出该项目的关键风险，确定项目的整体风险水平，为如何处置应对这些风险提供科学依据。

（4）风险应对是对风险评价中找出的关键风险因素采取相应的应对措施，从而为项目全过程风险管理提供依据。常用的风险应对措施有回避风险、转移风险、分担风险和自担风险。

2. 风险分析的方法

在风险分析的整个程序中，风险因素的识别、风险因素发生增减变化对财务或经济评价指标的影响、及风险发生的概率大小的计算，常用的方法主要包括盈亏平衡点分析、敏感性分析和概率分析。

（1）盈亏平衡点分析是通过计算项目达产年的盈亏平衡点，分析项目成本与收入的平衡关系，判断项目对产出品数量变化的适应能力和抗风险能力。盈亏平衡分析只用于财务分析。

（2）敏感性分析是通过分析不确定因素发生增减变化时，对财务或经济评价指标的影响，并计算敏感度系数和临界点，找出敏感因素。

（3）概率分析是根据项目特点和评价要求，在敏感性分析的基础上，确定各变量（如收益、投资、工期、产量等)的变化区间及概率分布,计算项目的内部收益率、净现值等评价指标的概率分布、期望值及标准差,并根据计算结果进行风险评估。

在项目风险分析中,盈亏平衡点分析和敏感性分析是识别风险因素和风险应对措施策划的基础和手段,概率分析是风险定量评价的基础。

四、盈亏平衡点分析

影响项目现金流量的因素很多,包括投资、经营成本、产品销售量、产品价格、项目寿命期等。这些因素在项目实施后可能会发生变化,影响到投资方案的经济效果,当这些因素的变化达到某一临界值时,会影响到方案的取舍。盈亏平衡点分析的目的就是找出各关键因素的临界值,判断投资方案对不确定因素变化的承受能力,为决策提供依据。

盈亏平衡点分析是指项目达到设计生产能力的条件下,通过盈亏平衡点(Break-Even-Point,BEP)分析项目成本与收益的平衡关系。盈亏平衡点是项目的盈利与亏损的转折点,即在这一点上,销售(营业、服务)收入等于总成本费用,正好盈亏平衡,用以考察项目对产出品变化的适应能力和抗风险能力。盈亏平衡点越低,表明项目适应产出品变化的能力越大,抗风险能力越强。

在项目的生产成本构成中,在一定的生产规模限度内不随产量变动而变动的费用,称为固定成本;随产品产量变动而变动的费用,称为变动成本。固定成本主要包括工资(计件工资除外)、固定资产折旧费、无形资产及其他资产摊销费、修理费等。固定成本在每个经营周期或会计年度,这些费用都是基本不变的。变动成本主要包括原材料、燃料、动力消耗、包装费和计件工资等。变动成本大部分都与产量呈线性关系。也有一部分变动成本与产量不成线性关系,例如与批量有关的模具费、运输费等,这部分变动成本通常在总成本中所占比例很小,因此,在分析中一般可以近似地认为它与产量呈线性关系。

盈亏平衡点分析分为线性盈亏平衡点分析和非线性盈亏平衡点分析。项目评价中仅进行线性盈亏平衡点分析。

(一)线性盈亏平衡点分析

线性盈亏平衡点分析有以下四个假定条件:

(1)产量等于销售量,即当年生产的产品(或服务)当年销售出去。

(2)产量变化,单位可变成本不变,所以总成本费用是产量的线性函数。

(3)产量变化,产品售价不变,所以销售收入是销售量的线性函数。

(4)按单一产品计算,当生产多种产品时,应换算成单一产品,不同产品的生产负荷率的变化应保持一致。

按照以上四个假设,销售收入是产品价格和产量的乘积。其计算式为

$$I = M \times Q \tag{3-23}$$

式中 I——销售收入;

M——产品价格;

Q——产量。

总成本是固定成本与变动成本之和,变动成本是单位变动成本和产量的乘积。其计算式为

$$C = C_F + C_V \times Q \tag{3-24}$$

式中 C——总成本;
　　　C_F——总固定成本;
　　　C_V——单位变动成本。

项目的利润是销售收入减去总成本和营业税金及附加。其计算式为

$$P = I - C - T_{ax} = M \times Q - [C_F + (C_V + t) \times Q] \tag{3-25}$$

式中 P——利润;
　　　T_{ax}——营业税金及附加;
　　　t——单件产品的营业税金及附加费。

以上公式可用图 3-6 表示。

如图 3-6 所示,销售收入 I 线与总成本 C 线有一个交点。在交点处,销售收入等于总成本,则盈利为 0。在交点的左侧,销售收入小于总成本,项目处于亏损状态,称为亏损区;在交点右侧,销售收入大于总成本,项目处于盈利状态,称为盈利区。交点所对应的产量称为盈亏平衡点产量。根据式(3-25)可推导出盈亏平衡点产量的计算公式为:

$$Q_0 = \frac{C_F}{M - C_V - t} \tag{3-26}$$

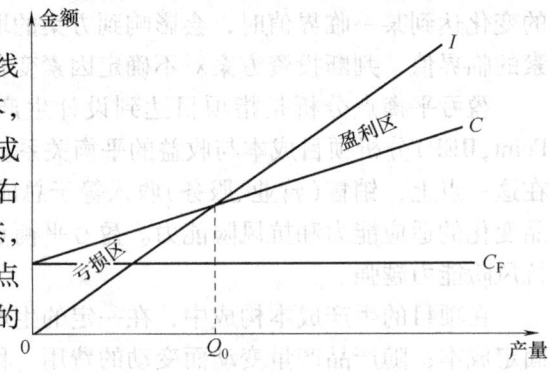

图 3-6　线性盈亏平衡点分析

平衡点的生产能力利用率为:

$$R = \frac{Q_0}{Q_C} \times 100\% \tag{3-27}$$

式中 Q_0——盈亏平衡点产量;
　　　Q_C——项目设计产量。

【例 3-24】 某建材企业拟建钢筋生产线的设计产量为 6500t/年,钢筋售价为 4500 元/t,其年总固定成本为 250 万元,单位可变成本为 2820 元/t。假定:产量、成本、盈利之间的关系均为线性关系,试进行盈亏平衡分析。

【解】 盈亏平衡点对应的产量为:

$$Q_0 = \frac{C_F}{M - C_V} = \frac{2500000}{4500 - 2820} t = 1488 t$$

盈亏平衡点对应的销售额为:

$$I_0 = M \times Q_0 = 4500 \times 1488 \text{ 万元} = 669.6 \text{ 万元}$$

盈亏平衡点的生产能力利用率为:

$$R = \frac{Q_0}{Q_C} \times 100\% = \frac{1488}{6500} \times 100\% = 22.9\%$$

根据计算结果可知,如果该项目产量大于 1488t,销售额超过 669.6 万元,生产能力利用率大于 22.9%,则该项目会盈利;否则会亏损。

(二) 非线性盈亏平衡点分析

在实际工作中,成本费用及销售收入往往不是随产量呈线性关系,而是出现如图 3-7 所

示的变化趋势。

由图 3-7 可以看出，产量、成本、销售收入三者之间呈非线性关系时，可能出现几个盈亏平衡点。一般把最后出现的盈亏平衡点称为盈利限制点。在图 3-7 中，只有当产量 Q 在 $Q_{01} \sim Q_{02}$ 之间时，项目才会盈利，并可以找到最大盈利对应的产量 Q_{max}。

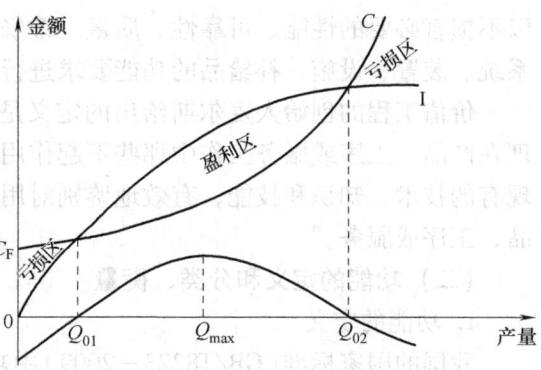

图 3-7 非线性盈亏平衡分析

【例 3-25】 某项目的最终产品为一种专用小型设备，月总销售收入与产量的关系为：$I = (820 - 0.2Q)Q$。月总成本与产量的关系为：$C = 15000 + 300Q + 0.2Q^2$。试进行盈亏平衡分析。

【解】 项目的盈利函数为：
$$P = I - C = (820 - 0.2Q)Q - (15000 + 300Q + 0.2Q^2)$$
$$= 520Q - 0.4Q^2 - 15000$$

因为达到盈亏平衡点时，销售收入等于生产成本，盈利为 0，即 $P = 0$，所以有：
$$-0.4Q^2 + 520Q - 15000 = 0$$

解一元二次方程得：$Q_{01} = 30$ 台，$Q_{02} = 1270$ 台。

说明可使该项目盈利的月产量范围是在 30 ~ 1270 台；如果月产量 $Q < 30$ 台或 $Q > 1270$ 台，项目都会亏损。

若对盈利函数求导数，并令其等于零，可求出最大盈利时的月产量值。
$$\frac{dP}{dQ} = -0.8Q + 520$$

令 $\frac{dP}{dQ} = 0$，即 $-0.8Q + 520 = 0$，解得：$Q_{max} = 650$ 台。

该项目月最大盈利：$P_{max} = (520 \times 650 - 0.4 \times 650^2 - 15000)$ 元 = 154000 元

第四节 价 值 工 程

价值工程（VE）是由美国通用电气公司设计工程师劳伦斯·戴罗斯·麦尔斯于 1947 年创立的。价值工程（Value Engineering，简称 VE）又称为价值分析、价值管理等。

一、价值工程的基本概念

价值工程涉及价值、功能和寿命周期成本三个基本要素。价值工程是一门管理技术理论，其基本思想是以最少的费用换取所需要的功能。

（一）价值工程的定义和内涵

我国的国家标准《价值工程第 1 部分：基本术语》（GB/T8223—2009）中价值工程的定义是："价值工程是通过各相关领域的协作，对研究对象的功能和费用进行系统分析，持续创新，旨在提高研究对象价值的一种管理思想和管理技术。"

美国国防部编写的《价值工程手册》将价值工程定义为："价值工程是以最低的总费用，

以不损害必要的性能、可靠性、质量、维修性而实现必需的功能为目的，着重于对国防部的系统、装置、设施、补给品的功能要求进行分析的有组织的活动。"

价值工程的创始人麦尔斯给出的定义是："价值工程是一个完整的系统，用来鉴别和处理在产品、工序或服务工作中那些不起作用却增加成本或工作量的因素。这个系统运用各种现有的技术、知识和技能，有效地鉴别对用户的需要和要求并无贡献的成本，来帮助改进产品、工序或服务。"

（二）功能的定义和分类、衡量

1. 功能的定义

我国的国家标准（GB/T8223—2009）中功能的定义是："功能是对象能满足某种需求的效用或属性。"即凡是能满足使用者需求的任何一种属性都是功能。

价值工程的创始人麦尔斯把功能定义为：对于"这是干什么用的"或"这是干什么所必需的"，这种问题的答案就是功能。用户需求的是产品或服务所具有的功能。

2. 功能的分类

根据功能的主次关系、用户的要求、满足使用者需求的程度及性质等不同，功能有如下分类：

（1）从功能之间的隶属关系或主次关系可以分为基本功能和辅助功能。
（2）按用户的要求可分为必要功能和不必要功能。
（3）按功能满足使用者需求的程度可分为不足功能和过剩功能。
（4）按功能的性质可分为使用功能和品味功能。

使用功能是对象具有的与技术经济用途直接有关的功能。品味功能是与使用者的精神感觉、主观意识有关的功能。品味功能包括贵重功能、美学功能、外观功能、欣赏功能等。

（5）按总体与局部可分为总体功能和局部功能。

总体功能和局部功能是目的与手段的关系。产品的各局部功能是实现产品总体功能的手段，而产品的总体功能是产品各局部功能要达到的目的。

（6）按功能整理的逻辑关系可分为并列功能和上下位功能。

并列功能是指功能之间属于并列关系。例如住宅必须具有遮风、避雨、保温、隔热、采光、通风、隔声、防潮、防火、防震等功能，这些功能之间属于并列关系。

上下位功能也是目的与手段的关系，上位功能是目的性功能，下位功能是实现上位功能的手段性功能。例如住宅的基本功能是居住，是上位功能，而上述所列的并列功能则是实现居住目的所必需的下位功能。

3. 功能的衡量

衡量功能大小有两种方法：

（1）用性能指标衡量功能：可以用定量化的性能指标衡量功能的大小，如产品的规格标准，达到的质量和性能指标等。

（2）用货币单位衡量功能：若用货币单位衡量便可实现不同产品之间的功能比较和不同零部件功能值的汇总计算，价值分析用实现功能必须支付的最低费用来衡量功能大小。

（三）寿命周期成本

1. 寿命周期成本的定义

在价值工程中，要以最低的寿命周期成本，获取用户需要的功能。寿命周期成本是价值工程中的一个重要概念。

价值工程研究对象的成本是指产品寿命周期的总成本。产品寿命周期从产品的研制开始算起，包括产品的策划、设计、采购、生产、经营、维护、使用和处置等环节，直至报废的整个时期。在这整个时期发生的所有费用与成本，就是价值工程研究对象的寿命周期成本。

寿命周期成本 = 生产成本 + 使用成本，即 $C = C_1 + C_2$。如图 3-8 所示。

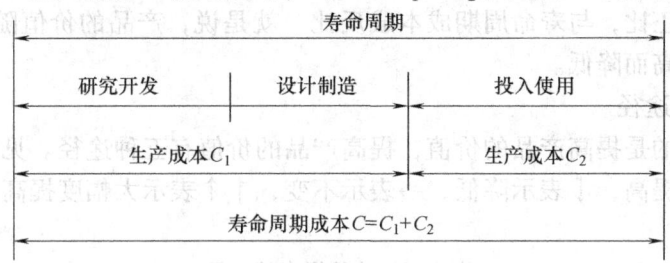

图 3-8　寿命周期与寿命周期成本

与一般意义上的成本相比，价值工程的成本的最大区别在于：将消费者或用户的使用成本也考虑在内。这使得企业在考虑产品成本时，不仅要考虑降低设计与制造成本，还要考虑降低使用成本，从而使消费者或用户既买得合算，又用得合算。

2. 产品成本与功能之间的关系

价值工程是用最低的寿命周期成本，可靠地实现用户所需功能的管理技术，从图 3-9 可以看出成本与功能之间的关系及价值工程降低寿命周期成本的作用。

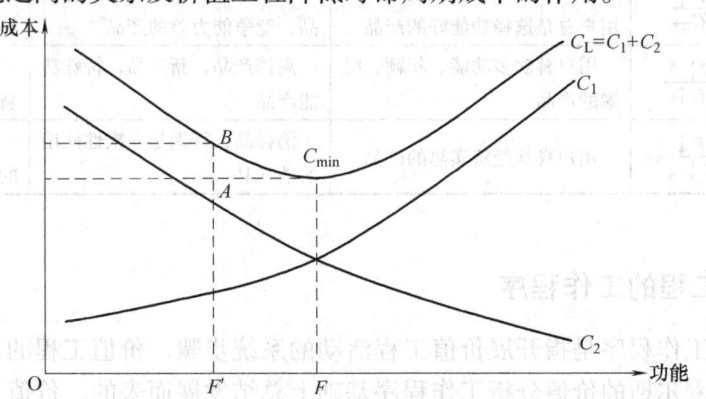

图 3-9　产品功能与成本的关系

图中曲线 C_1 是生产成本，与功能成正比关系；曲线 C_2 是使用成本，与功能成反比关系；曲线 C_L 是寿命周期成本，是一凹形曲线，有最低点 C_{min}，对应的功能是 F。在 F 点左侧，产品的功能低，寿命周期成本高，如 F'、B。通过价值工程的工作，对产品进行改进或重新设计，功能由 F' 提高到 F，寿命周期成本由 B 点降到 C_{min} 点，寿命周期成本下降 AB。这就是价值工程关键作用所在。

（四）价值的概念及提高价值的途径

1. 价值的定义与公式

价值工程中产品的价值是产品功能与产品寿命周期成本两者的比值。

用公式表示：

$$V = \frac{F}{C} \quad (3\text{-}28)$$

式中　V——价值；

　　　F——功能；

　　　C——寿命周期成本。

价值与功能成正比，与寿命周期成本成反比。就是说，产品的价值随功能提高而上升，随寿命周期成本增高而降低。

2. 价值提高的途径

价值工程的目的是提高产品的价值，提高产品的价值有五种途径。见表3-21。

表中：↑表示提高，↓表示降低，→表示不变，↑↑表示大幅度提高，↓↓表示大幅度降低。

表 3-21　价值提高的途径

序号	途径	原因	运用范围	措施
1	$V\uparrow = \dfrac{F\uparrow}{C\downarrow}$	用户喜欢物美价廉的产品	新产品设计，老产品更新换代，重大技术革新项目	采用新工艺、新技术、新方法、新材料
2	$V\uparrow = \dfrac{F\rightarrow}{C\downarrow}$	在产品功能相当的条件下，用户总是选择价格低的产品	质量比较稳定的产品，定型产品，功能基本满足用户需要的产品	改进工艺，选择价廉代用材料，加强管理，搞好服务
3	$V\uparrow = \dfrac{F\uparrow}{C\rightarrow}$	在产品价格相当的条件下，用户总是选择功能好的产品	质量较差产品，功能不足产品，竞争能力差的产品	采用新工艺、新技术等，提高功能
4	$V\uparrow = \dfrac{F\uparrow\uparrow}{C\uparrow}$	用户喜欢多功能、新颖、时髦的产品	高档产品，新产品，特殊功能产品	采用新方案、新材料、新技术等
5	$V\uparrow = \dfrac{F\downarrow}{C\downarrow\downarrow}$	用户喜欢经济实惠的产品	消耗品，特别是一次性使用的消耗品	以简代繁，使用价廉的代用材料

二、价值工程的工作程序

价值工程的工作程序是指开展价值工程活动的系统步骤。价值工程的工作程序各国不尽相同，但都是在麦尔斯的价值分析工作程序基础上总结发展而来的。价值工程的工作程序可根据其对象的性质、规模、复杂程度而定。

各国制定的价值工程工作程序中，基本是按照以下10个问题的顺序，开展相应的工作。逐个解决这10个问题，实际就是价值工程有组织、有秩序的工作过程。这10个问题是：

（1）价值工程研究对象是什么？

（2）围绕对象需做哪些准备工作？

（3）对象的功能是哪些？

（4）对象的成本是多少？

（5）对象的价值是多少？

（6）还有其他方案实现这个功能吗？

（7）新方案的成本是多少？

（8）新方案能满足功能要求吗？

(9) 怎样保证新方案的实施?
(10) 价值工程活动的效果有多大?

回答了上述问题,就完成了价值工程活动的一个循环,这种提问方法,简单明了,提供了有针对性地提出问题、分析问题、解决问题的途径。

价值工程的一般工作程序如表3-22所示。

表3-22 价值工程的一般工作程序

工作阶段	工作步骤	对应问题
准备阶段	(1) 对象选择	价值工程研究对象是什么?
	(2) 组成价值工程工作小组	围绕对象需做哪些准备工作?
	(3) 制订工作计划	
分析阶段	(4) 收集整理信息资料	对象的功能是哪些?
	(5) 功能分析	对象的成本是多少?
	(6) 功能评价	对象的价值是多少?
创新阶段	(7) 方案创新	还有其他方案实现这个功能吗?
	(8) 方案评价	新方案的成本是多少?
	(9) 提案编写	新方案能满足功能要求吗?
实施阶段	(10) 审批提案	怎样保证新方案的实施?
	(11) 实施与检查	
	(12) 成果鉴定	价值工程活动的效果有多大?

三、价值工程对象的选择

开展价值工程活动的第一步就是确定价值工程的研究对象。要根据搞价值工程的人员、资金情况,尽量选择那些迫切需要改进,能获得较大成果的项目作为价值工程的对象。

选择分析对象一般依据以下原则进行。

1. 与企业生产经营发展相一致的原则

不同行业部门、不同环境条件的企业可以根据一定时期的主要经营目标,有针对性地选择价值工程的改进对象。通常企业经营目标有四个方面:扩大利润、企业竞争、企业发展、社会利益。

2. 潜力大、易于提高价值的原则

该原则在对象选择时具体可以从下列几个方面分析和选择。

(1) 设计方面:对产品结构复杂、性能和技术指标差距大、体积大、重量大的产品、部件进行价值工程活动,可使产品结构、性能、技术水平得到优化,从而提高产品的价值。

(2) 生产方面:对数量多、工艺复杂的关键部件以及原材料消耗高、废品率高,特别是对量多、产值比重大的产品,如果把成本降下来,所取得的总效果会比较大。

(3) 市场销售方面:选择用户意见多、系统配套差、维修能力低、竞争力差、利润率低的,或者选择市场上畅销但竞争激烈的产品。对于新产品、新工艺和寿命周期比较长的产品也可以列为重点。

（4）成本方面：选择成本高于同类产品、成本比重大的。推行价值工程就是要降低成本，以最低的寿命周期成本可靠地实现必要的功能。

四、功能分析

功能分析是为完整描述各功能及其相互关系而对各功能进行定性和定量的系统分析过程。功能分析包括功能的定义、整理和计量。功能定义和功能整理是对各功能定性的系统分析过程；功能计量是对各功能定量的系统分析过程。功能分析的作用是为了制定价值工程研究对象的创新改进方案打基础，以实现提高研究对象的价值，并获取最佳的综合效益。

价值工程的核心是功能分析，开展价值工程各项工作，从表面上看是分析具体的产品，实际是从具体的产品中抽象出其本质内涵——功能，进行功能分析，研究功能构成是否合理，进一步完善功能系统，然后创新设计实现新功能需求的物质结构。

（一）功能定义

功能定义是指就价值工程研究对象功能的内容和本质属性进行准确而简洁的表述。这里强调的是研究对象的功能的内容和本质属性，而不是研究对象的物质的外部结构和材质，要求用简洁、准确、科学的词语描述功能的内容和本质属性。

（二）功能整理

在功能定义之后就要对研究对象的功能进行整理。所谓功能整理，是从功能系统的角度，将价值工程研究对象含有的各项功能按照特定的逻辑关系进行整理和排列。功能整理通常用功能系统图（FAST图）直观地描述价值工程研究对象功能得以实现的各项细分功能的逻辑关系。

功能整理主要是根据"目的-手段"的逻辑，把研究对象各个功能之间的相互关系加以系统化。研究对象各功能之间的关系主要是两种：上下位关系和并列关系。上位功能是目的，下位功能是实现上位功能的手段。并列关系是为了实现同一目的功能而需要有两个或两个以上的手段功能之间的关系。

任何一种产品都存在结构系统和功能系统。产品的结构系统是物质实体，反映了产品的物质成分及构成。产品的功能系统，是用户的最终需求和产品的本质。

通过功能整理，从功能的整体和局部的相互关系进行研究，明确真正需要的功能，发现不必要的功能，找出承载不必要功能的零部件，同时认清功能定义的正确性，划分功能区域，确定创新改进的着眼点。

（三）功能计量

功能计量也称为功能评价。功能计量是在功能定性分析基础上对各项功能的定量分析。具体地说，功能计量是对经过功能定义和功能整理确定的功能区域进行数量化，找出可靠地实现必要功能的最低成本，并将此最低成本作为该功能的目标成本（理想成本），同时找出实现该功能的现实成本（目前成本），将目标成本与现实成本相比较，计算出分析对象的功能价值与其成本改善期望值（成本降低幅度），然后选出功能价值低、成本改善期望值大的功能区域作为价值工程的重点研究对象，采取措施加以改进，提高其价值。

功能计量的步骤：①确定功能现实成本或成本系数。②将功能数量化，求出功能目标成本或功能重要性系数。③计算功能价值。④计算成本降低幅度，即成本改善期望值。⑤选择功能价值低、成本降低幅度大的功能作为价值工程进一步研究的对象。

五、制定改进方案

方案创新是价值工程中为满足已明确的或潜在的功能需求而开发新构想或新方案的活动。方案改进创新是从提高对象的功能价值出发,在正确的功能分析的基础上,针对应改进的具体目标,依据已建立的功能系统图和功能目标成本,通过创造性的思维活动,提出实现功能的各种改进方案。制定创新改进方案的方法介绍以下几种。

1. 头脑风暴法(Brain Storming,简称 BS 法)

头脑风暴是心理学中用于形容人在思想上自由地、创造性地思考的术语。头脑风暴法是开会制定改进方案的方法。会议参加人数以 10~15 人为宜。会议应由熟悉设计对象,善于启发归纳的人主持。每次会议应选好主题,议题应单一,具体目的应比较明确。参加会议的人员应具有合理的智力结构,既有对议题熟悉的内行专家,也有与议题无关的其他领域的专门人才。会议按以下五条规则进行:

(1) 对所有提出的方案不加任何评论,不批评别人的意见。
(2) 提倡自由思考、自由发表意见,允许想法不着边际。
(3) 希望提出的方案越多越好。
(4) 与会者一视同仁,没有权威,也不提倡少数服从多数。
(5) 不搞私下交换意见,要有利于相互启发。

2. 哥顿法

这是美国人哥顿在 1964 年提出的方法。这种方法以会议方式提出新方案,通常由若干名不同背景的人参加会议。会前把所要解决的问题加以适当抽象,会议的具体目的只有主持人一人知道。开会时,主持人并不把所要解决的问题摊开,只是提出一个抽象化的问题。例如要研究一种新型割稻机,则只提出如何把东西割断和分开。其目的是让与会者开阔思路,海阔天空地提出设想方案,以利于方案的创新。直到会议主持人估计新奇的思想已基本表达出来后,才把具体的真正目的公布于众,继续讨论辩论,力求取得统一意见。

3. 德尔菲法

这是美国的兰德公司提出来的一种向专家几轮函询的预测技术,在 VE 中被用于进行方案创新。德尔菲法既可避免由于专家会议面对面讨论带来的缺陷,又可避免个人一次性通信的局限性。实践中,可以将所要研究的问题以信函方式分送各方面专家(例如材料、工艺、设备、人事、营销、组织管理等方面),请他们提出新方案。在收到专家回信后,将他们的意见分类统计、综合、整理、归纳,不带任何倾向性地将结果反馈给各个专家。如此多次反复,意见会渐趋接近,最终会得到一个较满意的结果方案。

4. 类比法

类比,就是在两个事物之间进行比较,这两个事物可以是同类,也可以不是同类,甚至差别很大。通过比较,找出事物之间相同或相似之处,借以打开思路,由此及彼地进行联想,寻找创新改进方案。例如贝尔在发明电话机时就是进行了类比而受到启发。他想,既然文字可以用导线传送,那么声音也应能用导线传播,之后经过研究发明了电话机。

类比法有拟人类比、因果类比、象征类比、直接类比等方式。

5. 特性列举法

特性列举法的思路是:把表现实体的各种功能特性一一列出,针对这些特性逐项研究其实现手段。这一方法在应用时,首先把问题的特性分为名词特性、形容词特性和动词特性,然后从这三个角度详细分析、自由联想,以得到创新方案。例如,传统的从保温瓶中"取"水的方式是"倒",针对"取"这一特性而发明了"气压"和"电动"式保温瓶,就是从动词特性中产生的创新方案。

6. 缺点列举法

缺点列举法的思路是:把要求改进的设计对象的缺点一一列出,针对这些缺点提出改进方案。这是常用的价值工程方案改进创新的方法之一。许多价值工程活动是根据列举的缺点展开的,克服缺点就是价值工程的成果。例如,教师上课采用粉笔书写的缺点有:沾污手指、产生粉尘、不易擦净、短支浪费、单调耗时等。针对这些缺点,人们创造了"无尘粉笔"、投影教学、幻灯教学、电脑辅助教学、挂图式教学、水彩笔与白板等教学手段创新方案。

7. 希望点列举法

希望点列举法的思路是:当对某一实体一时难以提出缺点时,可以提出各种希望,针对这些希望制定改进创新方案。希望往往是对现存的东西感到不满意而提出要求。

8. 模仿法

这是对自然界各种事物和现象进行模拟而获得成果的一种方案创新方法。例如,鲁班被锯齿状草叶划破皮肤而受到启发,发明了锯子。人们模拟蝙蝠的声波,设计出了电子驱蚊器;模仿飞鸟发明了飞机;模仿蜻蜓发明了直升机。

方案创新改进的方法还有检查提问法、联想法、假想构成法、形态分析法等。据统计,流行于各国的创新方法有三百多种,此处就不再赘述。

六、改进方案的评价与实施

在制定改进创新方案阶段,提出了很多设想方案。在进行设想方案具体化之前,首先应进行方案的概略评价,从大量的方案中筛选出一部分较好的方案。然后,再进行方案的详细评价,从选出的几种较好的方案中评选出最优方案,付诸实施。

(一) 改进方案的评价

方案评价的步骤可分为概略评价和详细评价两大步骤,其评价的内容均围绕着技术、经济、社会三方面进行评价。并在此基础上进行综合评价,选出最优的改进方案。方案评价的步骤如图3-10所示。

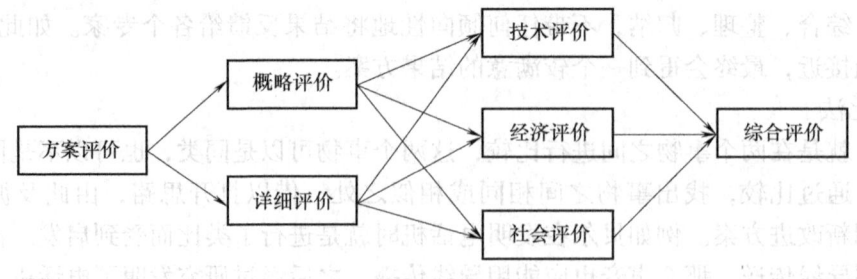

图3-10 方案评价步骤示意图

(二) 改进方案的实施

通过综合评价选出的改进方案,送决策部门审批后便可实施。为了保证方案顺利实施,应做到四个落实：
（1）组织落实：即要把具体的实施方案落实到职能部门和相关责任人员。
（2）经费落实：即要把实施方案所需经费的来源和使用安排落实好。
（3）物质落实：即要把实施方案所需的物资、装备等落实好。
（4）时间落实：即要把实施方案的起止时间及各阶段的时间妥善落实好。

在方案实施过程中，应该对方案的实施情况进行检查，发现问题及时解决。方案实施完成后，要进行总结评价和验收。

小　　结

本章学习的主要内容：
1. 可行性研究
（1）可行性研究的含义和任务。
（2）可行性研究的主要内容。
（3）可行性研究报告的主要内容。
（4）项目评估的主要内容。
2. 经济评价方法与应用
（1）建设项目经济评价的概念和内容。
（2）经济评价的指标体系。
（3）经济评价的各种方法，包括投资收益率法、投资回收期法、净现值法、净现值率法、净年值法、内部收益率法、费用现值法和费用年值法。
（4）经济评价方法应用于互斥方案、独立方案、混合方案的比选方法。
3. 风险分析
（1）不确定性分析和风险分析的概念，不确定和风险的来源。
（2）盈亏平衡分析方法及应用。
4. 价值工程
（1）价值工程的基本概念和基本原理。
（2）价值工程活动的程序和步骤。

复习思考题

1. 什么是可行性研究？其任务和作用是什么？
2. 可行性研究报告的主要内容有哪些？
3. 什么是建设项目经济评价？建设项目经济评价的内容是什么？
4. 建设项目经济评价指标分为几类？每一类各有什么特点？各包括哪些具体指标？
5. 净现值与折现率的关系是什么？
6. 某项目净现金流量如表 3-23 所示，基准收益率是 10%，基准投资回收期是 6 年，试采用净年值法、净现值率法、内部收益率法、投资回收期法判断该项目经济上是否可行。

表 3-23　项目净现金流量　　　　　　　　　　　　　　（单位：万元）

年末	0	1	2	3~9
净现金流量	-100	-160	80	120

7. 已知拟建设一中学教学楼项目有 A、B 两种方案，已知基准收益率是 8%，其有关的年费用支出见表 3-24，试用费用现值法和费用年值法选择最佳方案。

表 3-24　A、B 两方案费用支出表　　　　　　　　　　（单位：万元）

项目	投资（第1年末）	年运营成本（第2~20年末）	计算期
A	480	42	20
B	320	56	20

8. 拟购买一台设备生产某产品，已知生产某产品的设备有 A、B 两种，但投资不同，设备的生产能力及经营成本也不同，已知基准贴现率为 15%，试利用表 3-25 的资料，采用净现值法和净年值法进行比选。

表 3-25　资料数据　　　　　　　　　　　　　　　　　（单位：万元）

方案	A	B
初始投资	20	25
年收入	15	18
年经营成本	10.8	12
净残值	0.2	0
项目计算期/年	10	8

9. 某制造厂考虑三个投资方案，在 8 年计划期中，这三个投资方案的现金流量如表 3-26 所示，假设基准收益率是 10%，根据下面的条件进行方案比选。

（1）三个方案是独立关系，且资金没有限制。
（2）三个方案是独立关系，但是资金限额是 16 万元。
（3）三个方案是互斥关系，用内部收益率法进行比选。

表 3-26　投资方案的现金流量　　　　　　　　　　　　（单位：万元）

方案	A	B	C
最初投资	6.5	5.6	9
年净收入	2	1.5	2.5
残值	1.5	1	1.6

10. 为什么要进行风险分析？

11. 某房地产公司开发一楼盘，预计售价为 8000 元/m^2，其成本 y 是销售面积 x 的函数，即企业总成本为 $y = 50000 + 5000x$。试计算盈亏平衡点的销售量。

12. 什么是价值工程？其特点是什么？

13. 什么是功能？功能如何分类？

14. 什么是价值？提高价值的途径有哪些？
15. 什么是寿命周期成本？
16. 简述价值工程的工作程序和步骤。
17. 什么是功能分析？
18. 什么是功能整理？
19. 什么是功能计量？
20. 制定改进方案的常用方法有哪些？
21. 改进方案评价的步骤是什么？

第四章 建筑工程项目管理基本原理

学习目的与要求

了解建筑工程项目管理的概念、模式和工具,了解建筑工程项目计划、组织和控制的基本概念。

第一节 概　　述

对建筑工程进行的项目管理有广义和狭义之分。广义的项目管理是指对建设项目从提出构想开始到交付使用,实现正常运营的全过程进行的项目管理,它是由项目建设单位主导,项目实施相关者共同参与的项目管理,包含了建设程序中所有环节的相关工作。狭义的项目管理则是指在施工阶段,主要由施工单位实施的项目管理。在随后的章节中,主要对施工单位进行的工程项目管理进行叙述。

项目管理是20世纪60年代初在西方发达国家发展起来的一种新的管理技术,它考虑了工程项目的多种界面和复杂环境,强调了总体规划、矩阵组织和动态控制,由此组成的项目管理系统具有计划、组织和控制等功能。此项技术在工程项目的建设中得到广泛的应用和发展。我国从20世纪70年代末开始传播和推广此项技术,经多年实践证明,在现代建设项目的开发和建设中,项目管理起到了越来越重要的作用。

一、项目

项目是指在一定约束条件下(主要是限定资源、限定时间、限定质量),具有特定目标的一次性任务,这个一次性任务可以是建设一项工程或研制一项设备等,后面叙述以工程项目中的施工项目管理为主。

项目具有如下特征:

(一) 单件性

项目生产建设是单件生产建设,通常只有一个,没有重复性。

(二) 项目具有明确的目标

项目的目标是业主的一个明确的意图和设想。虽然目标有可能在实施过程中根据业主要求和实际变化加以修改和完善,但项目的实施者却必须为实现既定目标而努力。

(三) 整体性

项目要取得好的效益,需要项目决策正确无误;设计在技术上先进、经济上合理;项目实施要造价低、工期短、质量高;项目使用后效益好、寿命长。为此,要把组成项目的各个环节作为一个整体和系统来考虑,处理好局部优化与整体优化的关系。

(四) 具有约束条件

项目实施中,对实现目标所投入的资源、完成项目的时间及项目质量应达到的标准均有一定的限制。建筑工程项目还有明确的空间要求。

（五）具有生命周期

项目的单件性和过程的一次性，决定了项目的生命周期，即项目的时间限制。项目的整个生命周期，又可划分为若干阶段，每一阶段有一定的时间要求和特定的目标要求，同时还是下一阶段成长的前提。每一阶段均是整个生命周期的关键环节，都对整个生命周期有决定性的影响。

二、项目管理

项目管理是在组织的协调下，由项目经理负责，在一定约束条件下，对项目实施全过程进行高效率的计划、组织、协调和控制，最优实现项目目标的系统的科学管理过程（图4-1）。

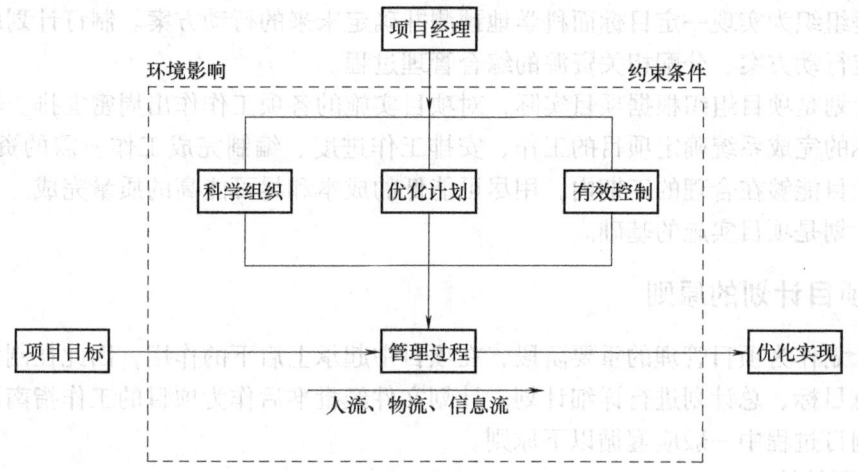

图4-1　项目管理过程

工程项目管理具有以下特点。

1. 工程项目管理是一种一次性管理

项目的单件性特征，决定了项目管理的一次性特点。在工程项目管理过程中一旦出现失误，很难纠正，损失严重，由于工程项目的永久性特征及项目管理的一次性特征，项目管理的一次性成功是关键，所以对项目建设中的每个环节都应进行严密管理；认真选择项目经理，配备项目人员和设置项目机构。

2. 工程项目管理是一种全过程的综合性管理

工程项目的生命周期是一个有机成长过程。项目各阶段有明显界限，又相互有机衔接，不可间断，这就决定了项目管理是对项目生命周期全过程的管理，如对项目可行性研究、勘察、设计、招投标、施工等各阶段全过程的管理。在每个阶段中又包含有进度、质量、成本、安全的管理，因此，项目管理是全过程的综合性管理。

3. 工程项目管理是一种约束性强的控制管理

工程项目管理的一次性特征，其明确的目标（进度快、成本低、质量好）、限定的时间和资源消耗、既定的功能要求和质量标准，决定了约束条件的约束强度比其他管理更高，因此工程项目管理是强约束管理。这些约束条件是项目管理的必要条件，也是不可逾越的限制条件。项目管理的重要特点，在于工程项目管理者，如何在一定时间内，不超越这些条件的前提下，充分利用这些条件，去完成既定任务，达到预期目标。

工程项目管理与施工管理和企业管理不同。工程项目管理的对象是具体的建设项目、施工管理的对象是具体工程项目，虽都具有一次性特点，但管理范围不同，前者是建设全过程，后者仅限于施工阶段，而施工企业管理的对象是整个企业，管理范围涉及企业生产经营活动的各个方面。

第二节 计 划

一、计划和项目计划

计划是组织为实现一定目标而科学地预测并确定未来的行动方案。制订计划就是根据既定目标确定行动方案、分配相关资源的综合管理过程。

项目计划是项目组织根据项目实际，对项目实施的各项工作作出周密安排。项目计划围绕项目目标的完成系统确定项目的工作、安排工作进度、编制完成工作所需的资源预算等，从而保证项目能够在合理的工期内，用尽可能低的成本和尽可能高的质量完成。

项目计划是项目实施的基础。

二、项目计划的原则

项目计划作为项目管理的重要阶段，在项目中起承上启下的作用，因此在制订过程中要按照项目总目标、总计划进行详细计划。计划文件经批准后作为项目的工作指南。因此，在项目计划制订过程中一般应遵循以下原则。

（一）目的性

任何项目都有一个或几个确定的目标，以实现特定的功能、作用和任务，而任何项目计划的制订正是围绕项目目标的实现展开的。在制订计划时，首先必须分析目标，弄清任务。因此项目计划具有目的性。

（二）系统性

项目计划本身是一个系统，由一系列子计划组成，各个子计划不是孤立存在的，彼此之间相对独立，又紧密相关。从而使制订出的项目计划也具有系统的目的性、相关性、层次性、适应性、整体性等基本特征，使项目计划形成有机协调的整体。

（三）经济性

项目计划的目标不仅要求项目有较高的效率，而且要有较高的效益。所以在计划中必须提出多种方案进行优化分析。

（四）动态性

这是由项目的寿命周期所决定的。一个项目的寿命周期短则数月，长则数年，在这期间，项目环境常处于变化之中，使计划的实施会偏离项目基准计划，因此项目计划要随着环境和条件的变化而不断调整和修改，以保证完成项目目标，这就要求项目计划要有动态性，以适应不断变化的环境。

（五）相关性

项目计划是一个系统的整体，构成项目计划的任何子计划的变化都会影响到其他子计划的制订和执行，进而最终影响到项目计划的正常实施。制订项目计划要充分考虑各子计划间的相关性。

（六）职能性

项目计划的制订和实施不是以某个组织或部门内的机构设置为依据，也不是以自身的利益及要求为出发点，而是以项目和项目管理的总体及职能为出发点，涉及项目管理的各个部门和机构。

三、制订项目计划的过程

项目计划过程大致分为定义项目的交付物、确定工作、建立逻辑关系图、为工作分配时间、确定项目组成员可支配时间、为工作分配资源并进行平衡、确定管理支持性工作等。

以建筑工程施工项目进度计划的制订为例，步骤如下。

（一）列出工程项目一览表并计算工程量

首先根据建设项目的特点划分项目。施工总进度计划主要起控制总工期的作用，因此项目的划分不宜过细。通常按照分期分批投产顺序和工程开展程序列出，并突出每个交工系统的主要工程项目，一些附属项目及小型工程、临时设施可以合并列出工程一览表。

在工程项目一览表的基础上，按工程的开展顺序，以单位工程计算主要实物工程量。工程量可按初步（或扩大初步）设计图样并根据各种定额手册进行计算。常用的定额、资料有以下几种：①万元、十万元投资工程量、劳动力及材料消耗扩大指标。②概算指标和扩大定额。③标准设计或已建房屋、构筑物的资料。④除房屋外，还必须计算主要的全工地性工程的工程量，如场地平整、铁路、道路和地下管线的长度等，这些数据都可以根据建筑总平面图计算得到。

（二）确定各单位工程的施工期限

建筑物的施工期限，由于各施工单位的施工技术与管理水平、机械化程度、劳动力和材料供应情况等不同，而有很大差别。因此应根据各施工单位的具体条件，并考虑施工项目的建筑结构类型、体积大小和现场地形工程与水文地质、施工条件等因素加以确定。

（三）确定各单位工程的开竣工时间和相互搭接关系

确定了总的施工期限、施工程序和各系统的控制期限及搭接关系后，就可以将各单位工程的开竣工时间确定下来。通过对各主要建筑物或构筑物的工期进行分析，确定了各建筑物或构筑物的施工期限后，就可以进一步安排各建筑物或构筑物的搭接施工时间。

（四）安排施工进度

施工总进度计划可以用横道图表达，也可以用网络图表达。施工总进度计划起控制性作用，当用横道图表达总进度时，项目的排列可按施工总体方案所确定的工程展开程序排列。

（五）总进度计划的调整与修改

施工总进度计划表绘制完后，将同一时期各项工程的工作量加在一起，用一定的比例画在施工总进度计划的底部，即可得出建设项目资源需要量动态曲线。若曲线上存在较大的高峰或低谷，则表明在该时间里各种资源的需求量变化较大，需要调整一些单位工程的施工速度或开竣工时间，以便消除高峰或低谷，使各个时期的资源需求量尽量达到均衡。

在编制了各个单位工程的施工进度后，有时需对施工总进度计划进行必要的调整；在实施过程中，也应随着施工的进展及时作必要的调整。

第三节 控 制

建筑工程项目管理贯穿于一个工程项目从拟定规划、确定项目规模、工程设计、工程施工、直至建成投产为止的全部过程。

控制是全部管理职能——计划、组织、领导和控制——中的一个重要职能。涉及建设单位、咨询单位、设计单位和施工单位，他们在项目管理工作中有密切联系，但随项目管理组织形式的不同，各单位在不同阶段又承担着不同的管理工作。

控制的主要内容有以下几个方面。

（一）合同管理

合同管理包括合同签订和合同管理两项任务。合同签订包括合同准备、谈判、修改和签订等工作；合同管理包括合同文件的执行、合同纠纷的处理和索赔事宜的处理工作。在执行合同管理任务时，要重视合同签订的合法性和合同执行的严肃性，为实现管理目标服务。

（二）进度控制

进度控制包括方案的科学决策、计划的优化编制和实施有效控制等三个方面的任务。方案的科学决策，是实现进度控制的先决条件，它包括方案的可行性论证、综合评估和优化决策。只有决策出优化的方案，才能编制出优化的计划。计划的优化编制，包括科学确定项目的工序及其衔接关系，持续时间，优化编制网络计划和实施措施，是实现进度控制的重要基础。实施有效控制包括同步跟踪、信息反馈、动态调整和优化控制，是实现进度控制的根本保证。

（三）成本控制

成本控制包括编制成本计划、审核成本支出，分析费用变化情况、研究成本减少途径和采取成本控制措施等任务。前两项任务是对成本进行静态控制，后三项任务是对成本进行动态控制。

（四）质量控制

质量控制包括制定各项工作的质量要求及质量事故预防措施，各个方面的质量监督与验收制度，以及各个阶段的质量处理和控制措施等三方面的任务。制定的质量要求要具备科学性，质量事故预防措施要具备有效性。质量监督和验收包含对设计质量、施工质量及材料设备质量的监督和验收，要严格检查制度和加强分析。质量事故处理与控制要对每一个阶段均严格管理和控制，采取细致而又有效的质量事故预防和处理措施，以确保质量目标的实现。

小 结

项目管理是在组织的协调下，由项目经理负责，在一定约束条件下，对项目实施全过程进行高效率的计划、组织、协调和控制，最优实现项目目标的系统的科学管理过程，包括计划、组织和控制过程。

复习思考题

1. 什么是项目？项目有什么特点？

2. 什么是项目管理？项目管理有什么特征？
3. 编制项目计划有什么原则？
4. 以施工项目为例分析项目进度计划的步骤。
5. 项目控制的主要内容有哪些？

第五章　工程建设招标投标及建设工程合同

学习目的与要求

了解工程建设项目招标投标的概念，工程招标的范围及标准，开标、评标和中标的概念，建筑工程合同和建设施工合同的概念、分类和内容，工程项目索赔的含义和基本特征；理解招标的主要工作，投标准备工作和投标函的内容，投标策略，施工合同的分类和主要内容，工程索赔的分类；掌握工程招标的方式、条件和程序，工程投标的条件和程序，工程招标投标的原则，计算标价的方法，评标的基本要求、否决条件和方法，承包人对施工合同的管理，工程索赔的程序和原则。

第一节　工程建设招标投标概述

一、工程建设项目招标投标的概念

《中华人民共和国招标投标法》2000年1月1日颁布实施，正式确立了招标投标的法律制度，与之前颁布实施的《民法通则》、《合同法》共同构成了规范招标投标活动，保护国家公共利益和招标投标当事人合法权益的法律基石。随着《工程建设项目施工招标投标办法》2003年5月1日的实施，《中华人民共和国招标投标法实施细则》2012年2月1日的实施，以及各部委、地方政府颁布实施的招标投标的相关法规，我国已形成了较为系统的规范工程建设招标投标活动的法律法规体系。

工程建设项目招标投标是指针对工程以及与工程建设有关的货物及服务的招标投标。工程特指建筑工程，包括建筑物和构筑物的新建、改建、扩建及相关的装修、拆除、修缮等；与工程建设有关的货物是指构成工程不可分割的组成部分，且为实现工程基本功能所必需的设备、材料等；与工程建设有关的服务是指为完成工程所需的勘察、设计、监理等。其中工程施工招标投标是工程建设项目招标投标的最主要部分。

招标投标基本程序包括招标、投标、开标、评标、中标和签订合同六个环节，招标投标法及相关法规对每个环节的具体程序和时限进行了严格规范的规定。

二、工程建设项目招标范围及规模标准

（一）建设项目必须招标的范围

《工程建设项目招标范围与规模标准》规定了在我国境内进行的工程建设项目必须进行招标的范围：

（1）关系社会公共利益、公众安全的基础设施项目：能源、交通运输、邮电通信、水利、城市设施、生态环境保护等基础设施项目。

（2）关系社会公共利益、公众安全的公用事业项目：市政工程、科技、教育、文化、

体育、旅游、卫生、社会福利、商品住宅等公用事业项目。

(3) 使用国有资金投资项目：使用各级财政资金、使用纳入财政管理的各种政府性专项建设基金、使用国有企业事业单位自有资金且国有资产投资者拥有实际控制权的项目。

(4) 国家融资项目：使用国家发行债券、对外借款或担保所筹资金的项目；使用国家政策性贷款的项目；国家授权投资主体融资的项目或国家特许的融资项目。

(5) 使用国际组织或外国政府资金的项目：使用国际组织或外国政府及机构贷款资金、国际组织或外国政府援助资金的项目。

(二) 工程建设项目必须招标的规模标准

《工程建设项目招标范围与规模标准》规定在以上范围内的各类工程建设项目，达到下列标准之一的，必须进行招标：

(1) 施工单项合同估算价在200万元人民币以上的。
(2) 设备、货物采购单项合同估算价在100万元人民币以上的。
(3) 勘察、设计、监理等服务单项合同估算价在50万元人民币以上的。
(4) 项目总投资在3000万元人民币以上的。

三、招标投标的原则

招标投标活动必须遵循公开、公平、公正和诚实信用的原则。招标投标活动及当事人依法接受有关行政监督部门实施的监督。

(1) 公开原则：要求招标人要公开招标程序、投标人资格条件、评标标准、评标方法及中标结果等信息。既为投标人及时提供准确信息，又为当事人和社会各界实施监督创造条件。

(2) 公平原则：要求招标人给予所有投标人权利享有和义务承担上平等的机会。依法必须进行招标的项目，其招标投标活动不受地区或部门的限制。招标人不得在招标文件中含有标明或倾向特定生产供应者、排斥潜在投标人的内容；不得以不合理条件限制、排斥或歧视潜在投标人；任何单位或个人不得以任何方式干涉招标投标活动。

(3) 公正原则：要求招标投标活动必须做到程序公正和标准公正。即必须按照招标投标法律法规所规定的招标投标每个环节的具体程序和法定时限、废标和否决投标的条件组织招标活动；同时评标委员会必须按照招标文件事先确定并公布的评标标准和方法进行评审并推荐中标候选人。

(4) 诚实信用原则。最基本的民法原则。要求参与招标投标的当事人诚实守信、善意行使权利和履行义务，不能欺瞒、弄虚作假、言而无信，在追求自身利益的同时努力维持双方利益的平衡、自身利益与社会利益的平衡，以保证交易得以安全地实现。

第二节 工程施工招标

工程施工招标人是依法提出招标项目、进行招标的法人或组织。按照国家有关规定需履行项目审批、核准手续的依法必须招标的工程建设项目，其招标范围、招标方式、招标组织形式需在可行性研究报告中明确并报项目审批、核准部门审批、核准，项目审批、核准部门应将审批、核准结果及时通报有关行政监督部门。

一、工程施工招标的条件

工程建设项目应当具备以下条件才能进行施工招标：
(1) 招标法人依法成立。
(2) 初步设计及概算应履行审批手续的已获批准。
(3) 招标范围、招标方式和招标组织形式等应履行核准手续的已获核准。
(4) 有相应资金或资金来源已落实。
(5) 有招标所需的设计图样及技术资料。

二、工程施工招标的方式

工程施工招标分为公开招标和邀请招标。

公开招标，是指招标人按法定程序，在国家指定的报刊和信息网络上发布招标公告，明示招标项目要求，邀请不特定的法人或其他组织投标，招标人按事先规定的程序和办法从中择优选择中标人的招标方式。

邀请招标，是指招标人以招标邀请书的方式，邀请三家以上具备承担施工招标项目能力、资信良好的特定法人或其他组织投标，招标人按事先规定的程序和办法从中择优选择中标人的招标方式。

国有资金占控股或主导地位的依法必须进行招标的工程建设项目，应当公开招标；但有下列情形之一的，经批准可邀请招标：
(1) 技术复杂、有特殊要求或者受自然环境限制，只有少量潜在投标人可供选择。
(2) 采用公开招标方式的费用占项目合同金额的比例过大。
(3) 法律、法规规定不宜于公开招标。

需要审批的工程项目，有以下情形之一的，经批准可不进行施工招标：
(1) 需要采用不可替代的专利或专有技术。
(2) 采购人或已通过招标方式选定的特许经营项目投资人依法能自行建设、生产或提供。
(3) 需要向原中标人采购工程、货物或服务，否则将影响施工或功能配套要求。
(4) 国家规定的其他特殊情形。

三、工程招标程序

工程招标一般包括准备阶段、招标阶段和决标成交阶段三个阶段。具体流程见图5-1。

对技术复杂或无法精确确定拟定技术规格的项目，招标人可以分两阶段招标。

第一阶段：投标人按照招标公告或投标邀请书的要求提交不带报价的技术建议，招标人根据投标人提交的技术建议确定技术标准和要求，编制招标文件。

第二阶段：招标人向第一阶段提交技术建议的投标人提供招标文件，投标人按照招标文件的要求提交包括最终技术方案和投标报价的投标文件。

四、工程招标的主要工作

(一) 组织招标机构

招标人有权自行选择招标代理机构，委托其办理招标事宜；招标人拥有与招标项目规模

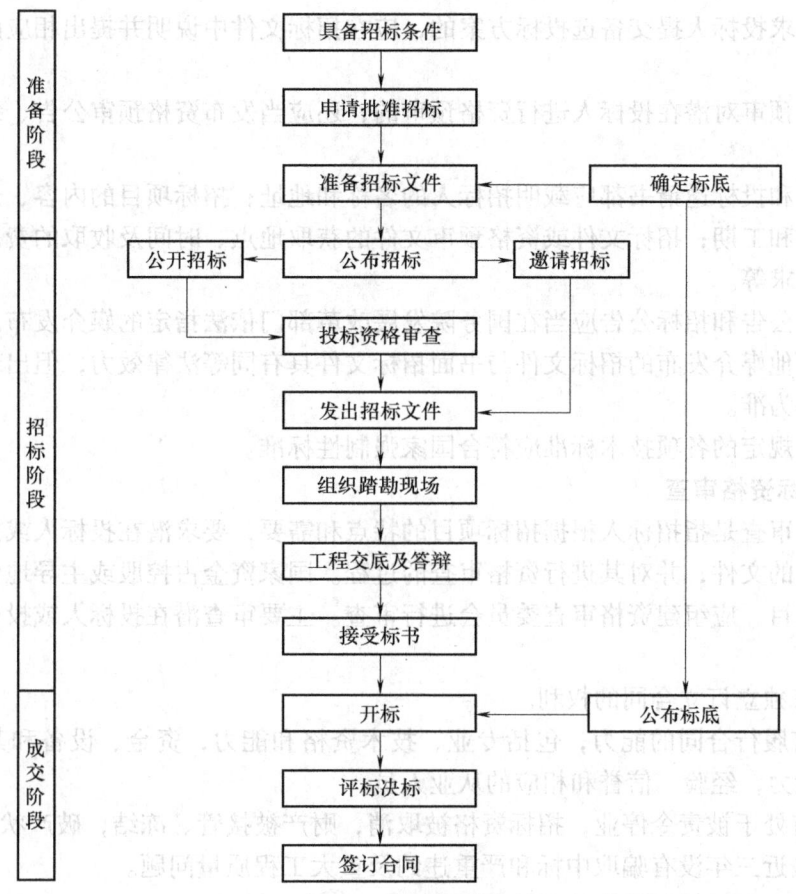

图 5-1 招标程序图

和复杂程度相适应的技术经济专业人员,具有编制招标文件和组织评标能力,可自行办理准备事宜,但应向有关行政主管部门备案。

招标代理机构资格依照法律和国务院的规定由有关部门认定,并对其依法实施监督管理。招标代理机构在其资格许可和招标人委托范围内开展招标代理业务,任何单位和个人不得非法干涉。招标代理机构不得无权、越权代理,不得代理明知违法的委托事项,不得接受同一招标项目的投标代理或咨询,不得未经招标人许可转让招标代理业务。

(二) 准备招标文件

招标人要根据核准的招标形式准备招标文件。招标文件一般包括以下内容:

(1) 招标公告(邀请招标是投标邀请书)。
(2) 投标人须知。
(3) 合同主要条款。
(4) 投标文件格式。
(5) 工程量清单(采用工程量清单招标的)。
(6) 技术条款。
(7) 设计图样。
(8) 评标标准和方法。
(9) 投标辅助材料。

招标人要求投标人提交备选投标方案的，应在招标文件中说明并提出相应的评审和比较办法。

采用资格预审对潜在投标人进行资格预审的，还应当发布资格预审公告、编制资格预审文件。

招标公告和投标邀请书都应载明招标人的名称和地址；招标项目的内容、规模、资金来源、实施地点和工期；招标文件或资格预审文件的获取地点、时间及收取的费用；对投标人的资质等级要求等。

资格预审公告和招标公告应当在国务院发展改革部门依法指定的媒介发布。招标人通过信息网络或其他媒介发布的招标文件与书面招标文件具有同等法律效力，但出现不一致时以书面招标文件为准。

招标文件规定的各项技术标准应符合国家强制性标准。

（三）招标资格审查

招标资格审查是指招标人根据招标项目的特点和需要，要求潜在投标人或投标人提供满足其资格要求的文件，并对其进行资格审查的过程。国家资金占控股或主导地位的依法必须进行招标的项目，应组建资格审查委员会进行审查。主要审查潜在投标人或投标人是否符合下列条件：

（1）具有独立订立合同的权利。

（2）具有履行合同的能力，包括专业、技术资格和能力，资金、设备和其他物质设施状况，管理能力，经验、信誉和相应的从业人员。

（3）没有处于被责令停业，招标资格被取消，财产被接管、冻结，破产状况。

（4）在最近三年没有骗取中标和严重违约及重大工程质量问题。

（5）法律、行政法规规定的其他资格条件。

资格审查分为资格预审和资格后审，即分别在投标前对潜在投标人或开标后对投标人进行资格审查。

根据采取资格预审或资格后审的不同，招标人应当分别在资格预审文件或招标文件中载明资格预审的条件、标准和方法。且在审查中不得改变载明的资格条件或以没有载明的资格条件进行资格审查。

资格预审结束后，招标人应及时向资格预审申请人发出资格预审通知书告知资格预审结果，以及合格者获取招标文件的时间、地点和方法。未通过资格预审的申请人不具有投标资格。资格预审的申请人少于3个的，应当重新招标。资格预审不合格者的投标作废标处理。

（四）现场踏勘和答疑

招标人可根据招标项目的具体情况集体组织潜在投标人踏勘项目现场，介绍工程场地和相关环境情况。对于潜在投标人提出的疑问，招标人可以书面形式或者召开投标预备会的方式解答，同时将解答视为招标文件的一部分，以书面方式通知所有购买招标文件的潜在投标人。

（五）编制标底

招标人可根据项目特点自行决定是否编制标底。标底具有唯一性和保密性，标底编制过程和标底必须保密。标底一般根据批准的初步设计、投资概算，依据有关计价办法，参照工程定额，结合市场供求情况，综合投资、工期和质量等因素确定。任何单位和个人不得强制招标人编制或报审标底，或干预标底的确定。接受委托编制标底的中介机构不得参加受委托编制标底项目的投标，也不得为该项目的投标人编制投标文件或提供咨询。

（六）保证招标公平性的措施

为保证招标工作的公平性，在招标文件和资格预审文件的拟定、资格审查、招标过程和评标中，招标人不得以不合理条件限制、排斥潜在投标人或投标人，不得实行歧视待遇。任何单位和个人不得以行政手段或其他不合理方式限制投标人数量。

有以下行为之一的，属于以不合理条件限制、排斥潜在投标人或投标人：

（1）就同一招标项目向潜在投标人或投标人提供有差别的项目信息。

（2）设定的资格、技术、商务条件与招标项目的具体特点和实际需要不相适应或与合同履行无关。

（3）依法必须进行招标的项目以特定行政区域或特定行业的业绩、奖项作为加分条件或中标条件。

（4）对潜在投标人或投标人采取不同资格审查或评标标准。

（5）限定或指定特定的专利、商标、品牌、原产地或供应商。

（6）以其他不合理条件限制、排斥潜在投标人或投标人。

第三节　工程施工投标

投标人是响应招标、参加投标竞争的法人或其他组织。投标是指投标人利用报价的经济手段获得承担工程建设任务资格的过程。具体来说，投标人首先报送投标申请，接受招标人的资格审查，通过资格审查后收到招标文件，自此，投标人必须认真研究招标文件，调查项目所在地的建设环境和施工资源供应情况，掌握好价格、工期、质量、资金、物质等关键因素，根据招标的要求和条件，在满足招标项目工期、质量要求的前提下，选择合适的施工方案并据此对招标项目的成本进行估算，确定合适的标价，编制投标文件，在规定的权限内向招标单位报送标函，参加开标并争取中标的过程就是投标。

一、工程投标人的条件

工程投标人必须符合国家相关条例和项目所在地的有关规定，一般而言投标人应该具有如下基本条件：

（1）必须持有营业执照，拥有法人资格。

（2）承建工程技术资质（企业等级）符合招标项目要求。

（3）具有承包建筑安装工程施工的能力。

（4）符合项目所在地的有关规定。

投标人具备以上条件并能满足资格审查的条件，就能不受地区或部门的限制参加投标。

与招标人存在利害关系可能影响招标公正性的法人、其他单位或个人不得参加投标。如招标人的任何不具独立法人资格的附属机构，为招标项目前期准备或监理工作提供设计、咨询服务的任何法人或附属机构等，都无资格参加投标。单位负责人为同一人或存在控股、管理关系的不同单位，不得参加同一招标项目或同一标段的投标，否则投标无效。

二、工程投标程序

工程投标程序见图5-2。

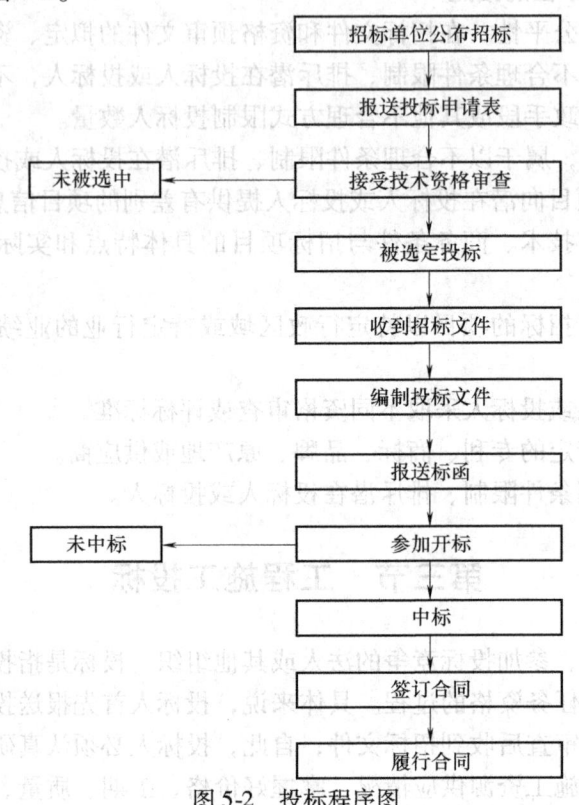

图5-2 投标程序图

三、工程投标文件

工程投标文件是投标人编制的，对招标文件提出的实质性要求和条件作出响应的文件。一般由下列内容组成：

（1）投标函及投标函附录。
（2）法定代表人身份证明或授权委托书。
（3）联合体协议书（如有）。
（4）投标报价。
（5）施工组织设计（含管理机构、施工组织设计、拟分包单位情况等）。
（6）商务和技术偏差表。
（7）资格审查资料（资格后审）或资格预审更新资料（如需要）。

四、投标准备工作及投标函

投标准备工作是投标工作的关键，工作内容繁杂，但细节决定成败，其工作质量的高低对投标的成败会产生决定性的影响，应该高度重视。具体工作主要包括：

（一）建立投标机构，配备专业人员

施工企业应建立常设投标机构，对企业的投标工作进行系统规划、统一领导；不断收集

投标信息，总结和积累经验，提高投标工作质量。同时注意培养投标的专业人员，为高质量的投标提供保证。

（二）收集招标投标信息

信息是企业在激烈的建筑市场竞争中取得先机的必要条件，在整个投标活动中占有举足轻重的地位。为此企业必须建立有效的信息收集系统，要广泛收集、系统积累，针对投标全过程、全方位收集信息，对信息真伪进行认真辨识，确保收集的信息及时、准确、全面，最后还必须利用好准确的信息帮助作出正确的决策。需要收集的信息主要包括如下内容：

（1）招标项目的资金来源，招标单位的信誉度。

（2）建筑市场信息及招标工程项目所在地的相关情况，涉及交通、运输、通信、劳动力资源、材料供应及现场条件。

（3）国内外相关材料设备的价格和供需情况，税率、贷款利率等。

（4）招标单位的趋向和困难，如工期有无特殊要求、施工技术难度高低等。

（5）竞争对手情况、相关协作单位情况。

（6）类似工程的技术方案、价格和工期，可资借鉴的新结构、新材料、新工艺、新设备、新技术。

（7）企业自身的任务情况和可投入的施工力量。

（三）准备企业资格预审资料

资格预审资料既包括对所有项目适用的证明企业资质、实力的材料；又要根据具体招标工程的特殊需要有针对性地提供相关佐证材料。真实而有力地佐证资格审查各方面的考察要求。基本内容包括：获得批准的营业执照和证明文件；企业参加投标的代理人资格证明书；企业正式委托书；企业人力、物力、财力状况；反映企业管理素质、技术力量的资料；反映承建完成的有影响工程的图片和说明等。

（四）计算标价

影响中标的主要因素是标价、工期、质量和施工方案，不同工程的侧重点不同，但在保证质量的前提下，工期和标价是关键。因此必须全面测算，认真作价，否则报价高了不易中标；报价低了企业无利可图，甚至导致亏损。

在计算标价前必须认真研究招标文件、施工图和资料，在充分理解工程条件、范围、工程量、工期、施工特点和合同主要条款的基础上，明确合同责任和投标范围，并对特殊材料、设备及时询价，再根据拟采用的施工方案估算工程成本，据此进一步进行风险分析和盈亏预测，最后确定工程报价。报价既要确保能中标，又要争取尽可能多地盈利或减少亏损，其必然应建立在准确估算工程成本的基础上。

工程成本估算是工程报价的基础，两项工作紧密联系，但又有不同的目的和要求。工程成本估算是确定完成工程所需的全部生产费用，要求尽可能符合企业和工程实际，是细致的业务性工作，要求项目负责人和工程预算、成本管理人员认真测算，估算越准确，为报价决策提供的依据越可靠；而工程报价是要确定理想的标价，要求既能中标，又盈利或减少亏损的风险，属于策略性工作，需要经营决策者审时度势，把握时机，才能适时做出正确的决策，这是能否中标乃至企业生存发展的关键一环。

投标标价一般由直接费、间接费、计划利润、预备费、其他费用等部分组成。可以在估算工程造价的基础上上下浮动，其中预备费是指在标价中难以预料的工程费用，即工程包干范围内的风险系数，一般对企业而言没有近似工程经验、大工程、技术复杂的工程、地质环境复杂的工程等风险系数要考虑高一些。其他费用包括投标费、材料设备价差、工程保险费以及按实计算的运输费、大型机械进出场费、保函手续费（视需要）等。

（五）编写投标函

投标函是指投标人向招标人提交的对招标文件实质性要求和条件作出响应的概况性函件，其内容和格式必须符合招标文件的规定。

工程投标函一般包括以下内容：
（1）本次所投的项目的具体名称和具体标段。
（2）投标的报价、承诺工期和达到的质量目标。
（3）投标有效期及有效期内的相关承诺。
（4）承诺为本次投标所提交投标保证金金额。
（5）中标后的承诺。
（6）投标函的签署等。

投标函附录一般附于投标函后，共同构成投标文件的重要组成部分，主要对投标文件中涉及的关键性或实质性的条款进行说明。投标人可以在此提出比招标文件要求更有利于招标人的条件。

五、联合体投标

联合体投标是指两个以上法人或其他组织组成联合体，以一个投标人身份共同投标。招标人应当在资格预审公告、招标公告或投标邀请书中明确是否接受联合体投标。联合体各方必须指定牵头人，并向招标人提交由所有联合体成员法定代表人签署的授权书，授权其代表所有联合体成员负责投标和合同实施阶段的主办、协调工作。

联合体应当在提交资格预审申请前组成，资格预审后联合体增减、更换成员，其投标无效；联合体各方在同一项目中以自己名义单独投标或参加其他联合体投标，相关投标均无效。

六、投标策略

企业的投标决策涉及两个层面的问题。首先是投标对象的选择，即针对获得的投标信息，决定是否投标；其次是对确定投标的项目确定合理的标价。投标策略的基本原则是要确保决策能够实现经济性和有效性的目标。经济性是指充分利用企业有限资源，发挥企业优势，在积极承揽工程任务，尽力实现企业施工能力与工程任务间平衡的同时，获得良好的经济效益；有效性是指决策方案科学可行，在力求中标的同时，保证企业目标的实现。

（一）投标对象的选择

为减少投标的风险性，避免在无谓的项目上浪费投标准备的人力物力，企业需要对所获得的招标信息进行深入的分析和判断，以选择合适的项目进行投标。主要从项目的可行性、可靠性和盈利性三个方面进行评价。

（1）项目的可行性：企业的人力、物力、财力和技术水平是否满足招标工程的要求；工期能否满足招标工程要求；施工难易程度；特殊要求能否解决；有多大把握胜过竞争对手。

(2) 项目的可靠性：招标项目是否已获正式批准，资金是否落实；主要材料和设备供应能否保证；业主资信是否良好，协作配合有无障碍。

(3) 项目的盈利性：预测项目能否给企业带来近期利润；或即使项目本身无利润，但能否打开局面，争取更多项目，帮助实现远期利润目标。

根据以上三方面的分析判断，对实力明显不如竞争对手的项目；企业任务饱满而招标项目利润水平低或风险较大的项目；建设单位资金不落实而企业无垫资能力的项目。企业可以考虑放弃。

(二) 合理标价的确定

合理标价确定的原则是既要使标价能接近标底，发挥优势，胜过竞争对手；又能获得最大限度的利润。为此在报价决策前，需要完成以下工作：

(1) 估计招标工程的标底范围。
(2) 估计竞争对手可能的报价范围。
(3) 分析招标单位的意向及侧重。
(4) 分析项目的竞争形势和自身任务。
(5) 分析工程情况和特点。

报价决策的一般规律为：

(1) 企业任务不足或有兴趣的工程报价宜低，反之可高。
(2) 一般房屋建筑工程报价宜低，高层建筑、新结构或特殊结构报价宜较高；
(3) 工程量大且技术不复杂的工程报价宜低，技术复杂、施工条件不好或零星工程报价可适当提高。
(4) 竞争对手多的工程报价宜低，自己有专长且竞争对手少的工程可较高。
(5) 国内建设单位的工程报价宜较低，外资或合资单位的工程因定额差异，质量及管理要求较高，宜适当提高报价。

投标竞争中策略运用的支撑是企业的实力和信誉。只有企业不断提高经营管理水平；不断更新技术装备，努力构筑企业人力、物力和财力的整体优势；不断开发利用新技术、新工艺和新方法；有效提高质量、控制工期、降低消耗；坚持改善服务态度、信守合同和承诺。才能树立企业信誉，提高企业竞争力，切实提高投标中标率。

第四节 开标、评标和中标

一、开标

开标即是由招标人主持，邀请所有投标人参加，在招标文件规定的时间、地点公开举行，由投标人或其推选的代表、或公证人检查所有投标截止日期前收到的投标文件密封情况后，当众拆封并宣读投标人名称、投标价格及投标文件其他主要内容的过程。招标人应当场对投标人在投标现场提出的异议作出答复，并详细记录开标过程，以存档备查。

逾期送达或未送达指定地点的投标文件、未按招标文件要求密封的投标文件，招标人不予受理。投标人少于3个的，不得开标，应重新组织招标。

开标时凡标函有以下情况之一的，按废标处理：

（1）标函未密封。
（2）标函未按招标文件要求填写。
（3）标函未加盖本企业和负责人印鉴。
（4）标函寄出时间超过投标截止日（邮戳为准）。

二、评标

评标是由招标人依法组建的评标委员会，依照招标投标法及招标投标法实施条例的规定，按照招标文件规定的评标标准和方法，客观公正地对投标文件进行审查、分析和评价，并提出书面评标报告和中标候选人名单的过程。

（一）评标委员会

评标委员会由招标人代表和相关技术、经济等方面的专家组成，人数为五人以上单数，其中技术、经济方面的专家不得少于成员总数的2/3。

依法必须进行招标的项目，一般其评标委员会专家成员应当从评标专家库内相关专业的专家名单中以随机抽取方式确定。技术复杂、专业性强或国家特殊要求，采取随机抽取方式确定的专家难以保证胜任评标工作的特殊项目，可由招标人直接确定。

与投标人有利害关系的人、负责监督本项目的行政监督部门工作人员均不得进入相关项目的评标委员会。任何单位和个人不得以任何方式指定或变相指定评标委员会成员。

评标委员会成员有回避事由、擅离职守或因健康等原因不能继续评标的，应及时按既定的专家确定方式进行更换，并由更换后评标委员会成员重新进行评审。除此之外，招标人不得随意更换评标委员会成员。

（二）评标的基本要求

各招标项目的侧重点不同，其规定的评标标准也不同，但一般以下几个方面是一定要考虑的。

（1）施工方案在技术上能保证工程质量。
（2）施工力量和技术装备能保证工期。
（3）标价合理。
（4）施工企业信誉好。

任何工程项目都有其合理的工期和造价，并不是造价越低越好，工期越短越好，任意的压低造价、压缩工期都不利于保证建设工程质量，发挥好投资效益。

（三）评标否决条件

评标中有下列情形之一的，由评标委员会审查后，应当否决其投标：

（1）投标文件未经投标单位盖章和单位负责人签字。
（2）投标联合体没有提交共同投标协议。
（3）投标人不符合国家或招标文件规定的资格条件。
（4）同一投标人提交两个以上不同投标文件或投标报价，但招标文件要求提交备选投标的除外。
（5）投标报价低于成本或高于招标文件设定的最高投标限价。
（6）投标文件没有对招标文件的实质性要求和条件作出响应。
（7）投标人有串通投标、弄虚作假、行贿等违法行为。

(四) 串通投标的评判标准

串通投标有投标人串通，招标人与投标人串通等情况，所有的串通投标都是严格禁止的，具体的判定标准如下。

有以下情形之一的，属于投标人串通投标：
(1) 投标人之间协商投标报价等投标文件的实质性内容。
(2) 投标人之间约定中标人。
(3) 投标人之间约定部分投标人放弃投标或中标。
(4) 属于同一集团、协会、商会等组织成员的投标人按照组织要求协同投标。
(5) 投标人之间为谋取中标或排斥特定投标人而采取的其他联合行动。

有以下情形之一的，视为投标人串通投标：
(1) 不同投标人的投标文件由同一单位或个人编制。
(2) 不同投标人委托同一单位或个人办理投标事宜。
(3) 不同投标人的投标文件载明的项目管理成员为同一人。
(4) 不同投标人的投标人异常一致或投标报价呈规律性差异。
(5) 不同投标人的投标文件相互混装。
(6) 不同投标人的投标保证金从同一单位或个人的账户转出。

有以下情形之一的，属于招标人与投标人串通：
(1) 招标人在开标前开启投标文件并将有关信息泄露给其他投标人。
(2) 招标人直接或间接向投标人泄露标底、评标委员会成员等信息。
(3) 招标人明示或暗示投标人压低或抬高投标报价。
(4) 招标人授意投标人撤换、修改投标文件。
(5) 招标人明示或暗示投标人为特定投标人中标提供方便。
(6) 招标人与投标人为谋求特定投标人中标而采取的其他串通行为。

(五) 评标工作中要注意的问题

评标工作是一项严肃细致的工作，任何的疏忽大意都可能让招标人失去最佳的合作伙伴，也可能让投标人失去公平的竞争机会，因此在工作中对以下几个方面的问题要特别注意。

(1) 招标人应向评标委员会提供评标所必需的信息，但不得明示或暗示其倾向或排斥特定的投标人。

(2) 设有标底的项目，应在开标时公布，但标底只能作为参考，不得以投标报价是否接近标底作为中标条件，也不得以投标报价超过标底上下浮动作为否决投标的条件。

(3) 针对投标文件中有含义不明确的内容或计算错误，评标委员会若认为需要投标人作出澄清说明的，应书面通知该投标人。投标人应以书面形式进行澄清和说明，但不得超出投标文件的范围或改变投标文件的实质性内容。

(4) 评标完成后，评标委员会向招标人提交书面评标报告和中标人候选人名单，候选人不超过3个，且标明排序。评标报告需评标委员会全体成员签字。评标报告中应注明对评标结果的不同意见，并附持不同意见评标委员会成员的书面说明；评标委员会成员拒绝在评标报告上签字又不说明其不同意见和理由的，视为同意评标结果。

(5) 评标委员会经评审，若认为所有投标均不符合招标文件要求，可以否决所有投标，招标人应依照相关法律法规重新招标。

（6）招标人应自收到评标报告之日起3日内公示中标候选人，公示期不少于3日。投标人或其他利益关系人对评标结果有异议的，应在公示期提出，招标人应在收到异议之日起3日内作出答复，答复前应暂停招标投标活动。

（六）常用的评标方法

选择中标单位应当符合下列条件之一：

（1）能够最大限度地满足招标文件中规定的各项综合评价标准。

（2）能够满足招标文件的实质性要求，并且经评审的投标价格最低，但投标价格低于成本的除外。

根据这两个条件，常用的评标方法有：

1. 条件对比法

开标后，依据条件对投标人进行记录排列次序，然后对标价、工期、质量、安全、技术素质、协作条件等各项条件进行对比，按综合条件优越程度确定中标人推荐顺序。

2. 打分评标法

对各投标人的标函按工期、标价、工程质量、材料消耗、社会信誉、附加条件等情况进行定量评价，根据各项指标得分之和确定中标人推荐顺序。各项指标的分值分配因工程要求不同而不同，但总分为100分。

3. 侧重法

单纯以招标人侧重条件为中标单位排序的主要依据。如侧重标价或侧重工期等。

三、中标

（一）确定中标人

招标人只能在评标委员会推荐的候选人中确定中标人，一般应确定排名第一的候选人为中标人，排名第一的中标候选人放弃中标，因不可抗力不能履行合同，不按招标文件要求提交履约保证金，或被查出存在影响中标结果的违法行为等情形，不符合中标条件的，招标人可以按照评标委员会提出的中标候选人名单顺序依次确定其他中标候选人为中标人，也可重新招标。

对投标人变化较大或存在违法行为，可能影响履约能力的判定，需由原评标委员会按照招标文件规定的标准和方法审查确认。

（二）发出中标通知

招标人一般应在接到书面评标报告后的15个工作日，但最迟不超过投标有效期结束日30个工作日确定中标人，并向中标人发出中标通知书，同时通知所有未中标投标人中标结果。中标通知书具有法律效力，中标通知书发出后，无论招标人改变中标结果，还是中标人放弃中标项目，均应依法承担法律责任。

（三）向行政主管部门报备

依法必须进行招标的项目，招标人应从确定中标人之日起15个工作日内向有关行政监督部门提交包括招标范围、招标方式、招标文件内容、评标委员会组成、评标报告和中标结果等内容的书面报告。

合同中确定的建设规模、建设标准、建设内容、合同价格应控制在批准的初步设计及概算文件范围内；确需超出规定范围的，应在中标合同签订前，报原项目审批部门审查同意，未经报审者，原项目审批部门一律不予承认。

（四）签订合同

招标人与中标人应在发出中标通知书之日起 30 日内，按照招标投标法律法规的规定签订书面合同。合同的标的、价款、质量、履行期限等应与招标文件和中标人的投标文件的内容一致，且不得再行订立背离合同实质性内容的其他协议。

（五）合同分包

中标人应按照合同履行义务，完成中标项目，不得向他人转让中标项目，也不得将中标项目肢解后分别向他人转让。但根据合同约定或经招标人同意，可以将中标项目的部分非主体、非关键工作分包给具备相应资格条件的他人完成，但不得再次分包。中标人就分包项目向招标人负责，分包人就分包项目承担连带责任。

对于不具备分包条件或不符合分包规定的招标人有权在签订合同或中标人提出分包要求时予以拒绝。招标人、监理人员或行政部门发现中标人违反合同约定进行转包或违法分包的，可要求其改正；拒不改正的，可终止合同，并报请有关行政监督部门查处。

第五节 建设工程合同

一、建设工程合同及分类

（一）概念

建设工程合同是围绕建设工程活动，发生经济联系的双方在平等、互利的条件下，为明确双方权利义务关系而签订的合同，是建设工程领域各种合同的总称。

建设工程合同是经济合同的一种。经济合同是指具有平等民事主体的法人、其他经济组织、个体工商户、农村承包经营户之间，为实现一定经济目的，明确相互权利义务关系的协议。其具有以下基本特征：

（1）是法人间为实现一定经济目的而签订的协议。

（2）是明确签约双方相互权利和义务的协议。

（3）是当事人在平等基础上达成的协议；任何一方不得强加意愿给另一方。

（4）合同一经签订，就具有法律效力，双方应严格履行合同。

（5）经济合同应采用书面形式签订，并符合经济和法律的规定。

（二）建设工程合同的种类

根据建设工程活动中不同活动的性质不同，形成了各种不同的建设工程合同，主要类型如下：

1. 监理合同

指建设单位与监理单位签订的，委托监理单位在工程建设项目实施阶段，对业主与第三方签订的其他合同的履行过程进行监督、管理和协调的合同。

2. 勘察设计合同

指建设单位与勘察设计单位为完成一定勘察设计任务，明确相互之间权利义务而签订的合同。

3. 建设工程施工合同

指发包方（建设单位）与承包方（施工单位）为完成双方商定的建筑安装工程，明确相互间权利义务关系而签订的合同。

4. 物资采购合同

指采购方（建设单位或施工单位）与供货方就供应工程所需建筑材料或定型设备所签订的合同。

5. 加工承揽合同

指采购方与供货方为提供工程项目所需的大型复杂设备或加工制造某一特殊用途产品而签订的经济合同。

6. 运输合同

指托运人与承运人为完成某一货物运输任务而签订的，明确托运人、承运人和收货人之间相互权利和义务关系的合同。

7. 仓储保管合同

指保管方与存货方为完成某一货物存放保管任务而签订的，明确双方权利义务的合同。

8. 劳务合同和劳动合同

指由使用劳务的单位与提供劳务的单位针对劳动力的招募而签订的，明确劳动力使用数量、使用时间、待遇费用和劳保等问题的合同。

9. 联营合同

指企业之间为完成特定的建设工程任务而进行联合承包或联合经营所签订的合同。

10. 施工企业内部合同

指施工企业内部为完成产值和利润目标、成品或半成品加工、材料供应、人力资源配置、设备租赁等特定任务，公司与分公司、分公司与项目部、项目部与各部门签订的合同。

二、建设工程施工合同

（一）建设工程施工合同的概念

建设工程施工合同是发包方（建设单位）与承包方（施工单位）为完成双方商定的建筑安装工程，明确相互间权利义务关系而签订的合同。建筑是指对工程进行的建造行为，安装主要是指对与工程有关的线路、管道、设备等设施的装配。

由于建设工程施工合同与其他的建设工程合同相比，在工程项目实施过程中持续时间最长、价格最高、实现过程最复杂，所以，建设工程施工合同是建设工程合同体系中的主干合同，也是最重要和最复杂的合同。建设工程施工合同是工程建设质量控制、投资控制和进度控制的主要依据，因此，加强对建设工程施工合同的管理，对规范建筑市场有着举足轻重的作用。

（二）建设工程施工合同的分类

建设工程施工合同因为项目不同的特点而有不同的种类，按照不同的用途有不同的分类方式。

1. 根据合同包括的工作范围划分

（1）施工总承包合同：指承包商承担整个工程项目的全部施工任务，包括土建施工，水电等附属设施安装，设备安装等。

(2) 专业承包合同：指单位工程施工承包或特殊专业工程施工承包。单位工程承包合同包括土木工程施工合同、电气与机械工程承包合同等；特殊专业工程承包是指业主将专业性很强的单位工程分别委托给不同的承包商，如土方工程、桩基础工程、装饰工程等。

(3) 分包合同：指承包商将施工承包合同范围的一些工程或工作委托给其他的承包商来完成，他们之间为明确相互的权利义务而签订的合同。分包合同是承包合同的分合同。

2. 根据合同的计价方式划分

(1) 总价合同：指合同中只确定一个合同总价，承包人以此完成合同中规定的全部工作内容的合同。

(2) 单价合同：指按双方认可的分部分项工程单位报价，以及招标文件中所列工程量清单确定各分部分项工程费用的合同。

(3) 成本加酬金合同：指按工程实际成本加酬金的方式支付工程费用的合同。

3. 根据合同价格调整的方式划分

(1) 固定价格合同：指在合同约定的风险范围内不再调整价款的合同。这种合同的关键是风险约定范围，合同应在专用条款中约定合同价款所包含的风险范围和风险费用的计算方法，以及风险范围以外的合同价款的调整方法。

(2) 可调整价格合同：指合同价款可根据双方的约定进行调整的合同。双方在专用条款内约定合同价款调整的原则，也即要写明调整的范围和条件，对通用条款中所列调整因素是否有补充或限制；调整的依据；调整的方法、程序等。一般合同价款调整的因素有：国家法律法规及相关政策变化影响合同价款；工程造价管理部门公布的价格调整；一周内非承包人原因停水、停电、停气造成停工累计超过8小时；双方约定的其他因素。

(3) 成本加酬金合同：指由发包人按照工程项目的实际成本支付承包人费用，并按事先约定的方式支付酬金的合同。合同双方在专用条款中约定成本构成和酬金计算方法。按酬金计算方法的不同可分为：成本加固定百分比酬金合同、成本加固定酬金合同、成本加浮动酬金合同和目标成本加奖罚合同。

三、建设工程施工合同的内容

（一）建设工程施工合同的合同文件及解释顺序

住房和城乡建设部2007年修订颁布了《建设工程施工合同(示范文本)》。合同文件要求能相互解释，互为说明。除专用条款另有约定外，组成合同的文件及优先解释顺序如下：

(1) 本合同协议书。
(2) 中标通知书。
(3) 投标书及其附件。
(4) 本合同专用条款。
(5) 本合同通用条款。
(6) 标准、规范及有关技术文件。
(7) 图样。
(8) 工程量清单。
(9) 工程报价单或预算书。

合同履行中，发包人承包人有关工程的洽商、变更等书面协议或文件视为本合同的组成部分。当合同文件内容含糊不清或不相一致时，在不影响工程正常进行的情况下，由发包人承包人协商解决。双方也可以提请负责监理的工程师作出解释。双方协商不成或不同意负责监理的工程师作出解释时，按所签合同中通用条款关于争议的约定处理。

(二) 建设工程施工合同的主要内容

建设工程施工合同的主要部分是《协议书》、《通用条款》和《专用条款》。《协议书》作为合同文本的第一部分，是发包人与承包人就合同内容协商达成一致意见后，向对方承诺履行合同而签订的正式协议。《通用条款》是适用于各类建设工程施工的条款。《专用条款》是结合具体工程双方约定的条款，也是对"通用条款"的补充、修改和具体化。

1. 《协议书》主要内容

《协议书》包括：承发包人全称；工程概况（工程名称、地点、内容、资金来源、工程立项批准文号等）；工程承包范围；合同工期（开工日期、竣工日期、合同工期总日历天数）；质量标准；合同价款；组成合同的文件；合同使用词语含义的定义；承包人向发包人作出的按照合同约定进行施工、竣工并在质量保修期内承担工程质量保修责任的承诺；发包人向承包人作出的按照合同约定的期限和方式支付合同价款及其他应当支付款项的承诺；合同生效（合同订立的时间和地点、合同生效时间）；合同双方的相关信息。

2. 《通用条款》主要内容：

（1）词语定义及合同文件：该单元包括合同中关键词语定义；合同文件组成及解释顺序；合同使用的语言文字和适用法律、标准及规范的约定；图样提供日期和套数、保密要求、使用、保管的约定。

（2）双方一般权利和义务：该单元包括工程师（指发包人委托的监理单位委派的总监理工程师，或发包人派驻施工场地履行合同的代表）；工程师的委派和指令（工程师委派的工程师代表及他们发出的指令）；项目经理；发包人工作；承包人工作等条款。主要明确了项目参与各方的工作职责、权利义务、身份确认或更换的程序等。

（3）施工组织设计和工期：该单元包括进度计划、开工及延期开工、暂停施工、工期延误、工程竣工等条款。

主要涉及进度计划的制订及审查，开工、延期开工、暂停施工的责任，工期顺延条件及认定程序，竣工日期及工期延误或提前的责任等的约定。

（4）质量与检验：该单元包括工程质量、检查和返工、隐蔽工程和中间验收、重新检验、工程试车等条款。

主要涉及工程质量标准约定，质量问题争议的鉴定及责任划分，工程质量检验、隐蔽工程和中间验收、重新检验、试车等质量检验环节的组织程序及双方对应责任的界定。

（5）安全施工：该单元包括安全施工与检查、安全防护、事故处理等条款。

主要涉及承包人安全施工和监督检查职责，发包人安全教育职责，以及双方对应责任的界定；针对不同状况下的安全防护措施的提出、认定程序及对应费用承担的划分；安全事故的上报、认定处理程序。

（6）合同价款与支付：该单元包括合同价款及调整、工程预付款、工程量的确定、工程款（进度款）支付等条款。

主要涉及工程价款的约定；合同价款的确定方式；可调价格合同中合同价款的调整因素及调整程序；工程预付款的预付、扣回约定及发包人延迟预付的责任；已完工程量的计量程序及计量范围；工程款(进度款)的支付，延期支付的协商程序及违约责任。

(7) 材料设备供应：该单元包括发包人供应材料设备、承包人采购材料设备等条款。

主要涉及发包人供应材料设备的一览表，材料设备的清点、保管，相应的丢失损坏责任、实际供应材料与一览表不符责任的认定，材料检验及结果处理；承包人采购材料的依据和标准，对不符合设计标准、检验不合格材料设备的处理及相应责任的认定，材料代用的认可程序等。

(8) 工程变更：该单元包括工程设计变更、其他变更、确定变更价款等条款。

主要涉及设计变更程序，承包人按照变更通知所需进行的相应变更，变更导致的工程价款、工期的变更及损失的责任认定，承包人施工中不得变更原工程设计及擅自变更后的责任，承包人合理化建议的认定程序；工程质量标准或其他实质性变更的处理；变更工程价款的确定程序、确定方法和执行原则。

(9) 竣工验收与结算：该单元包括竣工验收、竣工结算和质量保修等条款。

主要涉及竣工验收程序，允许发包人组织验收和验收后提出修改意见的最长时限，发包人超出时限未作为，即视为认可竣工验收报告；超期不组织验收则要自超期之日起承担工程保管和一切意外责任；竣工验收日期的确认原则；中间交工工程的范围、竣工时间和验收程序的约定；甩项竣工的处理程序；工程开始使用的前提必须是通过竣工验收；工程竣工结算的程序；发包人核实和支付竣工结算价款的最长时限；超出时限未支付竣工结算价款的违约责任和处理途径；承包人收到结算价款后交付竣工工程的最长时限；由承包人原因引起结算价款不能及时支付的处理约定；对工程竣工结算价款争议的处理约定；承包人在质量保修期的保修责任；质量保修书的签订及主要内容。

(10) 违约、索赔和争议：该单元包括违约、索赔及争议等条款。主要涉及发包人工程款支付的违约认定和对应的经济损失及延误工期的计算，承包人工期、质量或其他不按合同履行义务的违约认定和相应损失或违约金的计算，违约方承担违约责任后应按另一方要求继续履行合同；索赔需要正当理由和有效证据，索赔程序及每个环节对应的时限；合同履行中的争议可采取和解、调解、按专用条款中的约定向约定的仲裁委员会申请仲裁或向有管辖权的人民法院起诉等方式解决，争议发生后应继续履行合同的除外情况。

(11) 其他：该单元包括工程分包、不可抗力、保险、担保、专利技术与特殊工艺、文物与地下障碍物、合同解除、合同生效与终止等条款。

主要涉及工程分包不允许发生的情况，承包人对分包工程的管理责任和损失的连带责任，分包工程价款的结算；不可抗力范围的界定，不可抗力发生后的处理程序，不可抗力导致的经济损失和工期延误的分担，因延迟履行合同后发生不可抗力的责任认定；建设工程和施工场地内各项保险费用支付责任的划分，保险事故发生时双方减少损失的责任；当事人双方就不同的履约内容向对方提供履约担保，提供担保的第三人要为被担保方的违约承担相应责任，被担保方与担保方应签订担保合同；提出使用专利技术或特殊工艺的一方负责许可、申报工作并承担相关费用，擅自使用专利技术侵犯他人专利权的责任人依法承担相应责任；施工中发现文物和地下障碍物的处理程序和处理时限；允许解除合同的各种情况，解除合同的程序，合同解除后的善后处理及损失责任划分，合同解除后不影响合同中结算和清理条款的效力；合同生效的方式，合同终止的条件，合同双方在合同终止后的义务，合同份数。

四、建设工程施工合同管理

(一) 建设工程施工合同管理的特点

作为施工合同标的物的建筑产品是有别于其他一般商品的特殊产品,其具有固定性、体积庞大和唯一性等特点,这就决定了整个建筑施工生产具有与一般工业生产不同的特点,也让整个建设工程施工合同的管理具有自己的独特性,了解这些特点对搞好建设施工合同管理具有十分重要的意义。

1. 施工合同管理的长期性

工程建设的施工生产是在合同签订后开始,但是,一般在合同签订后到正式开工前有一个较长的施工准备时间;在施工过程中,由于建筑产品生产过程复杂、生产场地限制、使用的建筑材料类型多等原因使施工生产工作量大,持续时间较长,再加上施工过程中可能发生的不可抗力、工程变更、材料供应迟缓等原因导致的工期延误,决定了工程施工本身的工期就很长;再加上工程全部竣工验收后,办理竣工结算和保修的时间。整个合同履行的时间跨度要大于施工工期,且大于一般工业产品的生产时间,因此对应的合同管理具有长期性。

2. 施工合同管理的多样性和复杂性

施工合同的当事人只有发包人和承包人,但合同执行过程中却涉及工程监理、材料供应商、设备供应商、建设主管部门等诸多主体,合同中还涉及劳动关系、保险关系、运输关系等多样且复杂的法律关系。为此,施工合同除了具备一般合同的基本内容外,还对安全施工、工程变更、地下障碍物和文物处置、工程分包、不可抗力、保险、担保、专利技术与特殊工艺使用、材料设备供应、运输等做出了规定。因此施工合同管理具有多样性和复杂性。

3. 施工合同管理的监督性

施工合同能否正常履行关系到国家经济发展和人民的工作生活,因此国家设立了严格的监督机制,通过政府监督、监理等第三方监督及合同主体的相互监督,对涉及合同的各个方面实施严格的监督。

(1) 对合同主体的监督:依据合同法,建设工程施工合同的主体一般要求是法人。发包人一般是经过批准进行工程项目建设的法人,或依法登记的个人合伙、个体经营或个人,必须承认全部合同文件,且愿意履行合同规定义务;承包人必须具备法人资格,且应当具备与工程相适应的施工资质,并被发包人所接受。严格禁止无营业执照或无承包资质的单位承包建筑工程,禁止资质等级低的单位越级承包建筑工程。

(2) 对合同签订前提的监督:建设项目要签订合同必须要具备一定的前提。即:初步设计、概算已经批准;项目已列入年度建设计划;已办理用地许可证;设计已经完成,有能够满足需要的设计文件和技术资料;城市内项目已获得规划许可。项目建设资金已落实,招标投标程序已经完成。在这些前提条件中各行政主管部门从不同的角度对即将实施的项目所必须满足的条件进行了审查和监督。

(3) 对合同签订过程的监督:签订合同的所有工程项目必须经过严格的审批程序。相关建设主管部门和纪律检查委员会还会依据相关法律法规对签订合同前招标投标的所有环节、合同签订的内容等进行不同形式的监督,确保合同是在基于平等、自愿、公平和诚实信用的原则下签订的。

(4) 对合同履行过程的监督:合同履行过程中,合同双方当事人会对合同履行情况进行相互监督；监理制度所推行的第三方监督在工程质量及进度控制等方面发挥了重要的作用；合同主管部门（工商行政管理机构）、建设行政主管部门、金融机构等都要对施工合同的履行进行严格的监督。

（二）建设主管部门对建设工程施工合同的管理

建设行政主管部门对建设工程施工合同的管理工作主要包括以下几个方面：

（1）宣传贯彻国家有关经济合同的法律法规、方针政策。

（2）推行和指导使用国家制订的施工合同示范文本。

（3）组织培训合同管理人员。

（4）指导合同管理工作。

（5）对合同的签订、履行进行审查和考核，依法处理发现的问题，查处违法行为，调解合同纠纷等。

（三）发包人对建设工程施工合同的管理

建设工程发包人在项目开工后不直接负责项目实施的监督和管理工作，但合同执行中仍然有一系列相关事宜需要执行和处理，主要包括以下几个方面。

1. 施工条件准备

工程开工前和开工后发包人都有义务要为工程施工的顺利进行创造良好条件。要抓紧完成土地征用、项目融资、现场"三通一平"等施工必备条件；协调设计文件和技术资料的提供，组织设计变更的论证和审批；协助承包人解决生活物资供应、材料供应、设备运输等问题；根据实际需要与承包人协商对合同中的部分条款进行必要的变更或修改等。

2. 工期管理

审核批准承包人提出的施工进度计划并对照进行实际进度检查，对影响进度的因素进行分析并协助解决；同意承包人修改进度计划时要审批修改计划；审批监理工程师提出建议并上报的项目延期报告等。

3. 质量管理

检验工程使用的材料、设备、半成品及构件质量；监督检验施工质量；验收隐蔽工程和中间验收工程的质量；验收单项竣工工程和全面竣工工程的质量。

4. 工程款及结算管理

根据合同规定和核定的工程实际进度，按时划拨工程预备款和工程进度款；在工程竣工并办完竣工结算手续后，按相关部门规定的工程结算办法和施工合同规定的结算程序办理工程价款结算拨付手续，完成工程竣工结算和拨款后，施工合同即履行完毕，终结双方除保修条款规定的保修期权利义务外的所有权利义务。

（四）承包人对建设工程施工合同的管理

承包人对建设工程施工合同的管理是整个施工合同管理的关键，因为是承包人按照合同要求具体组织工程施工生产的实施。对这一实施过程进行的相关管理，直接关系到项目最终能否在合同规定的工期和造价范围内达到合同规定的功能目标和质量标准，并使承包人获得相应的经济效益。

承包人的施工合同管理是始于招标投标，终于工程竣工结算完毕的全过程管理，也即是在招标投标阶段、合同签订阶段及合同实施阶段有针对性地采取相应措施进行合同的相关管理。

1. 招标投标阶段的合同管理

招标投标是合同签订的前提。合同订立一般要经历要约邀请、要约、承诺和签约等环节。其中要约邀请即发包人发布招标通知或公告；要约即是投标人在规定期间回应招标人要求，发出的以订立合同为目的的，包括合同主要条款的投标文件；承诺即是招标人签发中标通知。这三个环节都是在招标投标阶段完成。

在招标投标阶段的许多工作不仅会直接影响投标结果，也会对中标后的合同签订和执行工作产生深远的影响。因此在投标准备工作中不能仅仅关注于能否中标，更应该仔细分析招标文件，了解中标项目的特点，发现其中存在的问题和风险，找到应对的措施，这样一方面可以为中标赢得先机，同时又能把握中标后可能面临的困难，并在合同签订中给予充分的考虑，以最大限度地降低合同执行的风险。

特别要注意在招标文件中对后续合同执行有重要影响的以下因素：

（1）合同签订到开工的允许时间、工期、保修期。
（2）投标保函、履约保函和保留金保函的要求。
（3）对保险险种及最低保险金额、工期的要求；工程所在地的保险规范。

支付条款：预付款数量及扣还时间和方法，有无备料款；设备付款方式；进度款付款方法、比例和期限；扣除保留金比例、限额和退还方式；支付货币种类和比例；外汇兑换和汇款规定。

税收：营业税和所得税税率；有无免税和部分免税的优惠条件；临时设备进口关税能否减免。

违约处罚：违约罚金的计算规定；质量优良和提前竣工有无奖励。

不可抗力、争议、仲裁和索赔等条款。

只有对以上这些问题进行认真分析判断后提出的报价和实施方案，才能在满足招标文件要求的同时，最大限度地降低合同执行过程中可能存在的风险。

2. 合同签订阶段的合同管理

由于工程建设的特殊性，招标人需要在确定中标人后，与中标人一起根据中标通知书、招标文件和中标人的投标文件进行合同谈判，订立书面合同后，工程合同方能成立并生效。

在此阶段应充分理解拟采用的合同条件，通过合同谈判进行充分的沟通和协商，既考虑对方的利益诉求，同时尽可能降低自己在合同执行中的风险。以遵守国家法律法规并以平等、自愿、公平、诚实信用的原则签订合同。

合同签订中要注意以下几点：

（1）合同文字准确、严谨，避免因歧义或误解导致合同执行过程中产生合同争议。
（2）合同条款阐述准确明了，针对性强，真实体现合同双方意愿，有利于指导合同的具体执行过程。
（3）合同条款系统完整，避免合同缺陷和漏洞。
（4）避免签订没有主合同的从合同，没有主合同的从合同是不能成立的。
（5）避免签订违反法律法规的无效合同。
（6）建立完善合同会签审批、合同专用章管理、合同档案管理等制度。

3. 合同执行阶段的合同管理

合同执行阶段的合同管理内容繁复，头绪众多，且相互关联，任何方面细微的偏差都有可能导致一系列问题的出现。必须高度重视。为提高此阶段的合同管理工作的质量，应做好以下工作：

（1）抓好合同交底：合同的实施依靠项目部所有成员的努力和奉献，因此，合同管理人员必须对各级项目管理人员和各工作小组负责人进行合同交底，对合同的主要内容进行解释和说明，确保大家熟悉理解合同主要内容、各种规定和管理程序，明确承包人的合同责任和工程范围。

（2）建立合同保证体系：通过合同保证体系的建立，保证合同在实施过程中的一切日常工作有序进行，确保工程项目的全部合同事件得到有效实现，保证最终实现合同目标。

（3）严格合同变更的相关管理

对履约过程中发生不得已需要进行的合同变更，必须建立严格的合同变更申请、审批程序，并在实际工作中得到切实的执行。原则上施工过程应该完全响应合同，但施工过程中往往会出现与合同条款不符合的情况，为此承包人应密切注意履行合同的效果，针对发生的偏离及时发出必要的书函，与发包人、监理及设计单位联系，共同协商解决问题的办法，做好记录并办好相应的签证，为计算工程变更补偿或工程索赔提供最必要的证据。这个过程中的书函管理和签证管理显得尤为重要。

（4）主动实施合同控制管理

对施工合同实施控制管理的目的，是要将合同履行过程中发生的干扰对项目的负面影响降到最低，及时纠正合同执行的偏离，实现合同目标。实施施工合同控制管理工作的程序主要包括以下六个方面。

首先，制定合同实施目标。将满足发包人对工程使用功能要求的目标分解成工程项目具体的质量、成本、工期和安全目标。

其次，确定施工合同控制的主要内容。成本控制是要保证按合同成本计划完成工程，防止成本和费用超支；质量控制是要保证完成的工程达到质量标准，实现合同规定的功能要求，顺利通过验收，交付使用；进度控制是要按预定进度计划组织施工，按期交付工程；安全控制是要确保施工安全，不出安全事故。

第三，确定合同控制方案。合同控制方法分为主动控制和被动控制，一般应以主动控制为主，加强合同被动控制。主动控制是预先分析合同目标偏离的可能性，拟定并采取各种预防措施；被动控制是通过实际执行情况与计划的比较分析发现偏差，及时采取措施进行纠正。一般合同控制的措施应该融入到各控制目标对应的管理过程中，通过进度、质量、成本和安全等专项管理在施工进程中的不断实施而使合同实施目标得以实现。

第四，合同实施监督。合同实施监督是为保证施工合同实施按合同和合同分析的结果进行而开展的日常事务性管理工作。主要开展的工作有：协调业主、监理工程师、项目管理各职能人员、各工程小组和分包商之间的工作关系，解决相互合作中出现的问题；根据需要对各相关人员进行合同解释，帮助其理解合同并按合同要求完成工作；会同项目管理的相关人员对各工程小组和分包商的合同实施情况进行例行检查；对合同变更进行规范管理；处理合同管理日常工作。

第五，合同实施跟踪。合同实施跟踪是通过收集合同实施的信息和相关工程资料，并进行适时分析处理，对比发现工程实际执行情况与合同的偏离，及时对偏离情况提出警告。它是判断工程实际情况与计划要求是否存在差异的主要手段。合同跟踪的主要对象：具体的施工合同事件、工程小组和分包商的工程进度和工作、业主和工程师的工作、工程实施主体状况等。

第六，合同诊断。合同诊断是根据合同跟踪的结果，对合同执行情况进行评价、判断并分析预测其发展趋向。主要工作包括：合同执行差异的原因分析、合同差异的责任分析和合同实施趋向的预测。

第六节 工 程 索 赔

在工程合同的履行过程中，总会出现一些合同当事人未履行或未适当履行合同规定义务，并给对方造成损失的情况，基于此，索赔就是由合同当事人遭受损失的一方依据法律、合同规定和惯例，向未履行或未适当履行合同规定义务的另一方提出给予合理补偿要求的行为。

索赔是签订合同的双方各自享有的正当权利，因此既有承包人对发包人的索赔，也有发包人对承包人的索赔（通常称为"反索赔"）。承包人由于非自身原因发生合同规定之外的额外工作或损失所要求进行的费用和时间的补偿称为施工索赔。

一、索赔的基本特征

（1）索赔主体是双向的，是合同双方都享有的具有法律意义的权利主张。
（2）索赔必须以法律和合同为依据。
（3）索赔只能是一方有违约或违法事实，且造成的损害已客观存在的情况下，受损方才能向违约方提出索赔。
（4）索赔应该采用书面文件，明确索赔内容、要求和损失证据等相关内容。
（5）索赔是一种未经确认的单方行为，索赔要求必须经过对方确认才能实现。

二、索赔的分类

索赔存在于工程项目实施的全过程，可能发生的范围较广泛，从不同角度出发有不同的分类方法，这里主要介绍与处理索赔有关的几种分类。

（一）按索赔的合同依据分类

（1）合同中明示的索赔。指承包人以施工合同中的文字规定为依据提出索赔要求，并取得经济补偿。合同中这种有文字规定的条款称为"明示条款"。
（2）合同中默示的索赔。指承包人根据合同中某些条款的含义推论出承包人有索赔权，并据此提出索赔要求，有权得到相应的经济补偿。合同中这种有经济补偿含义的条款被称为"默示条款"或"隐含条款"。

（二）按合同处理方式分类

（1）单项索赔：在影响合同执行的干扰事件发生后，承包人就此事件在合同规定的索赔有效期内向发包人提出索赔要求。此方式涉及合同事件单一，责任分析和索赔值计算相对综合索赔而言要容易一些，双方易达成协议，因此应尽可能采用此方式。
（2）综合索赔：在工程竣工结算前，承包人将施工过程中提出但未解决或前期未处理的索赔事件，汇总出总索赔报告，向发包人提出索赔。由于干扰事件交织，影响因素复杂，导致综合索赔的责任分析和索赔值计算比较困难，使索赔谈判和处理十分困难，因此实际工作中应力争单项索赔。

（三）按索赔目标分类

（1）工期索赔：由于非承包人责任原因造成的施工进度延误，承包人要求发包人同意顺延合同工期的索赔。其目的是降低工程延期违约赔偿费的风险，且增加提前工期获得奖励的机会。

（2）费用索赔：承包人要求对非自身原因产生的施工客观条件改变导致增加的成本开支给予补偿的索赔。其目的是要求经济补偿，以弥补承包人不应承担的经济损失。

（四）按索赔事件性质分类

（1）工程延误索赔：由于发包人原因（如未及时交付设计图样或施工现场，发包人指令暂停工程，不可抗力等）造成承包人不能按原计划施工所引起的索赔。

（2）工程变更索赔：由于发包人或监理工程师指令增加或减少工程量、增加附加工程、修改设计、变更工程顺序等，造成工期延长和费用增加所引起的索赔。

（3）合同终止索赔：由于违约或不可抗力事件等原因造成合同非正常终止，无责任的受害方就其蒙受的经济损失向对方提出的索赔。

（4）施工加速索赔：由于发包人或监理工程师指令承包人加快施工进度，缩短工期，造成承包人额外费用支出所引起的索赔。

（5）意外风险和不可预见因素索赔：因不可抗拒的自然灾害、特殊风险，以及有经验的承包人不能合理预见的不利施工条件或外界障碍等所引起的索赔。

（6）其他索赔：如因货币贬值、汇率波动、物价上涨、工资上涨、政策法规变化等原因引起的索赔。

（五）按索赔依据的范围分类

（1）合同内索赔：以合同条款为依据提出的索赔。

（2）合同外索赔：索赔所涉及内容在合同条款及相关协议中难以找到依据，但可从民法、经济法或相关部门法规所赋予的权利中获得依据进行的索赔。

（3）道义索赔：无合同或法律依据，只是承包人在施工中确实发生很大损失，而向发包人提出的救助性请求。

三、索赔证据

索赔证据是当事人用来支撑索赔成立的相关证明文件和资料。索赔证据是索赔成功与否的关键，对它的收集整理必须要真实、准确、全面、及时，同时还要具有法律证明力。

常见的索赔证据有：各种工程合同文件；施工日志；工程照片及影像资料；来往信函、电话记录；会谈纪要；气象报告和资料；工程进度计划；投标前发包人提供的参考资料和现场资料；工程备忘录；工程结算资料和相关财务报告；各种检查验收报告和技术鉴定报告等。

为确保索赔证据的真实性、全面性和法律证明力，承包人在与发包人研究的技术问题、进度问题和其他重大问题的会议一定要做好文字记录，并提请与会者签字，作为正式文件资料；要建立业务往来文件档案登记归档制度，确保在处理索赔时能提出反映事实的资料和数据；收集的证据要确凿，所有工程费用和工期索赔都应附该项目现场监理工程师认可的记录、计算资料及相关证明材料。

四、索赔的程序和原则

（一）索赔程序

施工索赔事项要依照国际工程施工索赔的惯例和施工合同条件的具体规定进行，一般要经历，提出索赔要求；报送索赔资料、提交索赔报告；索赔处理三个阶段。具体程序见图 5-3。

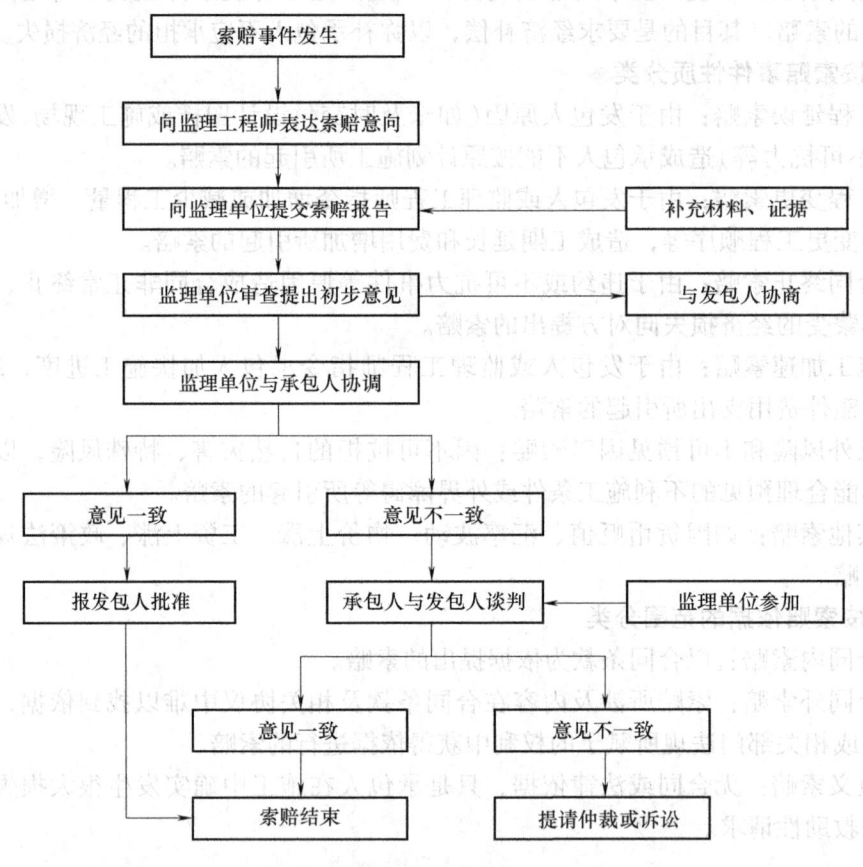

图 5-3　索赔程序

（二）索赔的原则

（1）以合同为依据：承包人必须对合同条件、协议条款等认真解读，发生索赔事件时才能在第一时间以合同为依据提出索赔要求。

（2）深入理解相关法律法规：对相关法律法规的深入理解可以帮助承包人在发生合同条款规定外的损失时找到索赔的法律依据。

（3）及时提交索赔意向书。发生索赔事件后，承包人要根据合同规定及时提出索赔意向书。索赔意向书包括索赔项目（分部分项工程名称）、索赔事由、索赔依据、事件发生起算日期、估算损失等内容。索赔意向书递交后应经主管监理工程师签字确认，必要时主管监理工程师要和现场监理工程师、施工企业负责人和现场负责人一起到现场核对，使监理工程师通过意向书大致了解索赔事件的起因、地点和索赔方向。

(4) 资料的系统积累是索赔的基础。在施工过程中要注意收集整理一切可能涉及索赔论证的资料。

小　　结

本章学习的主要内容：

(1) 工程建设项目招标投标的概念，招标范围及标准，招标投标的原则。

(2) 工程施工招标的方式、条件和程序，工程招标的主要工作包含：组织招标机构、编制招标文件、招标资格审查、现场踏勘和答疑、编制标底等。

(3) 工程施工投标的条件和程序，工程投标文件的组成、投标准备工作，投标函的内容，联合体投标。

(4) 投标策略涉及投标对象选择和合理标价确定两个层面的问题。

(5) 评标、定标和中标的概念，废标处理的情况，评标的基本要求，评标的否决条件，串通投标的评判标准，评标中要注意的问题，常用的评标方法，中标工作的基本步骤。

(6) 建设工程合同和建设工程施工合同的概念、分类，建设工程施工合同的主要内容，施工合同管理的特点，建设主管部门、发包人、承包人对建设工程施工合同的管理。

(7) 工程项目索赔管理概念，索赔的基本特征，索赔的分类，索赔证据，索赔的程序和原则。

复习思考题

1. 什么是建筑工程招标投标？简述建设项目必须招标的范围和规模标准。
2. 工程项目招标投标的原则是什么？
3. 工程施工招标的条件是什么？招标一般采用什么方式？
4. 简述工程招标的程序及主要的工作内容。
5. 招标文件有哪些内容？
6. 招标资格审查的条件有哪些？
7. 什么是工程施工投标？一般采用的程序有哪些？
8. 工程投标人必须具备的一般条件是什么？
9. 工程投标文件的组成是什么？
10. 投标准备有哪些工作？
11. 投标函一般应包括哪些内容？
12. 什么是联合体投标？联合体投标有什么要求？
13. 简述投标策略。
14. 什么是开标？开标后出现什么情况可定为废标？
15. 什么是评标？评标委员会组成的要求有哪些？
16. 评标的基本要求和否决条件是什么？
17. 串通投标的评判标准有哪些？
18. 评标工作中要注意哪些问题？
19. 常用的评标方法有哪几种？
20. 简述中标工作的流程。

21. 什么是建设工程合同？如何分类？
22. 什么是建设工程施工合同？如何分类？
23. 建设工程施工合同的主要内容有哪些？
24. 建设工程施工合同管理的特点是什么？
25. 建设主管部门、发包人和承包人对建设工程施工合同管理的主要内容分别有哪些？
26. 什么是工程索赔？索赔的基本特征有哪些？如何进行分类？
27. 工程索赔的程序和原则是什么？

第六章 建筑工程项目进度控制

学习目的与要求

进度控制是建筑工程项目传统的质量、费用及进度三大目标控制之一，进度控制直接影响建筑工程项目能否在规定的时间内完成，也关系到项目的社会效益和经济效益的实现。要求了解建筑工程项目进度控制的基本概念，掌握项目进度计划的编制，掌握进度计划的实施与控制。

第一节 建筑工程项目进度控制的基本概念

一、工期、进度与进度控制

进度可以理解为为进行工程建设而进行的相关工作的进展速度，是动态的概念。工期是指建设一个项目或一个单项工程从正式开工到全部建成投产时所经历的时间，是静态的概念。进度和工期既有联系也有区别。

施工项目进度控制是指施工单位在施工过程中对建设工程项目的进度控制。即在要求的工期内，编制出施工进度计划，并将计划付诸实施，在执行该计划的施工过程中经常检查实际施工进度，收集、统计、整理施工现场的进度信息，并不断比较分析实际进度与计划进度，若出现偏差，及时分析产生偏差的原因和对后续工作的影响程度，采取必要的措施或调整修改进度计划及相关计划，并再次付诸实施，如此不断地循环，直至最终实现项目预计目标。

此过程是一个循环渐进的动态控制过程，其基本过程如图6-1所示。

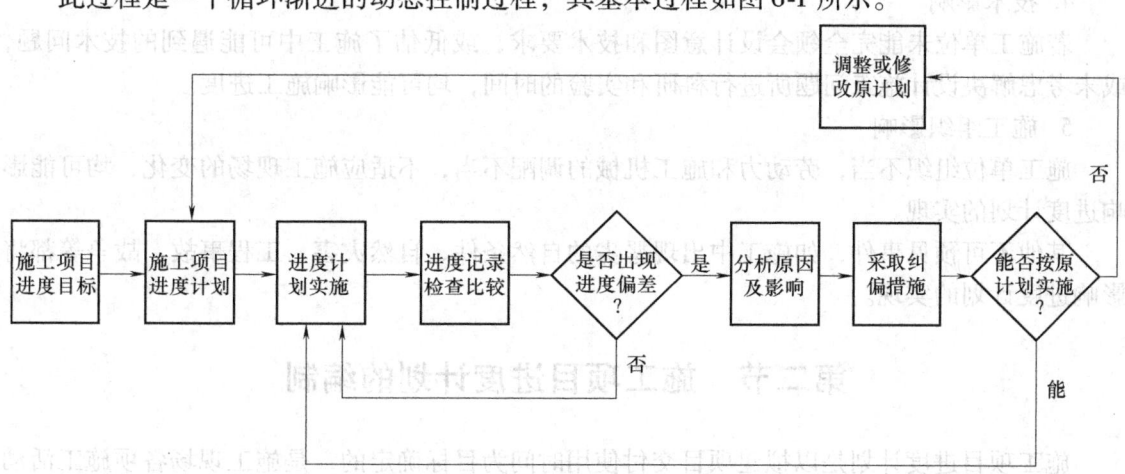

图 6-1 施工质量进度控制循环过程

二、影响施工项目进度的因素

项目施工过程是一个复杂的过程，涉及面广，影响因素很多，任何一个方面出现问题，都可能对项目的施工进度产生影响，应分析了解这些因素，并尽可能地加以控制以弥补和减少这些因素的影响。

（一）外部环境影响

1. 建设单位的影响

建设单位的要求变更和资金提供是影响工程进度的主要因素。

2. 设计单位的影响

工程设计资料及图样提供的时间和质量是工程进度的主要干扰因素，若设计单位不按时交图，会拖延工期；若设计质量不好，其错误和变更均要打乱原定施工进度计划，致使施工返工或停顿。

3. 其他相关单位的影响

与工程施工有关的政府主管职能部门、通信部门、供电部门等的工作都将对施工进度产生影响，施工单位必须与有关部门相互协调配合，才能控制施工进度，若无法协调控制的，则应在进度计划中留有机动时间。

（二）内部环境影响

1. 资源供应的影响

施工中需要的人员、材料、机具设备能否按需求供应，会对施工进度产生影响。

2. 资金的影响

足够的资金是施工顺利进行的保证，建设单位应按期支付施工单位工程费用，施工单位应组织好其他来源资金。

3. 施工条件的影响

施工现场的施工条件比设计和签订合同时预计的更困难（如地质断层、地下水位过高、流沙等水文地质条件的变化）则会影响施工进度。

4. 技术影响

若施工单位未能完全领会设计意图和技术要求，或低估了施工中可能遇到的技术问题，或未考虑解决设计施工问题所进行科研和实验的时间，均可能影响施工进度。

5. 施工组织影响

施工单位组织不当，劳动力和施工机械的调配不当，不适应施工现场的变化，均可能影响进度计划的实现。

其他不可预见事件，如施工中出现恶劣的自然条件、自然灾害、工程事故、战争等都将影响进度计划的实现。

第二节 施工项目进度计划的编制

施工项目进度计划是以拟建项目交付使用时间为目标确定的，是施工现场各项施工活动在时间上的体现。

单位工程施工进度计划应根据工程规模的大小，结构复杂程度，施工工期等来确定编制。施工进度计划一般用图表形式表示，经常采用的有两种形式：横道图和网络图。

一、单位工程施工进度计划的编制步骤

（一）确定施工过程

编制施工进度计划，首先应按施工图样和施工顺序，将拟建工程的各个分部分项工程按先后顺序列出，并结合施工方法、施工条件和劳动组织等因素，加以适当调整，填在施工进度计划表的有关栏目内。通常，施工进度计划表中只列出直接在建筑物或构筑物上进行施工的建筑安装类施工过程以及占有施工对象空间、影响工期的制备类和运输类施工过程，例如钢筋混凝土柱、屋架等的现场预制。

（二）计算工程量

工程量计算应严格按照施工图样和现行定额中对工程量计算所作的规定进行。当编制施工进度计划时若已经有了预算文件，则可直接利用预算文件中有关的工程量。若某些项目的工程量有出入但相差不大时，可按实际情况予以调整。例如土方工程施工中挖土工程量，应根据土壤的类别和采用的施工方法等进行调整。

（三）计算劳动量

根据各分部分项工程的工程量、施工方法和现行劳动定额，结合施工单位的实际情况计算各分部分项工程的劳动量。人工作业时，计算所需的工日数量；机械作业时，计算所需的台班数量。

（四）确定分部分项工程的施工天数

计算各分部分项工程的施工时间有两种方法：

1. 按劳动资源的配备计算施工天数

该方法是首先确定配备在该分部分项工程施工的人数或机械台数，然后根据劳动量计算出施工天数。计算式如下

$$t = \frac{P}{Rb} \tag{6-1}$$

式中　t——完成某分部分项工程施工天数；
　　　R——每班配备在该分部分项工程上的人数或机械台数；
　　　b——每天工作班数；
　　　P——该分部分项工程的劳动量。

2. 根据工期要求计算

首先根据总工期和施工经验，确定各分部分项工程的施工天数，然后再按劳动量和班次，确定出每一分部分项工程所需工人数或机械台数，计算式如下

$$R = \frac{P}{tb} \tag{6-2}$$

在实际工作中，可根据工作面所能容纳的最多人数（即最小工作面）和现有的劳动组织来确定每天的工作人数。在安排劳动人数时，必须考虑下述几点：

（1）最小工作面：所谓工作面是指施工对象上可能安排工人和布置机械的地段，用以反映施工过程在空间布置的可能性。最小工作面是指每一个工人或一个班组施工时必须要有足够的工作面才能发挥高效率，保证施工安全。一个分部分项工程在组织施工时，安排人数

的多少会受到工作面的限制，不能为了缩短工期，而无限制地增加工人人数，否则，会造成工作面不足而出现窝工。

（2）最小劳动组合：在实际工作中，绝大多数分项工程不能由一人来完成，而必须由多人配合才能完成。最小劳动组合是指某一个施工过程要进行正常施工所必需的最少人数及其合理组合。

（3）可能安排的人数：根据现场实际情况（如劳动力供应情况、技工技术等级及人数等），在最少必需人数和最多可能人数的范围内，安排工人人数。通常，若在最小工作面条件下，安排了最多人数仍不能满足工期要求时，可组织两班制或三班制。

（五）安排施工进度

在编制施工进度计划时，应首先确定主导施工过程的施工进度，使主导施工过程能尽可能连续施工。其余施工过程应予以配合，服从主导施工过程的进度要求。具体方法如下：

1. 确定主要分部工程并组织流水施工

首先确定主要分部工程，组织其中主导分项工程的连续施工并将其他分项工程和次要项目尽可能与主导施工过程穿插配合、搭接或平行作业。例如，现浇钢筋混凝土框架主体结构施工中，框架施工为主导工程，应首先安排其主导分项工程的施工进度，即框架柱绑扎钢筋、柱梁（包括板）立模、梁（包括板）绑扎钢筋、浇筑混凝土等主要分项工程的施工进度。只有当主导施工过程优先考虑后，然后再安排其他分项工程施工进度。

2. 按各分部工程的施工顺序编排初始方案

各分部工程之间按照施工工艺顺序或施工组织的要求，将相邻分部工程的相邻分项工程，按流水施工要求或配合关系搭接起来，组成单位工程进度计划的初始方案。

3. 检查和调整施工进度计划的初始方案，绘制正式进度计划

检查和调整的目的在于使初始方案满足规定的计划目标，确定理想的施工进度计划。其内容如下：

（1）检查施工过程的施工顺序以及平行、搭接和技术间歇等是否合理。

（2）安排的工期是否满足要求。

（3）所需的主要工种工人是否连续施工。

（4）安排的劳动力、施工机械和各种材料供应是否能满足需要，资源使用是否均衡等。

经过检查，对不符合要求的部分进行调整。其方法一般有：增加或缩短某些分项工程的施工时间；在施工顺序允许的情况下，将某些分项工程的施工时间前后移动；必要时还可以改变施工方法或施工组织措施。

二、流水作业原理及横道图计划编制

（一）流水施工基本原理

一个工程的施工过程组织是指对工程系统内所有生产要素进行合理的安排，以最佳的方式将各种生产要素结合起来，使其形成一个协调的系统，从而达到节省作业时间、降低物资资源耗费、提高产品和服务质量的目标。

合理组织施工过程，应考虑以下基本要求：

（1）施工过程的连续性。

（2）施工过程的协调性。

（3）施工过程的均衡性。
（4）施工过程的平行性。
（5）施工过程的适应性。

建设工程项目组织施工的基本方式有依次施工、平行施工和流水施工三种。这三种组织施工的方式各有特点，使用的范围各异。

拟建三栋相同的建筑物，其基础工程量相等，都是由挖土方、做垫层、砌基础和回填土四个施工过程组成，每个施工过程的施工天数均为 3 天。其中，挖土方的工作队由 8 人组成，做垫层的工作队由 8 人组成，砌基础的工作队由 12 人组成，回填土的工作队由 6 人组成。

1. 依次施工

依次施工组织方式是将拟建工程项目的整个建造过程分解成若干过程，按照一定的施工顺序，前一个施工过程完成后，后一个施工过程才开始施工，或前一个工程完成后，后一个工程才开始施工。它是一种最基本、最原始的施工组织方式（表 6-1）。

从表 6-1 中可看出，依次施工组织方式具有以下特点：同时投入的劳动资源较少，施工现场的组织、管理比较简单，材料供应单一；没有充分利用工作面去争取时间，工作队及工人不能连续作业，工期较长，劳动生产率低，难以在短期内提供较多的产品，不能适应大型工程的施工。

表 6-1 依 次 施 工

工程编号	分项工程名称	施工进度/天											
		3	6	9	12	15	18	21	24	27	30	33	36
Ⅰ	挖土方	—											
	垫层		—										
	砌基础			—										
	回填土				—								
Ⅱ	挖土方					—							
	垫层						—						
	砌基础							—					
	回填土								—				
Ⅲ	挖土方									—			
	垫层										—		
	砌基础											—	
	回填土												—

2. 平行施工

在拟建工程任务十分紧迫、工作面允许以及保证供应的条件下，可以组织几个相同的队伍，在同一时间、不同空间上进行施工（表 6-2）。

从表 6-2 中可看出，平行施工组织方式具有以下特点：最大限度地利用了工作面，争取了时间，缩短了工期；但在同一时间内需要提供的相同劳动资源成倍增加，施工现场组织、管理复杂。因此，只有在工程规模较大或工期较紧的情况下采用才是合理的。

表6-2 平 行 施 工

工程编号	分项工程名称	施工进度/天											
		3	6	9	12	15	18	21	24	27	30	33	36
I	挖土方	■											
	垫层		■										
	砌基础			■	■								
	回填土					■							
II	挖土方	■											
	垫层		■										
	砌基础			■	■								
	回填土					■							
III	挖土方	■											
	垫层		■										
	砌基础			■	■								
	回填土					■							

3. 流水施工

流水施工组织方式是将拟建工程项目的整个建造过程分解成若干个施工过程，也就是分成若干个工作性质相同的分部、分项工程或工序；同时，将拟建工程项目在平面上分成若干个劳动量大致相等的施工段；在竖向上划分成若干个施工层，按照施工过程分别建立相应的专业作业队；各专业队按照一定的施工顺序投入施工，完成第一个施工段上的施工任务后，在专业工作队的人数、使用的机具和材料不变的情况下，依次地、连续地投入到第二个、第三个等后续施工段施工，在规定的时间内，完成同样的施工任务；不同的专业工作队在工作时间上最大限度地、合理地搭接起来，保证拟建工程项目的施工全过程在时间上、空间上，有节奏、连续、均衡地进行施工，直至完成全部的施工任务（表6-3）。

表6-3 流 水 施 工

工程编号	分项工程名称	施工进度/天											
		3	6	9	12	15	18	21	24	27	30	33	36
I	挖土方	■											
	垫层		■										
	砌基础			■	■								
	回填土					■							
II	挖土方		■										
	垫层			■									
	砌基础				■	■							
	回填土						■						

(续)

工程编号	分项工程名称	施工进度/天										
		3	6	9	12	15	18	21	24	27	30	33	36
Ⅲ	挖土方												
	垫层												
	砌基础												
	回填土												

从表6-3中可看出，流水施工组织方式具有以下特点：生产工人和生产设备从一个施工段转移到另一施工段，代替了施工对象的流动。流水施工既在施工对象水平方向流动（平面流水），又沿施工对象的垂直方向流动（层间流水）。在同一施工段上，各施工过程保持了顺序施工的特点，不同施工过程在不同的施工段上又最大限度地保持了平行施工的特点。同一施工过程保持了连续施工的特点，不同施工过程在同一施工段上尽可能保持连续施工。单位时间内生产资源的供应和消耗基本较均衡，有利于资源供应的组织工作。科学地利用了工作面，争取了时间，工期比较合理。

（二）流水施工的基本参数

流水施工参数是指组织流水施工时，为了表示各施工过程在时间上和空间上相互依存关系，引入的一些描述施工进度计划图特征和各种数量关系的参数。流水施工参数按照其性质的不同，一般可分为工艺参数、空间参数和时间参数三种。

1. 工艺参数

（1）施工过程数（n）：施工过程数是指一组流水施工的过程个数。在建设项目施工中，施工过程所包括的范围可大可小，既可以是分部、分项工程，又可以是单位、单项工程。它是流水施工的基本参数之一。

施工过程数目，主要依据项目施工进度计划在客观上的作用、采用的施工方案、项目的性质和业主对项目建设工期的要求等进行确定。

（2）流水强度（V）（流水能力或生产能力）：流水强度是某一施工过程在单位时间内完成的工程量。

1）机械操作施工过程的流水强度按下式计算。

$$V_i = \sum_{i=1}^{x} R_i S_i \tag{6-3}$$

式中 V_i——某施工过程机械操作的流水强度；

R_i——投入施工的某种施工机械台数；

S_i——投入施工的该种施工机械的产量定额（台班生产率）；

x——投入同一施工过程的主导施工机械种类数。

2）人工操作过程的流水强度按下式计算

$$V_i = RS \tag{6-4}$$

式中 V_i——某施工过程的人工操作流水强度；

R——投入施工的某专业工作队人数；

S——投入施工的每一工人每班的产量定额。

2. 空间参数

（1）工作面：工作面是指某专业工种的工人在从事建筑产品施工生产加工过程中，必须具备的活动空间。它的大小根据相应工种单位时间内的产量定额、建筑安装工程操作规程和安全规程等的要求确定。工作面确定的合理与否，影响到专业工种工人的劳动生产效率。

（2）施工段（m）：施工段是组织流水施工时把施工对象在平面上划分为若干个劳动量大致相等的施工区段。施工段数量的多少，将直接影响流水施工的效果。施工段数过多，将会减少工人数，工作面不能充分利用而延长工期；施工段过少，则会造成资源供应过分集中，不利于组织流水施工。

为了使施工段划分更科学、更合理，通常遵循以下原则：

1）各施工段的劳动量基本相等，以保证流水施工的连续性、均衡性和有节奏性，各施工段的劳动量相差不宜超过10%~15%。

2）施工段的划分应尽可能与结构的自然界线（如伸缩缝）相一致。

3）为了充分发挥工人、机械的效率，每个施工段要有足够的工作面。

4）对多层或高层建筑物，施工段的数目要满足合理流水施工组织的要求，即 $m \geq n$。

（3）施工层（j）：在组织流水施工时，为满足专业工种的需要，因操作高度的要求或工艺要求将拟建的工程项目在竖向上划分成若干个操作层，这些操作层称为施工层。施工层的划分，要根据建筑物的高度、楼层来确定。通常以建筑物的结构层作为施工层；有时为了方便施工，也可以按一定的高度划分一个施工层。

3. 时间参数

（1）流水节拍（t）：在组织流水施工时，各专业工作队在各施工段上完成相应的施工任务所需要的工作延续时间，称为流水节拍。其大小受投入的劳动力、机械及供应量的影响，也受施工段大小的影响。

（2）流水步距（k）：在组织流水施工时，相邻两个专业工作队在保证施工顺序、满足连续施工、最大限度搭接和保证工程质量要求的条件下，相继投入施工的最小时间间隔，称为流水步距。在施工段不变的情况下，流水步距越大，工期越长；流水步距越小，工期越短。

确定流水步距的基本要求：

1）始终保持两相邻施工过程间的先后顺序，即在一个施工段上，前一个施工过程完成后，下一个施工过程才能开始。

2）各施工段上只允许一个施工队组施工，并保证各施工队组连续作业。

3）相邻两个施工过程的施工作业应能最大限度地组织平行施工。

（3）工艺间歇时间（技术间隙时间）（Z）：在流水施工中，除了考虑两相邻施工过程间的正常流水步距外，有时应根据施工工艺的要求考虑工艺间合理的技术间歇时间。如混凝土浇筑后的养护时间、砂浆抹面和油漆面的干燥时间等。工艺间歇时间的存在会使工期延长。

（4）组织间歇时间（G）：组织间歇时间是指施工中由于考虑组织措施等原因造成的间歇时间。如墙体砌筑前的墙身位置弹线，施工人员、机械转移，回填土前地下管道检查验收等。

（5）流水施工的工期（T）：流水工期是指在一个流水施工中，从第一个施工过程（或施工队组）开始进入流水施工，到最后一个施工过程（或施工队组）施工结束所需的全部时间。

（三）流水施工的组织及计算

为了适应不同项目施工组织的特点和进度计划安排的要求，根据流水施工的特点可以将流水施工分成不同的种类进行分析和研究。

根据流水施工的节奏特征，流水施工可以划分为有节奏流水施工和无节奏流水施工，有节奏流水施工又可分为等节拍流水施工和异节拍流水施工（图6-2）。

$$流水施工\begin{cases}有节奏流水施工\begin{cases}等节拍流水施工\\异节拍流水施工\begin{cases}一般节拍流水施工\\成倍节拍流水施工\end{cases}\end{cases}\\无节奏流水施工\end{cases}$$

图6-2 流水施工形式

1. 等节拍流水施工

等节拍流水是指在组织流水施工时，所有的施工过程在各个施工段上的流水节拍都相等。

（1）基本特点

1）各施工过程在各施工段上的流水节拍彼此相等，即 $t_1 = t_2 = \cdots = t_n = t$。

2）各施工过程之间的流水步距彼此相等，且等于流水节拍，即 $K_{1,2} = K_{2,3} = \cdots = K_{n-1,n} = t$。

3）每个专业工作队都能连续施工，施工段没有空闲。

4）每个施工过程在每个施工段上的工作均由一个专业施工队独立完成，即专业队数（n_1）等于施工过程数（n）。

（2）组织步骤

1）确定项目施工起点流向，分解施工过程。

2）确定施工顺序，划分施工段。划分施工段时，其数目 m 的确定如下：

无工艺和组织间隙时取 $m = n$；

有工艺和组织间隙时，为了保证各专业工作队能连续施工，应取 $m > n$，若层间技术间隙为 Z_c，每层的施工段数为：

$$m \geq n + \frac{\sum Z + \sum G}{k} + \frac{\sum Z_c}{k} \tag{6-5}$$

3）计算等节拍流水工期：

$$T = (mj + n - 1)k + \sum Z + \sum G \tag{6-6}$$

4）绘制流水施工进度图表。

2. 异节拍流水

异节拍流水施工是指同一施工过程在各施工段上的流水节拍可能不相等，不同的施工过程在同一施工段上的流水节拍也不相等，在这种条件下组织施工的方式称为异节拍流水施工。

（1）组织特点

1）同一施工过程在各施工段上的流水节拍彼此相等，不同的施工过程在同一施工段上的流水节拍彼此不相同，但互为倍数关系。

2）流水步距彼此相等，且等于流水节拍的最大公约数。

3）各专业工作队能够保持连续施工，施工段没有空闲。

4）专业工作队数大于施工过程数，即 $n_1 > n$。

（2）流水施工的组织

1）确定项目施工起点流向，分解施工过程。

2）确定施工顺序，划分施工段。

不分施工层时，可按划分施工段的原则确定施工段数。

分施工层时，每层的段数按下式确定

$$m \geq n + \frac{\sum Z + \sum G}{k} + \frac{\sum Z_c}{k} \tag{6-7}$$

3) 按异节拍流水确定流水节拍。

4) 确定流水步距：$K = $ 最大公约数$\{t\}$

　　　　　　t：各施工过程的流水节拍

5) 确定专业工作队数：

$$B_j = t_j k \qquad n = \sum b \tag{6-8}$$

6) 计算流水工期。

7) 绘制流水施工进度图表。

3. 无节奏流水

在项目实际施工中，通常每个施工过程在各个施工段上的工程量彼此不等，各专业工作队的实际生产效率相差较大，导致流水节拍彼此不等。在这种情况下，在保证施工工艺、满足施工顺序的前提下，按照一定的计算方法，确定相邻专业工作队之间的流水步距，使其在开工时间上最大限度地、合理地搭接起来，形成各专业工作队都能连续作业的流水施工方式。

(1) 基本特点

1) 每个施工过程在各个施工段上的流水节拍不尽相等。

2) 在多数情况下，流水步距彼此不等，且流水步距与流水节拍之间存在某种关系。

3) 各专业工作队都能连续施工，个别施工段可能有空闲。

4) 专业工作队数等于施工过程数。

(2) 组织步骤

1) 确定施工起点流向，分解施工过程。

2) 确定施工顺序，划分施工段。

3) 按相应公式计算各施工过程在各个施工段上的流水步距。

4) 按一定方法确定相邻两个专业工作队之间的流水步距。

5) 计算流水施工的计划工期。

6) 绘制流水施工进度图表。

(四) 流水施工组织程序

合理组织流水施工，就是要结合各个工程的不同特点，根据实际工程的施工条件和施工内容，合理确定流水施工的各项参数。组织流水施工通常按照下列工作程序进行。

1. 确定施工顺序、划分施工过程

组织一个施工阶段的流水施工时，往往可按施工顺序划分成许多个分项工程。例如基础工程施工阶段可划分成挖土、钢筋混凝土基础、砌筑砖基础、防潮层和回填土等分项工程。其中有些分项工程是由多工种组成的，如钢筋混凝土分项工程由模板、钢筋和混凝土三部分组成，这些分项工程仍有一定的综合性，由此组织的流水施工具有一定的控制作用。

组织某些多工种组成的分项工程流水施工时，往往按专业工种划分成若干个由专业工种（专业班组）进行施工的施工过程，例如安装模板、绑扎钢筋、浇筑混凝土等，然后组织这些专业班组的流水施工。此时，施工活动的划分比较彻底，每个施工过程都具有相对的独立性（各工种不同），彼此之间又具有依附和制约性（施工顺序和施工工艺），这样组织的流水施工具有一定的实用意义。

为了合理组织流水施工，施工过程数目 n 要确定的适当，施工过程划分得过粗或过细，都达不到好的流水效果。

2. 确定施工层，划分施工段

为了合理组织流水施工，需要按建筑的空间情况和施工过程的工艺要求，确定施工层数 j，以便于在平面上和空间上组织连续均衡的流水施工。划分施工层时，要求结合工程的具体情况，主要根据建筑物的高度和楼层来确定。例如砌筑工程的施工高度一般为 1.2 ~ 1.4m，所以可按 1.2 ~ 1.4m 划分，而室内抹灰、木装饰、油漆和水电安装等，可按结构层划分施工层。

3. 确定施工过程的流水节拍

流水节拍的大小对工期影响较大。减小流水节拍最有效的方法是提高劳动效率（即增大产量定额 S_i 或减小时间定额 Z_i）。增加工人数（R_i）也是一种方法，但劳动人数增加到一定程度必然会达到最小工作面，此时的流水节拍即为最小的流水节拍，正常情况下不可能再缩短。同样，根据最小劳动组合可确定最大的流水节拍。据此，就可确定完成该施工过程最多可安排和至少应安排的工人数。然后根据现有条件和施工要求确定合适的人数，以求得流水节拍，该流水节拍总是在最大和最小流水节拍之间。

4. 确定流水方式及专业队伍数

根据计算出的各个施工过程的流水节拍的特征、施工工期要求和资源供应条件，确定流水施工的组织方式，究竟是固定节拍流水施工或成倍节拍流水施工，还是异节拍流水施工。

根据确定的流水施工组织方式，得出各个施工过程的专业施工队伍数。

5. 确定流水步距

流水步距可根据流水形式来确定。流水步距的大小对工期影响也较大，在可能的情况下组织搭接施工也是缩短流水步距的一种方法。

6. 组织流水施工、计算工期

按照不同的流水施工组织方式的特点及相关时间参数计算流水施工的工期。根据流水施工原理和各施工段及施工工艺间的关系组织形成整个工程完整的流水施工，并绘制出流水施工进度的计划图。

三、网络计划

（一）网络图的基本概念

19 世纪中叶，美国的 Frankford 兵工厂的顾问 H. L. Gantt 发表了反映施工与时间关系的甘特图（Gantt）进度图表，即"横道图"。这种表达方式简单、明了，容易掌握，便于检查和计算资源需求状况，因而很快地应用于工程进度计划中。但它在表现内容上有很多缺点，如：不能全面准确地反映出各项工作之间相互制约、相互依赖的逻辑关系，不能反映出整个计划中的主次部分，更重要的是难以应用现代化手段——计算机进行优化、调整。

为了适应生产发展和开展关系复杂的科学研究工作的需要，自 20 世纪 50 年代以来，国外陆续采用了一些计划管理的新方法，网络计划技术就是其中之一。

网络计划技术的基本原理是：应用网络图来表达一项工程中各项工作之间的相互关系和先后顺序；通过计算网络图的时间参数，找出网络计划中的关键工作和关键线路；通过不断改进网络计划，寻求最优方案并付诸实施；在计划执行过程中对计划进行有效的控制和监督，以合理使用资源，优质、高效地完成工程任务。

按照箭线和节点所表达的内容不同，网络图可以分为两种：单代号网络图和双代号网络图。

双代号网络图是用箭线表示一项工作，工作的名称写在箭线的上面，完成该项工作的时间写在箭线的下面，箭头和箭尾分别画上圆圈，填入事件编号，箭头和箭尾的两个编号代表一项工作。如图6-3所示。

单代号网络图是用一个圆圈代表一项工作，节点编号写在圆圈上部，工作名称写在圆圈中部，完成该项工作所需的时间写在圆圈的下部，箭线只表示该工作与其他工作的相互关系，如图6-4所示。

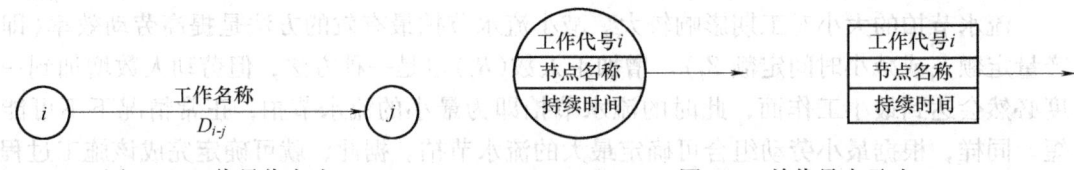

图6-3　双代号代表法　　　　　　　图6-4　单代号表示法

在网络图的绘制和利用中，还有一些其他的参数。

（1）工作：工作也称为工序或活动，是指计划任务按需要粗细程度划分而成的，消耗时间或同时也消耗资源的一个子项目或子任务。

（2）虚工作：在双代号网络计划中，只表示前后相邻工作之间的逻辑关系，既不占用时间，也不消耗资源的虚拟工作。虚工作可使有关工作的逻辑关系得以正确地表达，在网络图中用虚线表示。

（3）紧前工作：紧排在本工作之前的工作称为本工作的紧前工作。

（4）紧后工作：紧排在本工作之后的工作称为本工作的紧后工作。

（5）节点：网络图中箭线端部的圆圈或其他形状的封闭图形称为节点。

（6）起始节点：网络图中的第一个节点，表示一项任务的开始。

（7）终点节点：网络图的最后一个节点，表示一项任务的完成。

（8）关键线路：自始至终全部由关键工作组成的线路或线路上总的工作持续时间最长的线路称为关键线路。关键线路的总持续时间决定了所在网络计划的工期。关键线路上没有任何机动时间，线路上任何工作拖延时间都会导致总工期的后延。

（9）逻辑关系：工作之间相互制约或依赖的关系称为逻辑关系。

（二）网络图的绘制

1. 双代号网络图

（1）基本要素：双代号网络图的三个基本要素是：工作、节点和线路。

1）工作：工作就是计划任务按需要粗细程度划分而成的一个消耗时间或消耗资源的子项目或子任务。它是网络图的组成要素之一。它用一根箭线和两个圆圈来表示。箭尾表示工作的开始，箭头表示工作的结束。箭线的方向表示工作进行的方向，在无时间坐标的网络图中，箭线的长度不代表时间的长短。

2）节点：在网络图中箭线的出发和交汇处画上圆圈，用以标志该圆圈前面一项或若干项工作的结束和允许后面一项或若干项工作的开始的时间点。

3）线路：从起点节点开始，沿箭线方向连续通过一系列箭线与节点，最后到达终点节点的通路称为线路。

(2) 绘制的基本原则：网络图的绘制要遵循以下的原则：

1）网络图应正确反映各工作之间的逻辑关系。

2）网络图中严禁出现从一个节点出发，沿箭头方向又回到原出发节点的循环回路。

3）网络图中严禁出现双向箭头或无向箭头的连线。

4）网络图中严禁出现没有箭头节点或箭尾节点的箭线。

5）节点的编号顺序应从小到大，箭尾节点编号在前，箭头节点编号在后，凡是箭尾节点未编号，箭头节点不能编号，节点编号可以不连续，但严禁重复。

6）双代号网络图中，一项工作只能有唯一的一条箭线和相应的一对节点编号，箭尾的节点编号宜小于箭头节点编号，不允许出现同样编号的节点或箭线。

7）绘网络图时，应尽可能避免箭线交叉，不能避免时，应采用过桥法或指向法。

8）双代号网络图中的某些节点有多条外向箭线或多条内向箭线时，为使图面清楚，可采用母线法。

9）双代号网络图中只应有一个起点节点；在不分期完成任务的网络图中，应只有一个终点节点；而其他的所有节点均应是中间节点。

2. 单代号网络图

(1) 基本要素

1）节点：节点表示一项工作的全部内容，宜用圆圈或矩形表示；节点所表示的工作名称、持续时间和工作代号等应备注在节点内。

2）箭线：在单代号网络图中，箭线表示紧邻工作之间的逻辑关系。

(2) 绘制原则：单代号网络图的绘制规则与双代号网络图的绘制规则相似，主要有以下几点。

1）单代号网络图必须正确表述已定的逻辑关系。

2）在单代号网络图中严禁出现循环回路。

3）在单代号网络图中严禁出现双向箭头或无箭头的连线。

4）在单代号网络图中严禁出现没有箭尾节点的箭线和没有箭头节点的箭线。

5）绘制网络图时，箭线不宜交叉。当交叉不可避免时，可采用过桥法或指向法绘制。

6）单代号网络图只应有一个起点节点和一个终点节点；当网络图中有多个起点节点或多个终点节点时，应在网络图的两端分别设置一项虚工作，作为该网络图的起点节点(S_t)和终点节点(F_{in})。

(三) 网络图时间参数的计算

网络计划是在网络图上加注各项工作的时间参数而成的进度计划，是一种进度安排的定量分析。进行网络计划时间参数计算的目的主要有以下三点。

(1) 确定工期。

(2) 确定关键线路、关键工作和非关键线路、非关键工作。

(3) 确定非关键工作的机动时间(时差)。

1. 网络计划的时间参数

(1) 最早时间参数：最早时间参数表明本工作与紧前工作之间的关系。如果本工作要提前的话，不能提前到紧前工作完成之前。

1) 最早开始时间(ES_{i-j})：各紧前工作全部完成后，本工作有可能开始的最早时刻。

2) 最早完成时间(EF_{i-j})：各紧前工作全部完成后，本工作有可能完成的最早时刻。

(2) 最迟时间参数：最迟时间参数表明本工作与紧后工作之间的关系。如果本工作要推迟的话，不能推迟到紧后工作最迟必须开始之后。

1) 最迟开始时间(LS_{i-j})：在不影响整个任务按期完成的前提下，工作必须开始的最迟时刻。

2) 最迟完成时间(LF_{i-j})：在不影响整个任务按期完成的前提下，工作必须完成的最迟时刻。

(3) 工作持续时间：工作持续时间(D)是指一项工作从开始到完成的时间。

(4) 时差

1) 总时差(TF_{i-j})：总时差是指在不影响总工期的前提下，本工作可以利用的机动时间，或在不影响紧后工作最迟开始时所具有的机动时间。

2) 自由时差(FF_{i-j})：自由时差是指在不影响其紧后工作最早开始时间的前提下，本工作可以利用的机动时间。

(5) 工期：工期是指完成一项工作所需要的时间。在网络计划中工期有三种：

1) 计算工期(T_c)：计算工期是指根据网络计划中各工作的时间参数计算得到的工期。

2) 要求工期(T_r)：要求工期是指任务委托人所提出的指令性工期。

3) 计划工期(T_p)：计划工期是指根据要求工期和计算工期所确定的作为实施目标的工期。当规定了要求工期时，计划工期不应超过要求工期，即 $T_p \leq T_r$；当未规定要求工期时，可令计划工期等于计算工期，即 $T_p = T_c$。

2. 双代号网络时间参数的计算

(1) 按工作计算法计算时间参数：工作计算法是指在双代号网络图中直接计算各项工作时间参数的方法。按工作计算法计算的时间参数，其计算结果应标注在箭线之上，如图6-5所示。

1) 计算各工作的最早开始时间 ES_{i-j} 和最早完成时间 EF_{i-j}

图6-5 按工作计算法的标注内容

① 计算各工作的最早开始时间 ES_{i-j}

a. 从起点节点出发(无紧前工作)的工作，当未规定其最早开始时间时，其值为零，即：$ES_{i-j} = 0$；

b. 当工作 $i-j$ 只有一项紧前工作 $h-i$ 时，其最早开始时间 ES_{i-j} 应为：$ES_{i-j} = ES_{h-i} + D_{h-i}$；

c. 当工作 $i-j$ 有多项紧前工作时，其最早开始时间 ES_{i-j} 应为：$ES_{i-j} = \max\{ES_{a-i} + D_{a-i}, ES_{b-i} + D_{b-i}, ES_{c-i} + D_{c-i}, \cdots\}$ (式中：工作 $a-i$、$b-i$、$c-i$、……均为工作 $i-j$ 的紧前工作)。

② 计算各工作的最早完成时间 EF_{i-j}：工作 $i-j$ 的最早完成时间 EF_{i-j} 等于其最早开始时间 ES_{i-j} 与其工作持续时间 D_{i-j} 之和，即：$EF_{i-j} = ES_{i-j} + D_{i-j}$。

2) 确定计算工期 T_c 和计划工期 T_p：网络计划的计算工期 T_c 等于以终点节点 n 为箭头节点的所有工作最早完成时间的最大值。

当规定了要求工期 T_r 时，网络计划的计划工期不应超过要求工期，即 $T_p \leq T_r$；当未规定要求工期 T_r 时，可令网络计划的计划工期等于计算工期，即 $T_p = T_c$。

3）计算各工作的最迟完成时间 LF_{i-j} 和最迟开始时间 LS_{i-j}

① 计算各工作的最迟完成时间 LF_{i-j}

a. 所有进入终点节点（无紧后工作）的工作，其最迟完成时间 LF_{i-j} 按计划工期 T_p 确定，即：$LF_{i-j} = T_p$；

b. 当工作 $i-j$ 只有一项紧后工作 $j-k$ 时，其最迟完成时间 LF_{i-j} 应为：$LF_{i-j} = LF_{j-k} - D_{j-k}$；

c. 当工作 $i-j$ 有多项紧后工作时，其最迟完成时间 LF_{i-j} 应为：$LF_{i-j} = \min\{LF_{j-k} - D_{j-k}, LF_{j-l} - D_{j-l}, LF_{j-m} - D_{j-m}, \cdots\}$（式中：工作 $j-k$、$j-l$、$j-m$、……均为工作 $i-j$ 的紧后工作）。

② 计算各工作的最迟开始时间 LS_{i-j}

工作 $i-j$ 的最迟开始时间等于其最迟完成时间 LF_{i-j} 减工作的持续时间 D_{i-j}，即：$LS_{i-j} = LF_{i-j} - D_{i-j}$。

4）计算各工作的总时差 TF_{i-j}

$$TF_{i-j} = LF_{i-j} - EF_{i-j} \text{ 或 } = LS_{i-j} - ES_{i-j}$$

5）计算各工作的自由时差 FF_{i-j}

当工作 $i-j$ 有紧后工作 $j-k$ 时 $FF_{i-j} = ES_{j-k} - EF_{i-j}$；若本工作没有紧后工作，则其自由时差的计算公式为：$FF_{i-n} = T_p - EF_{i-n} = T_p - ES_{j-n} - D_{i-n}$。

6）关键工作和关键线路的确定：总时差为最小的工作为关键工作。根据计划工期 T_p 与计算工期 T_c 的大小关系，关键工作的总时差可能出现三种情况：

a. 当 $T_p = T_c$ 时，关键工作的总时差 $TF = 0$。

b. 当 $T_p > T_c$ 时，关键工作的总时差 TF 均大于 0。

c. 当 $T_p < T_c$ 时，关键工作的总时差 TF 有可能出现负值。

自始至终全部由关键线路组成的线路或线路上总的工作持续时间最长的线路应为关键线路。

(2) 按节点计算法计算时间参数：节点计算法是指先计算网络计划中各节点的最早时间 (ET) 和最迟时间 (LT)，然后再根据节点的时间参数计算各项工作的时间参数和网络计划的计算工期。按节点计算法计算时间参数，其计算结果应标注在节点之上，如图 6-6 所示。

1）计算节点的最早时间 ET_i：节点 i 的最早时间 ET_i 应从网络计划的起点节点开始，顺着箭线方向依次逐项计算。计算方法如下：

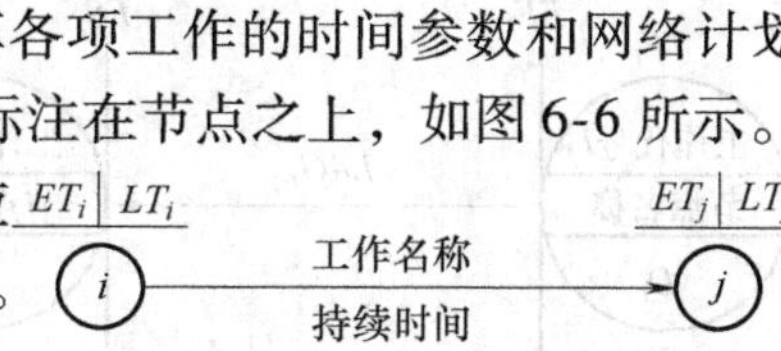

图 6-6 按节点计算法的标注内容

a. 起点节点 $i(i=1)$ 如未规定最早时间 ET_i，其值应等于零，即：$ET_1 = 0$。

b. 当节点 j 只有一条内向箭线时，其最早时间参数 ET_j 等于内向箭线工作的箭尾节点最早时间加上工作持续时间，即：$ET_j = ET_i + D_{i-j}$。

c. 当节点 j 有多条内向箭线时，其最早时间参数 ET_j 等于所有内向箭线工作的箭尾节点最早时间分别加上工作持续时间的最大值，即：$ET_j = \max\{ET_a + D_{a-j}, ET_b + D_{b-j}, ET_c + D_{c-j}, \cdots\}$（式中：工作 $a-j$、$b-j$、$c-j$、……均为节点 j 的内向箭线工作）。

2）确定计算工期 T_c 和计划工期 T_p：网络计划的计算工期 T_c 等于网络计划终点节点 n 的最早时间 ET_n。

当规定了要求工期 T_r 时,网络计划的计划工期不应超过要求工期,即 $T_p \leqslant T_r$;当未规定要求工期 T_r 时,可令网络计划的计划工期等于计算工期,即 $T_p = T_c$。

3)计算节点的最迟时间 LT_i:节点 i 的最迟时间 LT_i 应从网络计划的终点节点开始,逆着箭线方向依次逐项计算。当部分工作分期完成时,有关节点的最迟时间必须从分期完成节点逆向逐项计算。计算方法如下:

a. 终点节点 n 的最迟时间 LT_n 应按网络计划的计划工期 T_p 确定,即:$LT_n = T_p$;分期完成节点的最迟时间应等于该节点规定的分期完成的时间。

b. 其他节点 i 的最迟时间 LT_i 应等于所有外向箭线工作的箭头节点最迟时间分别减去相应工作持续时间的最小值,即:$LT_i = \min\{LT_j - D_{i-j}, LT_k - D_{i-k}, LT_l - D_{i-l}, \cdots\}$(式中:工作 $i-j$、$i-k$、$i-l$、……均为节点 i 的外向箭线工作)。

4)工作时间参数的计算

① 工作 $i-j$ 的最早开始时间 ES_{i-j} 等于该工作箭尾节点 i 的最早时间 ET_i,即:$ES_{i-j} = ET_i$。

② 工作 $i-j$ 的最早完成时间 EF_{i-j} 等于该工作箭尾节点 i 的最早时间 ET_i 与该工作的持续时间 D_{i-j} 之和,即:$EF_{i-j} = ET_i + D_{i-j}$。

③ 工作 $i-j$ 的最迟完成时间 LF_{i-j} 等于该工作箭头节点 j 的最迟时间 LT_j,即:$LF_{i-j} = LT_j$。

④ 工作 $i-j$ 的最迟开始时间 LS_{i-j} 等于该工作箭头节点 j 的最迟时间 LT_j 与该工作的持续时间 D_{i-j} 之差,即:$LF_{i-j} = LT_j - D_{i-j}$。

⑤ 工作 $i-j$ 的总时差 TF_{i-j} 等于该工作箭头节点 j 的最迟时间 LT_j 与箭尾节点 i 的最早时间 ET_i 之差(工作 $i-j$ 的工作时间范围)减去其工作持续时间 D_{i-j},即:$TF_{i-j} = LT_j - ET_i - D_{i-j}$。

⑥ 工作 $i-j$ 的自由时差 FF_{i-j} 等于该工作箭头节点 j 的最早时间 ET_j 与箭尾节点 i 的最早时间 ET_i 之差减去其工作持续时间 D_{i-j},即:$FF_{i-j} = ET_j - ET_i - D_{i-j}$。

5)关键线路的确定

3. 单代号网络计算

单代号网络计划的时间参数计算应在确定各项工作持续时间之后进行。单代号网络计划时间参数的基本内容和形式应按图 6-7 中 a 或 b 所示的方式标注。

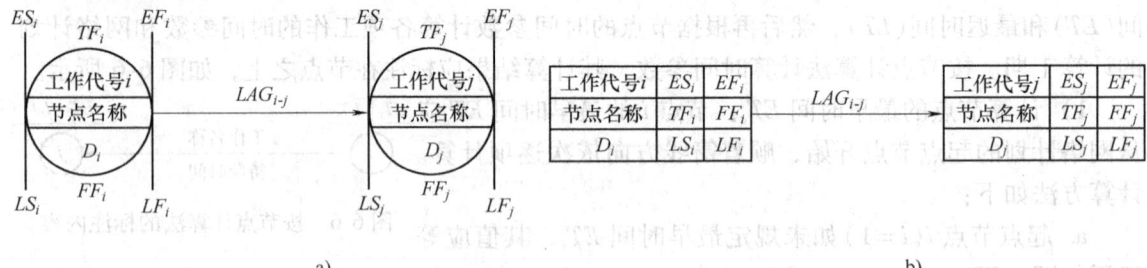

图 6-7 单代号网络计划时间参数的标注形式

(1)计算各工作的最早开始时间 ES_i 和最早完成时间 EF_i

1)计算各工作的最早开始时间 ES_i:工作 i 的最早开始时间 ES_i 应从网络图的起点节点开始,顺着箭线方向依次逐项计算。

① 当未规定起点节点 $i(i=1)$ 的其最早开始时间时,其值为零,即:$ES_i = 0(i=1)$。

② 当工作 i 只有一项紧前工作 h 时,其最早开始时间 ES_i 应为:$ES_i = ES_h + D_h$。

③ 当工作 i 有多项紧前工作时,其最早开始时间 ES_i 应为:$ES_i = \max\{ES_a + D_a, ES_b + $

D_b、$ES_c + D_c$、…} (式中:工作 a、b、c、……均为工作 i 的紧前工作)。

2) 计算各工作的最早完成时间 EF_i:工作 i 的最早完成时间 EF_i 等于其最早开始时间 ES_i 与其工作持续时间 D_i 之和,即:$EF_i = ES_i + D_i$。

(2) 确定计算工期 T_c 和计划工期 T_p:网络计划的计算工期 T_c 等于其终点节点 n 所代表的工作最早完成时间 EF_n,即:$T_c = EF_n$。

当规定了要求工期 T_r 时,网络计划的计划工期不应超过要求工期,即 $T_p \leq T_r$;当未规定要求工期 T_r 时,可令网络计划的计划工期等于计算工期,即 $T_p = T_c$。

(3) 计算相邻两工作之间的时间间隔 $LAG_{i,j}$:相邻两项工作之间的时间间隔是指其紧后工作的最早开始时间与本工作最早完成时间的差值。当终点节点 n 为虚拟节点时,工作 i 与终点节点之间的时间间隔为:$LAG_{i,n} = T_p - EF_i$;其他两相邻工作 i 和 j 之间的时间间隔为:$LAG_{i,j} = ES_j - EF_i$。

(4) 计算各工作的总时差 TF_i:工作 i 的总时差 TF_i 应从网络计划的终点节点开始,逆着箭线方向依次逐项计算。当部分工作分期完成时,有关工作的总时差必须从分期完成的节点开始逆向逐项计算。

1) 网络计划终点节点 n 所代表的工作的总时差 TF_n 等于计划工期与工作 n 的最早完成时间之差,即:$TF_n = T_p - EF_n$。

2) 其他工作 i 的总时差 TF_i 应等于工作 i 与其各紧后工作之间的时间间隔加相应紧后工作的总时差所得之和的最小值,即:$TF_i = \min\{LAG_{i,j} + TF_j, LAG_{i,k} + TF_k, LAG_{i,l} + TF_l, \cdots\}$(式中:工作 j、k、l、……均为工作 i 的紧后工作)。

(5) 计算各工作的自由时差 FF_i

1) 网络计划终点节点 n 所代表的工作的自由时差 FF_n 等于计划工期与工作 n 的最早完成时间之差,即:$FF_n = T_p - EF_n$。

2) 其他工作 i 的自由时差 FF_i 应等于工作 i 与其各紧后工作之间的时间间隔的最小值,即:$FF_i = \min\{LAG_{i,j}, LAG_{i,k}, LAG_{i,l}, \cdots\cdots\}$(式中:工作 j、k、l、…均为工作 i 的紧后工作)。

(6) 计算各工作的最迟完成时间 LF_i 和最迟开始时间 LS_i

1) 计算各工作的最迟完成时间 LF_i:工作 i 的最迟完成时间 LF_i 应从网络图的终点节点开始,逆着箭线方向依次逐项计算。当部分工作分期完成时,有关工作的最迟完成时间必须从分期完成的节点开始逆向逐项计算。

① 网络计划终点节点 n 所代表的工作的最迟完成时间 LF_n 等于计划工期 T_p,即:$LF_n = T_p$。

② 其他工作 i 的最迟完成时间 LF_i 等于其的最早完成时间与总时差之和,即:$LF_i = EF_i + TF_i$。

2) 计算各工作的最迟开始时间 LS_i:工作 i 的最迟开始时间 LS_i 等于其最迟完成时间 LF_i 与其工作持续时间 D_i 之差,或等于其最早开始时间与其总时差之和,即:$LS_i = LF_i - D_i$ 或 $LS_i = ES_i + TF_i$。

(7) 关键线路的确定

1) 利用关键工作确定关键线路:如前所述,总时差最小的工作为关键工作。将关键工作相连,并保证相邻两项关键工作之间的时间间隔为零而构成的线路就是关键线路。

2) 利用相邻两项工作之间的时间间隔确定关键线路:从网络计划的终点节点开始,逆着箭线方向依次找出相邻两项工作之间的时间间隔为零的线路就是关键线路。

(四) 网络计划的优化

网络计划的优化,是指在满足既定约束条件下,按选定目标,通过不断改进网络计划寻求满意方案。网络计划的优化目标,应按计划任务的需要和条件选定,包括工期目标、费用目标和资源目标。根据优化目标的不同,网络计划优化包括有工期优化、费用优化和资源优化。

1. 工期优化

(1) 概念:工期优化是指网络计划的计算工期不满足要求时,通过压缩关键工作的持续时间以满足要求工期的过程。

(2) 工期优化步骤

1) 计算并找出初始网络计划的计算工期、关键线路及关键工作。

2) 按要求工期计算应缩短的时间

$$\Delta T = T_c - T_r$$

式中 T_c——计算工期
 T_r——要求工期。

3) 确定各关键工作能缩短的持续时间。

4) 选择关键工作,压缩其持续时间,并重新计算网络计划的计算工期。

2. 费用优化

费用优化是指寻求最低成本的最短工期安排或按要求工期寻求最低成本的计划安排的过程。

(1) 工程成本与工期的关系:工程成本由直接费和间接费组成。工程成本与工期的关系如图6-8所示

间接费包括施工管理费、现场临时设施费、公共和福利事业费、利息等,一般随着工期的缩短而减少,间接费与工期一般成正比例关系,在工程成本与费用的关系图中用直线表示,直线的斜率表示间接费在单位时间内增加(或减少)的值。

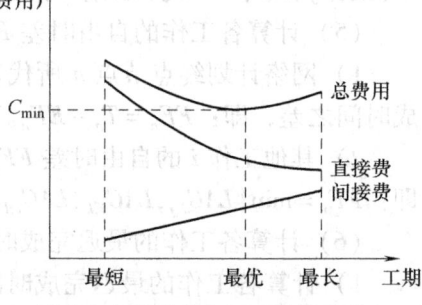

图6-8 工程成本与工期的关系

直接费包括人工费、材料费、机械费等,在一定范围内,直接费随着工期的缩短而增加。近似表示为直线,其斜率称为费用率,表示工期变化单位时间引起的直接费的变化。

$$\Delta C_{i-j} = \frac{CC_{i-j} - CN_{i-j}}{DN_{i-j} - DC_{i-j}} \tag{6-9}$$

式中 ΔC_{i-j}——工作 $i-j$ 的直接费变化率;
 CC_{i-j}——工作 $i-j$ 的最短时间直接费,即将工作 $i-j$ 的持续时间缩短为最短持续时间后,完成该工作所需的直接费用;
 CN_{i-j}——在正常条件下完成工作 $i-j$ 所需的直接费用;
 DN_{i-j}——工作 $i-j$ 的正常持续时间;
 DC_{i-j}——工作 $i-j$ 的最短持续时间。

(2) 费用优化的步骤

1) 计算各项工作的直接费用率。

2) 按工作的正常持续时间确定关键线路、关键工作和计算工期。

3) 当只有一条关键线路时,应找出直接费用率最小的一项关键工作,作为缩短持续时间的对象;当有多条关键线路时,应找出组合直接费用率最小的一组关键工作,作为缩短持续时间的对象。

4) 对于选定的压缩对象(一项关键工作或一组关键工作),首先要比较其直接费用率或组合直接费用率与工程间接费用率的大小,然后再进行压缩。

5) 当需要缩短关键工作的持续时间时,其缩短值的确定必须符合下列两条原则:
① 缩短后工作的持续时间不能小于其最短持续时间。
② 缩短持续时间的工作不能变成非关键工作。

6) 计算关键工作持续时间缩短后相应的总费用。
优化后工程总费用 = 初始网络计划的费用 + 直接费增加的费用 − 间接费减少的费用

7) 重复上述3)~6)步,直至计算工期满足要求工期或被压缩对象的直接费用率或组合直接费用率大于工程间接费用率为止。

8) 计算优化后的工程总费用。

3. 资源优化

资源是指完成任务所需的人力、材料、机械设备和资金等的统称;优化是指求最优解的过程。完成一项工程任务所需的资源总量基本上是不变的,不可能通过资源优化使其减少。资源优化的目的是通过改变工作的开始时间和完成时间,使资源按照时间分布优化目标。

按照优化目标的不同,网络计划的资源优化可以分为两类,"资源有限-工期最短"和"工期固定-资源均衡"。"资源有限-工期最短"是指通过调整计划安排,在满足资源限制的条件下,使工期延长最小的过程。"工期固定-资源均衡"是指通过调整计划安排,在工期保持不变的条件下,使资源需用量尽可能均衡的过程。

资源优化分配是指按各工作在网络计划中的重要程度,将有限的资源进行科学的分配,其原则是:

1) 关键工作应优先满足,按每日资源需用量大小,从大到小的顺序供应资源;

2) 非关键工作在满足关键工作资源供应后,应先考虑利用自由时差,然后考虑利用总时差,根据时差从小到大的顺序供应资源。当时差相等时,以叠加量不超过资源限额的工作并能用足限额的工作优先供应资源。在优化过程中,已被供应资源而不允许中断的工作在本条内优先供应。

第三节 进度计划的实施与控制

进度计划是工程管理人员在工程实施之前做出的计划安排,但在计划执行过程中往往呈现出波动性、多变性和不均衡性的特点,使人们难以实施原定的计划。为此,进度控制人员必须掌握动态控制原理,在计划执行过程中不断检查进度和工程实际进展情况,并将实际情况与计划安排进行比较,找出偏离计划的信息,然后在分析偏差及其产生原因的基础上,通过采取措施,使之能正常实施。如果采取措施后,不能维持原计划,则需要对原进度计划进行调整或修改,再按新的进度计划实施。这样在进度计划的执行过程中不断进行地检查和调整,以保证建设工程进度计划得到有效的实施和控制。

一、进度计划的检查

检查的内容包括：工程量的完成情况，工作时间和执行情况，资源使用和与进度的匹配情况，上次检查提出问题的整改情况。

施工项目进度计划的检查过程分为调查、整理、对比分析等步骤。

采用逐日进度报表、作业状况报表、现场实地检查等方法对施工全过程进行跟踪监测，收集资料。将调查资料整理加工成与施工进度计划具有可比性的反映实际施工进度的资料。

将实际进度与计划进度对比，计算出计划的完成程度与存在的差距，并经常结合与计划表达方法一致的图形一起进行对比分析。

进度计划的检查对比方法主要有：S曲线比较法、前锋线比较法、横道图比较法、香蕉形曲线法等。

（一）S曲线比较法

S曲线比较法是以横坐标表示时间，纵坐标表示累计完成任务量，绘制一条按计划时间累计完成任务量的S曲线；然后将工程项目实施过程中各检查时间实际累计完成任务量的S曲线也绘制在同一坐标系中，进行实际进度与计划进度比较的一种方法。

从整个工程项目实际进展全过程看，单位时间投入的资源量一般是开始和结束时比较少，中间阶段较多。与其相对应，单位时间完成的任务量也呈同样的变化规律，如图6-9所示。而随着工程进展累计完成的任务量则呈S形变化，如图6-10所示。由于其形似英文字母"S"，S曲线因此而得名。S曲线可以反映整个工程项目进度的快慢信息。

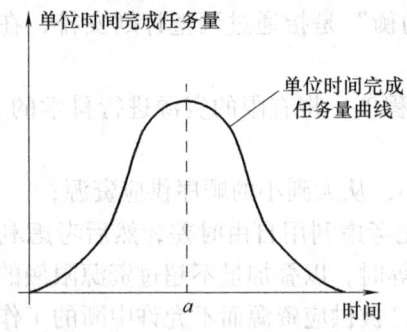 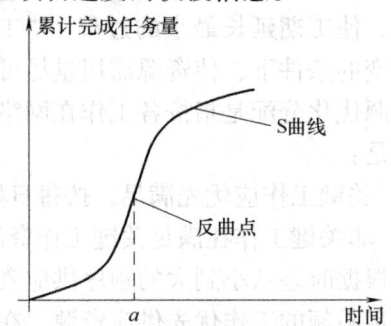

图6-9 单位时间完成任务量曲线　　　　图6-10 累计完成任务量曲线

S曲线比较法是在图上进行工程项目实际进度与计划进度的直观比较。在工程项目实施过程中，按照规定时间将检查收集到的实际累计完成任务量绘制在原计划S曲线上，即可得到实际进度S曲线，如图6-11所示。通过比较实际进度S曲线和计划进度S曲线，可以获得如下信息：

1. 工程项目的实际进展情况

如果工程实际进展点落在计划S曲线左侧，表明此时实际进度比计划进度超前，如图6-11中的a点；如果工程实际进展点落在S曲线右侧，表明此时实际进度拖后，如图6-11中的b点；如果工程实际进展点正好落在S曲线上，则表明此时实际进度与计划进度一致。

2. 工程项目实际进度超前或拖后的时间

在S曲线比较图中可以直接读出实际进度比计划进度超前或拖后的时间。如图6-10所

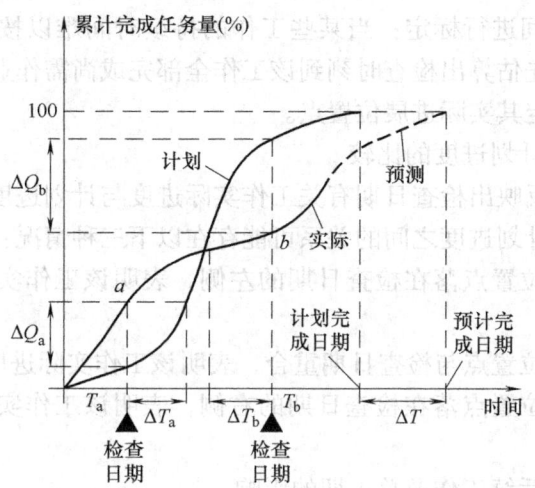

图 6-11 S 曲线比较图

示，ΔT_a 表示 T_a 时刻实际进度超前的时间；ΔT_b 表示 T_b 时刻实际进度拖后的时间。

3. 工程项目实际超额或拖欠的任务量

在 S 曲线比较图中也可以直接读出实际进度比计划进度超额或拖欠的任务量。如图 6-11 所示，ΔQ_a 表示 T_a 时刻超额完成的任务量；ΔQ_b 表示 T_b 时刻拖欠的任务量。

4. 后期工程进度预测

如果后期工程按原计划速度进行，则可做出后期工程计划 S 曲线，如图 6-11 中的虚线所示，从而可以确定工期拖延预测值 ΔT。

（二）前锋线比较法

前锋线比较法是通过绘制某检查时刻工程项目实际进度前锋线，进行工程实际进度与计划进度比较的方法，它主要适用于时标网络计划。所谓前锋线，是指在原时标网络计划上，从检查时刻的时标点出发，用点划线依次将各项工作实际进展位置点连接而成的折线。前锋线比较法就是通过实际进度前锋线与原进度计划中各工作箭线交点的位置来判断工作的实际进度与计划进度的偏差，进而判定该偏差对后续工作及总工期的影响程度的一种方法。

采用前锋线比较法进行实际进度与计划进度的比较，其步骤如下：

1. 绘制时标网络计划

工程项目实际进度前锋线需要在时标网络计划图上标示，故在绘制实际进度前锋线之前需要先绘制时标网络计划。为了表达清楚，可在时标网络计划图的上方和下方都设时间坐标。

2. 绘制实际进度前锋线

一般从时标网络计划图上方时间坐标的检查日期开始绘制，依次连接相邻工作的实际进展位置，最后与时标网络计划图下方坐标的检查日期相连接。

工作实际进展位置点的标定方法有两种：

（1）按该工作已完成任务量比例进行标定：假设工程项目中各项工作均为匀速进展，根据实际进度检查时刻该工作已完成任务量占其计划完成总任务量的比例，在工作箭线上从左至右按相同的比例标定其实际进展位置点。

(2) 按尚需作业时间进行标定：当某些工作的持续时间难以按实物工程量来计算而只能凭经验估算时，可以先估算出检查时刻到该工作全部完成尚需作业的时间，然后在该工作箭线上从右向左逆向标定其实际进展位置点。

3. 进行实际进度与计划进度的比较

前锋线可以直观地反映出检查日期有关工作实际进度与计划进度之间的关系。对某项工作来说，其实际进度与计划进度之间的关系可能存在以下三种情况：

(1) 工作实际进展位置点落在检查日期的左侧，表明该工作实际进度拖后，拖后时间为二者之差。

(2) 工作实际进展位置点与检查日期重合，表明该工作实际进度与计划进度一致。

(3) 工作实际进展位置点落在检查日期的右侧，表明该工作实际进度超前，超前时间为二者之差。

4. 预测进度偏差对后续工作及总工期的影响。

通过实际进度与计划进度的比较确定进度偏差后，还可根据工作的自由时差和总时差预测该进度偏差对后续工作及项目总工期的影响。由此可见，前锋线比较法既适用于工作实际进度与计划进度之间的局部比较，又可用来分析和预测工程项目整体进度状况。值得注意的是，以上比较是针对匀速进展的工作。

【例6-1】某工程网络图如图6-12所示。第5天下班后检查，发现A工作已经完成，B工作进行了1天，C工作进行了2天，D工作尚未开始。试用前锋线比较法进行工程进度的检查比较，并根据检查的结果进行调整。

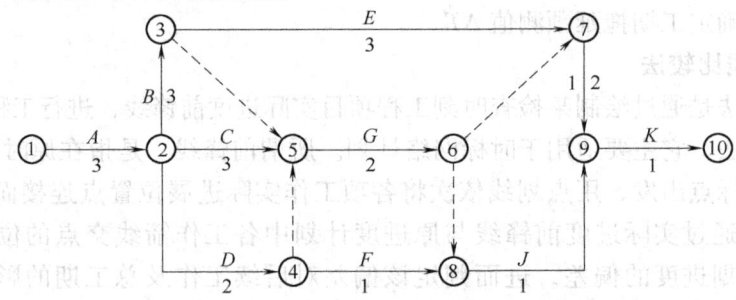

图6-12 某工程网络图

【解】(1)根据图6-12所示网络图绘制时标网络图，如图6-13所示。

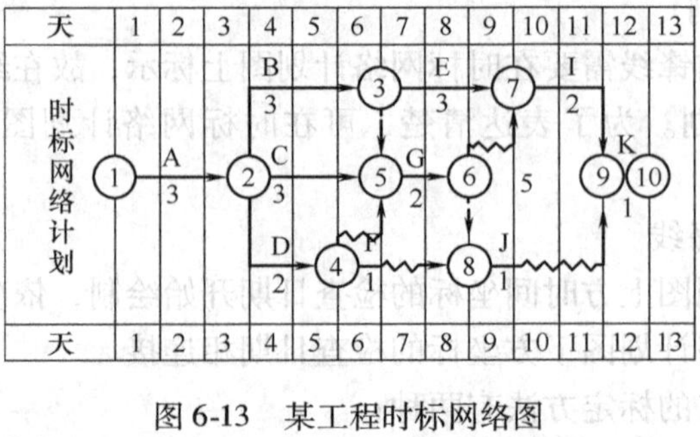

图6-13 某工程时标网络图

(2) 在时标网络图中绘出工程实际进度的前锋线，如图6-14所示。

(3) 根据实际进度的前锋线比较实际进度与计划进度，结果见表6-4。

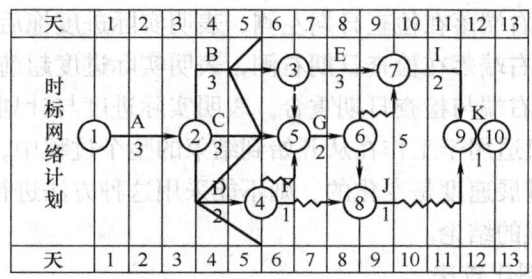

图 6-14 某工程实际进度前锋线

表 6-4 前锋线检查比较表

工作代号	工作名称	检查时尚需时间	到计划最迟完成时尚需时间	原有总时差	尚有总时差	情况判断
2-3	B	2	1	0	-1	拖延1天
2-5	C	1	2	1	1	正常
2-4	D	2	2	2	0	正常

（4）根据实际进度前锋线，画出调整前的时标网络计划，如图 6-15 所示。

（5）按照工期优化的方法压缩关键线路，将 E 工作的持续时间压缩 1 天，画出调整后的网络计划，如图 6-16 所示。

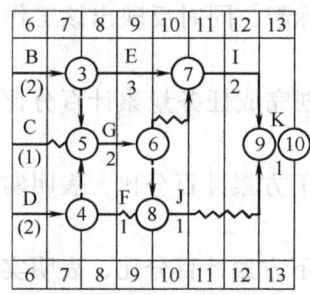

图 6-15 调整前的网络计划

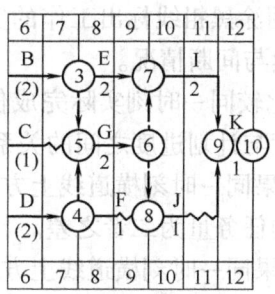

图 6-16 调整后的网络计划

（三）横道图比较法

横道图比较法是指将项目实施过程中检查实际进度收集到的数据，经加工整理后直接用横道线平行绘于原计划的横道线处，进行实际进度计划与计划进度的比较方法。采用横道图比较法，可以形象、直观地反映实际进度与计划进度的比较情况。

1. 匀速进展横道图比较法

匀速进展是指在工程项目中，每项工作在单位时间内完成的任务量都是相等的，即工作的进展速度是均匀的。此时，每项工作累计完成的任务量与时间呈线性关系。

采用匀速进展横道图比较法时，其步骤如下：

（1）编制横道图进度计划。

（2）在进度计划上标出检查日期。

（3）将检查收集到的实际进度数据经过加工整理后按比例用涂黑的粗线标于计划进度的下方，如图 6-17 所示。

（4）对比分析实际进度与计划进度：

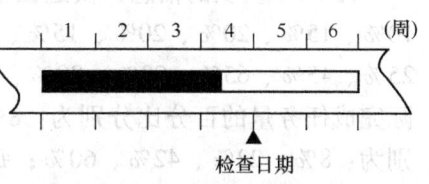

图 6-17 匀速进展横道图比较

1) 如果涂黑的粗线右端落在检查日期左侧,表明实际进度拖后。
2) 如果涂黑的粗线右端落在检查日期右侧,表明实际进度超前。
3) 如果涂黑的粗线右端与检查日期重合,表明实际进度与计划进度一致。

需要注意:该方法仅适用于工作在从开始到结束的整个过程中,其进展速度均为固定不变的情况。如果工作的进展速度是变化的,则不能采用这种方法进行实际进度与计划进度的比较,否则,会得出错误的结论。

2. 非匀速进展横道图比较法

当工作在不同单位时间里的进展速度不相等时,累计完成的任务量与时间的关系就不可能是线性关系。此时,应采用非匀速进展横道图比较法进行工作实际进度与计划进度的比较。

非匀速进展横道图比较法在用涂黑粗线表示工作实际进度的同时,还要标出其对应时刻完成任务量的累计百分比,并将该百分比与其同时刻计划完成任务量的累计百分比相比较,判断工作实际进度与计划进度之间的关系。

采用非匀速进展横道图比较法时,其步骤为:
(1) 绘制横道图进度计划。
(2) 在横道线上方标出各主要时间工作的计划完成任务量累计百分比。
(3) 在横道线下方标出相应时间工作的实际完成任务量累计百分比;
(4) 用涂黑粗线标出工作的实际进度,从开始之日标起,同时反映出该工作在实施工程中的连续与间断情况。
(5) 比较同一时刻实际完成任务量累计百分比和计划完成任务量累计百分比,判断工作实际进度与计划进度之间的关系。

1) 如果同一时刻横道线上方累计百分比大于横道线下方累计百分比,表明实际进度拖后,拖欠的任务量为二者之差。
2) 如果同一时刻横道线上方累计百分比小于横道线下方累计百分比,表明实际进度超前,超前的任务量为二者之差。
3) 如果同一时刻横道线上下方两个累计百分比相等,表明实际进度与计划进度一致。

例如:某工程的非匀速进展横道图比较图如图6-18所示。

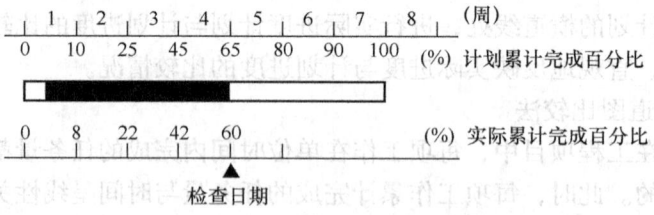

图6-18 非匀速进展横道图比较

图6-18反映的信息:横道图上方标注的该工作每周计划完成任务量的百分比分别为:10%、15%、20%、20%、15%、10%、10%;计划累计完成任务量的百分比为:10%、25%、45%、65%、80%、90%、100%;横道图下方标出第1周至检查日期第4周每周实际完成任务量的百分比分别为:8%、14%、20%、18%;实际累计完成任务量的百分比分别为:8%、22%、42%、60%;每周实际进度百分比分别为:拖后2%、拖后1%、正常、拖后2%;各周累计拖后分别为2%、3%、3%、5%。

横道图比较法比较简单，形象直观、容易掌握、实验方便。但由于其以横道计划为基础，因而带有无法避免的局限性。在横道计划中，各项工作之间的累计关系表达不明确，关键工作和关键线路无法确定。一旦某些工作实际进度出现偏差时，难以预测其对后续工作和工程总工期的影响，也就难以确定相应的进度计划调整方法。因此，横道图比较法主要用于工程项目中某些工作实际进度与计划进度的局部比较。

二、网络计划的调整

在实施进度监测过程中，一旦发现实际进度偏离计划进度，即出现进度偏差时，必须认真分析产生偏差的原因及其对后续工作和总工期的影响，必要时采取合理、有效的进度计划调整措施，确保进度总目标的实现。

（一）分析进度偏差产生的原因

通过实际进度与计划进度的比较，发现进度偏差时，为了采取有效措施调整进度计划，必须深入现场进行调查，分析产生进度偏差的原因。

（二）分析进度偏差对后续工作和总工期的影响

当查明进度偏差产生的原因之后，要分析进度偏差对后续工作和总工期的影响程度，以确定是否应采取措施调整进度计划。进度偏差的大小及其所处的位置不同，对后续工作和总工期的影响程度是不同的，分析时需要利用网络计划中工作总时差和自由时差的概念进行判断。

（三）确定后续工作和总工期的限制条件

当出现的进度偏差影响到后续工作或总工期而需要采取进度调整措施时，应当首先确定可调整进度的范围，主要指关键节点、后续工作的限制条件以及总工期允许变化的范围。

（四）采取措施调整进度计划

采取进度调整措施，应以后续工作和总工期的限制条件为依据，确保要求的进度目标得到实现。

（五）实施调整后的进度计划

计划调整之后，应采取相应的组织、经济、技术和管理措施，执行并继续监测其执行情况。

小　　结

进度控制是建设工程项目传统的质量、费用及进度三大目标控制之一，进度控制直接影响工程建设项目能否在规定的时间内完成，也关系到项目的社会效益和经济效益的实现。

进度控制主要内容包括三大内容：

(1) 计划编制：组织流水施工，编制进度计划，可以用横道图或网络图表达。

(2) 计划对比分析：采用 S 曲线比较法、前锋线比较法和横道图比较法等对比分析实际进度和计划进度。

(3) 计划调整控制：分析进度偏差产生的原因及影响，采取相应调整控制措施。

复习思考题

1. 什么是建筑工程项目进度控制？

2. 影响施工项目进度控制的因素有哪些?
3. 施工项目进度控制的内容有哪些?
4. 进行施工项目进度控制的措施有哪些?如何进行施工项目进度控制?
5. 如何进行施工项目进度分析比较?
6. 某工程由甲乙丙三个施工过程组成,分为两个施工层,其流水节拍分别为 $t_甲=2$ 天, $t_乙=1$ 天, $t_丙=2$ 天,且甲施工过程完工后需等待 1 天方可进行乙施工过程。试组织该工程的流水施工。
7. 某一施工过程包括 A、B、C、D、E、F、G、H 八项工作,其逻辑关系及工作持续时间如下表所示:

工作名称	A	B	C	D	E	F	G	H
紧前工作	—	—	A	A、B	B	D、E	C、D	G、F
持续时间	2	4	10	4	6	3	4	2

试绘制双代号网络图,计算时间参数并指出总工期及关键线路。

第七章 建筑工程项目成本控制

学习目的与要求

成本是项目管理的一个关键性指标,包括责任成本目标和计划成本目标。前者反映组织对施工成本目标的要求,后者是前者在项目的具体化,把施工成本在组织管理层和项目经理部的运行有机联系起来。要求了解建筑工程项目成本控制的基本概念,掌握施工项目成本控制的组织和分工,掌握施工项目成本控制的方法及实施。

第一节 建筑工程项目成本控制的基本概念

工程项目的成本控制是指在工程项目形成过程中,对生产经营所消耗的人力、物力和财力进行计划、监督、协调和控制,把各项生产费用控制在计划成本范围内,以保证成本目标的实现。

一、施工项目成本控制

施工项目成本是施工企业为完成施工项目的建筑安装工程任务所耗费的各项生产费用的总和。

施工项目成本控制,是指在项目成本形成过程中(即施工过程中)运用一定的技术和管理手段对生产经营所消耗的人力、物资和费用进行组织、监督、调节和限制,及时纠正将要发生和已经发生的偏差,把各项施工费用、控制在计划成本的范围内,以保证成本目标实现的一个系统过程。

建设工程施工项目成本管理应从工程投标报价开始,直至项目竣工结算完成为止,贯穿于施工项目实施的全过程。

施工项目成本控制是施工企业成本控制的中心,是增加企业利润,扩大社会积累的主要途径。施工项目成本控制也是施工项目工作质量的综合反映,施工项目成本降低,显示了施工过程中物化劳动和活劳动消耗的节约,从而反映了劳动生产率的提高、固定资产利用率的提高和材料消耗率的降低。

施工项目成本控制是推行项目经理承包责任制的动力,成本目标是项目经理项目承包责任制中经济承包目标的综合体现,项目经理要实现这一目标,就必须利用生产要素市场机制,管好项目,控制消耗,将质量、工期、成本三大目标结合起来综合控制。这样,不仅实现了成本控制,又带动了施工项目的全面管理。

二、施工项目成本控制原则

(一) 全面控制原则

项目成本控制是全员参与的控制;项目成本控制是全过程的控制。

组织应建立、健全项目全面成本管理责任体系，明确业务分工和职责关系，把管理目标分解到各项技术工作和管理工作中。项目全面成本管理责任体系应包括两个层次：

（1）组织管理层：负责项目全面成本管理的决策，确定项目的合同价格和成本计划，确定项目管理层的成本目标。

（2）项目经理部：负责项目成本的管理，实施成本控制，实现项目管理目标责任书中的成本目标。项目经理部的成本管理应包括成本计划、成本控制、成本核算、成本分析和成本考核。

施工项目成本的形成过程，伴随着施工生产全过程，因此，为对施工项目成本自始至终进行有效的控制，就必须随着项目施工进展的各个阶段连续进行成本控制，不能疏漏、间断和时松时紧。成本控制是全过程控制，包括施工准备阶段的成本控制，现场施工阶段的成本控制及竣工阶段的成本控制，而在施工准备阶段仅仅是预测计划，竣工阶段成本显然已成定局，所发生的偏差已不可能纠正，因此整个控制工作的重心应放在中间阶段，即具体现场施工阶段。

（二）动态控制原则

在施工项目施工准备阶段，根据外部环境条件和项目要求所确定的成本目标、成本计划、成本控制方案，这是对未发生的事进行预测所得到的，而具体施工过程中各种影响因素的变化，均可能使实际成本偏离计划，为此必须实行动态控制，根据实施状况，对出现的"例外"问题进行重点检查、深入分析，并采取相应措施，不断纠正成本形成过程中的偏差，保证最终实现成本目标。

（三）目标管理原则

成本目标管理是把计划的目标、任务、措施等加以分解，从纵、横向分别落实到执行计划的部门、单位，甚至个人，形成一个目标成本体系，实现纵向一级保一级，横向关联部门明确责任，加强协作，使项目进展中每个参与单位部门均承担各自成本控制的责任，并坚决执行。同时不断对目标执行结果进行检查、评价目标和修正目标，形成成本目标管理的 P（计划）D（实施）C（检查）A（处理）循环。

（四）节约原则

节约人力、物力、财力的消耗，是提高经济效益的核心，也是成本控制的最基本的原则。为此，要严格执行成本开支、范围、标准及财务制度，对各项成本费用的支出进行限制和监督；提高施工项目科学管理的水平，优化施工方案，提高生产效率，节约人、财、物的消耗；采取预防成本失控的措施，防止浪费的发生。

（五）责、权、利相结合的原则

在项目施工过程中，项目经理、工程技术人员、管理人员及各单位和生产班组都对成本控制负有一定责任，从而形成整个项目的成本控制责任网络；与此同时，各部门、单位、班组还应享有相应的成本控制的权力，即在规定范围内决定某些费用的使用，以行使对项目成本的实质性控制；最后项目经理还要定期检查和考评各层次成本控制的业绩，并与工资分配挂钩，实行奖罚。只有责、权、利相结合的成本控制，才是真正的施工项目成本控制。

三、施工项目成本控制的程序

项目成本管理应遵循下列程序：

（1）掌握生产要素的市场价格和变动状态。

(2) 确定项目合同价。
(3) 编制成本计划,确定成本实施目标。

项目经理部编制项目成本计划的依据主要有:
(1) 合同文件。
(2) 项目管理实施规划。
(3) 可行性研究报告和相关设计文件。
(4) 市场价格信息。
(5) 相关定额。
(6) 类似项目的成本资料。

编制成本计划应满足下列要求:
(1) 由项目经理部负责编制,报组织管理层批准。
(2) 自下而上分级编制并逐层汇总。
(3) 反映各成本项目指标和降低成本指标。
(4) 进行成本动态控制,实现成本实施目标。
(5) 进行项目成本核算和工程价款结算,及时收回工程款。
(6) 进行项目成本分析。
(7) 进行项目成本考核,编制成本报告。
(8) 积累项目成本资料。

四、施工项目成本控制的对象和内容

(一) 以施工项目成本形成过程为控制对象

对项目成本全过程控制的具体内容包括:
(1) 工程投标阶段:根据工程概况和招标文件,对项目成本进行预测,提出投标决策建议。
(2) 施工准备阶段:根据设计目标和其他资料,通过多方案技术经济评价,选择经济合理先进可行的施工方案,编制实施性施工组织设计、具体的成本计划及成本控制的措施,对项目成本进行事前控制。
(3) 施工阶段:以施工预算,各种消耗定额费用开支标准和已确定的成本计划和成本控制措施,对实际发生的成本费用进行控制。
(4) 竣工交付使用及保修期阶段:应对竣工验收费用和保修费用进行控制。

(二) 以施工项目的职能部门、施工队和施工班组为成本控制对象

日常所发生的费用,均发生在各个部门、施工队和施工班组,为此,应以部门、施工队、班组作为成本控制对象,既要接受项目经理和企业相关部门的指导、监督、检查和考评,他们自己也应对自己承担的责任成本进行自我控制。

(三) 以分部分项工程作为项目成本的控制对象

工程项目可分为许多分部分项工程,其项目成本也分布于每一个分部分项工程中,每一个分部分项工程成本控制的好坏均会对整个项目成本产生影响,为此,应以分部分项工程作为项目成本控制对象,根据项目管理的技术措施和技术组织措施,编制施工预算,作为对分部分项工程成本控制的依据。

第二节 施工项目成本控制的组织与分工

根据建筑产品成本运行规律，成本管理责任体系应包括组织管理层和项目经理部。组织管理层的成本管理除生产成本以外，还包括经营管理费用；项目管理层应对生产成本进行管理。组织管理层贯穿于项目投标、实施和结算过程，体现效益中心的管理职能；项目经理部则着眼于执行组织确定的项目成本管理目标，发挥现场生产成本控制中心的管理职能。

施工项目的成本控制，不仅仅是专业成本员的责任，所有的项目管理人员，特别是项目经理，均要按照自己的业务分工各负其责。为保证项目成本控制工作的顺利进行，需要把所有参与项目建设的人员都组织起来，并按各自的分工开展工作。

一、建立以项目经理为核心的项目成本控制体系

项目管理要求实行项目经理承包责任制，即要求项目经理对项目建设的进度、质量、成本、安全和现场管理等全面负责，其中成本控制应放在首位，因为只有控制成本，才能获得项目的经济效益，完成预期的成本目标。

因此，以项目经理部为中心，把项目成本控制目标进行层层分解，变成具体的成本控制指标，用合同、责任制等形式确定横向各参与建设单位的成本控制的任务、责任、权力和利益，在纵向用内部分包合同和各项制度确定各参加施工队、施工班组、甚至个人在成本控制中的任务和责、权、利。用每一个部门，每一个施工队、每一个施工班组和每个人成本控制指标的实现来保证最终成本控制目标的实现。

二、建立项目成本管理责任制

成本管理责任制，是指各项目管理人员在处理日常业务中，对成本管理应尽的责任。它针对项目不同层次，不同岗位的管理人员规定了他们在成本管理中应承担的责任，具体说明如下：

（一）项目经理的成本管理责任

对项目成本的总体控制；控制材料采购成本；控制项目经理部机关管理费用；完成对公司的承包指标；控制暂设费、调迁费、福利基金等集中管理的费用。

（二）合同预算员的成本管理责任

编好施工图预算，认真研究合同规定的"开口"项目，努力增加工程收入；收集工程变更资料，及时办理增减账，及时收回垫付资金；参与对外经济合同谈判和决策；严格控制经济合同中的数量、单价和金额，真正做到以收定支。

（三）工程技术人员的成本管理责任

合理规划施工现场平面布置，为文明施工、减少浪费创造条件；严格执行工程技术规范和预防措施，确保工程质量，降低质量成本；积极采用实用、有效的技术组织措施和合理化建议，为降低成本寻找新途径；严格执行安全操作规程，确保安全生产，将事故损失降到最低，抓组织措施，控制工期，增加产值，降低间接成本。

（四）材料人员的成本管理责任

降低材料、构件的采购（加工）成本，减少采购（加工）过程中的管理损耗；保证按时按

量配套供应材料，防止停工待料造成损失；严格执行限额领料，做好余料回收和利用；作好周转材料的清点、回收、整理、堆场、退场等工作，提高周转材料的周转速度，节约租金；合理安排材料储备，在保证供应的前提下，减少资金占用。

（五）机械管理人员的成本管理责任

根据工程特点和施工方案，合理选择机械型号，安排机械施工，加强机械维修保养，以提高机械完好率和利用率，从而降低机械成本。

（六）行政管理人员的成本管理责任

合理安排项目管理人员和后勤服务人员，控制工资性支出和非生产性开支，管理好行政办公用物资；在勤俭节约的前提下，满足职工的生活需要。

（七）财务核算员的成本管理责任

严格审核各项成本费用，控制成本支出；建立月度财务收支计划制度，平衡调度，控制资金使用；建立辅助记录，及时向相关管理人员反馈信息；开展成本分析，提出存在的问题和解决方法的建议，以便项目经理部采取针对性措施纠正项目成本偏差；协助项目经理检查、考核各部门、各单位责任成本执行情况。

（八）定额员或劳资管理人员的成本管理责任

签发并管理承包任务书，减少非生产用工和无产值用工，管理好班组，控制用工和人工费支出。

三、实行对劳务队分包成本的控制

（一）项目经理部对施工队分包成本的控制

项目经理部通过劳务合同把施工任务分包给施工队，项目经理部只有权对施工队责成任务的进度、质量、安全和现场管理标准进行监督，同时按合同规定支付劳务费用，而无权过问施工队内部成本的节超，因此，它对施工队分包成本的控制仅指以下情况。

（1）工程量和劳动定额的控制：劳务费是以实物工程量和劳动定额为依据计算的，当工程设计和施工工艺在实际施工中发生变更时，工程量和劳动定额会与劳务合同产生出入，应按实调整承包金额。对此，要强调技术签证，严格控制合同金额增加，并及时办理增减账，以便通过工程结算，从甲方取得补偿。

（2）估点工的控制：对零星任务所用估点工的数量和费用应严格控制。所采用的方法有：

对工作量较大的任务，可先确定科学的估工定额，控制估点工的数量在估工定额的范围内。

或按定额用工的一定比例由施工队包干，并在劳务合同中明确规定。

（3）坚持奖罚制度：项目经理部要根据施工队完成施工任务的业绩，对照劳务合同规定的标准，认真考核，分清优劣，有奖有罚。

（二）落实生产班组的责任成本

生产班组的责任成本就是分部分项工程成本，它既与施工队的效益有关，又是项目成本不可分割的一部分，一般由施工队以施工任务单和限额领料单的形式落实到生产班组，并由施工队负责回收和结算，以控制生产班组的责任成本，是项目管理中最基本的基础管理。

当施工队签发施工任务单下达施工任务时，也向生产班组提出了进度、质量、安全和文明施工的具体要求及施工注意事项，这些是生产班组完成责任成本的约束条件。施工任务单结算中，要联系责任成本的实际完成情况进行综合考评。

第三节 施工项目成本控制的方法

项目经理部应依据合同文件、成本计划、进度报告、工程变更与索赔资料等资料进行成本控制。

成本控制应遵循下列程序：
（1）收集实际成本数据。
（2）实际成本数据与成本计划目标进行比较
（3）分析成本偏差及原因。
（4）采取措施纠正偏差。
（5）必要时修改成本计划。
（6）按照规定的时间间隔编制成本报告。

成本控制宜运用价值工程和赢得值法。价值工程参见本教材第三章。

成本控制的具体方法很多，各有其特点和适应范围，从施工项目管理的角度叙述如下。

一、以施工图预算控制成本支出

在施工项目成本控制中，可按施工图预算，实行以收定支，具体处理方法如下：

（一）人工费控制

项目经理部与施工队签订劳务合同时，应结合市场价格和政府相关要求注意控制人工费用。

（二）材料费控制

对材料成本进行控制的过程中，"三材"价格随行就市，地方材料的采购成本用其预算价格控制；材料消耗数量通过"限额领料单"控制。当市场价格大幅上涨。发生预算价格与市场价格严重背离而使采购成本失控时，应向定额管理部门反映，同时争取甲方按实补贴。

（三）周转材料使用费控制

周转材料的预算使用费与实际使用费计算方法不同，只能以周转材料预算收费的总量来控制实际使用费的总量。

（四）施工机械使用费控制

机械实际利用率低于预算定额的取定水平，而且预算定额所设定的施工机械原值和折旧率有很大滞后，因而使施工图预算的机械使用费往往小于实际发生的机械使用费，使机械费超支。因此，若取得甲方同意，可在承包合同中规定一定的机械费补贴，从而可用施工图预算的机械使用费和增加的机械费补贴来控制机械费支出。

（五）构件加工费和分包工程费控制

构件加工与分包均要用经济合同来明确双方的权利和义务，签订合同时，必须坚持以施工图预算控制合同金额，不允许合同金额超过施工图预算。

二、以施工预算控制人力和物资资源的消耗

资源消耗数量的货币表现就是成本费用,因此,控制了资源消耗,也就等于控制了成本费用。用施工预算控制资源消耗的实施步骤如下:

(1) 在项目开工前,根据设计图样计算工程量,并按照企业定额或参考施工预算定额编制整个工程项目或分阶段的施工预算,作为指导和管理施工的依据。若遇设计或施工方法变更,应由预算员对施工预算做统一调整。

(2) 对生产班组的任务安排,应严格按施工预算签发施工任务单和限额领料单,并向工人进行技术交底。

(3) 在施工任务执行过程中,生产班组应根据实际完成的工程量和实耗人工、材料做好原始记录,作为施工任务单和限额领料单的结算依据。

(4) 任务完成后,根据回收的施工任务单和限额领料单进行结算,并按结算内容支付报酬(包括奖金)。

为保证施工任务单和限额领料单的正确性,要求对其执行情况进行认真验收、检查和逐项对比,为此,在签发施工任务单和限额领料单时要按照施工预算的统一编号对每一分项工程工序名称进行编号,以便对号检索对比,分析节超。

三、建立资源消耗台账,实行资源消耗的中间控制

资源消耗台账属于成本核算的辅助记录,它包括人工耗用台账、材料耗用台账、结构构件耗用台账、周转材料使用台账、机械使用台账等,分别记录各种资源的控制量、每月实际耗用数及逐月实际耗用的累计数等。

项目财务成员应于每月初根据资源消耗台账的记录,分别填制各种资源的消耗情况信息表,向项目经理和相关部门反馈。

当项目经理和相关部门收到各种资源情况信息表后,应立即根据本月资源消耗数,联系本月实际完成工作量,分析资源消耗水平和节超原因,对有节约的资源应继续从总量上控制以后的资源消耗,保证最终有所节约;对已超支的资源,应根据分析的原因,制订资源节约使用的措施,分别落实到有关人员和生产班组。

四、建立项目月度财务收支计划制度,以用款计划控制成本费用支出

(1) 以月度计划产值作为当月财务收入计划,同时由项目各部门根据月度施工作业计划的具体内容编制本部门的用款计划。

(2) 项目财务成本员根据各部门的月度用款计划进行汇总、平衡、调度,同时提出具体实施意见,经项目经理审批后执行。

(3) 在月度财务收支计划执行过程中,项目财务成本员应根据各部门的实际用款做好记录,并于下月初反馈给相关部门,由各部门自行检查分析节超原因,总结经验教训。对超支幅度大的部门,应以书面分析报告分送项目经理和财务部门,以便采取针对性措施。

五、建立项目成本审核签证制度,控制成本费用支出

建立以项目为中心的成本核算体系,所有经济业务,不论对内、对外均要与项目直接对

口。所发生的经济业务，必须由有关项目管理人员审核，最后经项目经理签订后支付。这是项目成本控制的最后一关，应十分重视。

审核成本费用支出的依据主要有：国家规定的成本开支范围；国家和地方规定的费用开支标准和财务制度，内外部经济合同等。

对于一些金额较小的经济业务也可授权财务部门或业务主管部门代为处理。

六、控制质量成本

质量成本是指项目为保证和提高质量而支出的一切费用和未达到质量标准而产生的一切损失费用之和。包括控制成本和故障成本。控制成本又包括预防成本和鉴定成本，属质量保证费用，与质量水平成正比；故障成本包括内部和外部的故障成本，属损失性费用，与质量水平成反比。

控制质量成本，首先要进行质量成本核算，即将施工过程中发生的质量成本费用，按预防成本、鉴定成本、内部故障成本和外部故障成本的明细科目归集，然后计算各个时期各项质量成本的发生情况。

然后根据质量成本核算的资料进行归纳、比较和分析，主要分析质量成本总额的构成内容和构成比例；质量成本各要素间的比例；质量成本占预算成本的比例等。

最后，根据以上分析资料，对影响质量成本较大的关键因素，采取有效措施，进行质量成本控制。

七、坚持现场管理标准化，堵塞浪费漏洞

现场管理标准化范围广，如其中现场平面布置管理和现场安全生产管理一旦出现失误就会造成损失和浪费。

首先，若不重视现场平面布置管理，必然造成人力、物力的浪费。如材料构件不按规定地点堆放，就可能造成二次搬运；周转材料若不整修并堆放整齐，就可能引起损坏、变形、报废；任意断水、断电、断路均要影响施工进行，严重的可能造成质量事故。可以说，由此引起的问题和浪费数不胜数，为此，施工项目一定要强化现场平面布置，堵塞一切可能发生的漏洞。

而现场安全生产管理得不好，一旦出现安全事故，造成人员伤亡、机械损坏等均会产生重大经济损失和影响正常施工，有时造成的损失是无法估量的，为此必须加强安全生产管理，减少和避免不必要的损失。

八、坚持"三同步"核算，防止项目成本盈亏异常

项目经济核算的"三同步"是指统计核算（产值统计）、业务核算（资源消耗统计）、会计核算（成本会计核算）的"三同步"。根据项目经济活动规律，完成多少产值、消耗多少资源、发生多少成本，三者应该同步，否则，项目成本就势必出现了盈亏异常。

"三同步"检查方法包括：

时间同步：即产值统计、资源消耗统计、成本核算的时间必须统一。

分部分项工程直接费的同步：即产值统计是否与施工任务单的实际工程量和形象进度相符，资源消耗统计是否与施工任务单的实耗人工和限额领料单的实耗材料相符；机械和周转

材料的租费是否与施工任务单的施工时间相符。若不符，应查明原因，予以纠正，直至同步。

其他费用是否同步：即通过统计报表与财务付款逐项核对是否同步，并查明原因。

九、应用成本与进度同步跟踪的方法控制分部分项工程成本

成本控制与进度控制有着必然的同步关系，即施工到什么阶段，就应发生相应的成本费并加以纠正。若两者进度与成本不对应，则应分析原因，所采用的方法如下。

（一）横道图计划的进度与成本同步控制

此法即是在前述横道图进度计划控制图中，在计划进度线上方标注计划成本，实际进度线下方标明实际成本。成本前均用"C"标注。如图7-1所示。

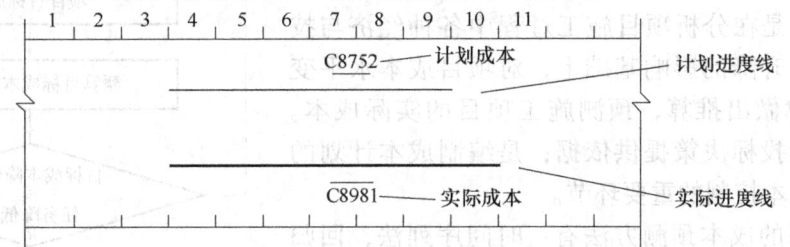

图 7-1 横道图进度与成本同步跟踪控制示意图

从图7-1上可以反映每道工序实际施工时间与计划施工时间的比较及对后道工序的影响；实际成本与计划成本的比较（节超）及对某一时期责任成本的影响；施工进度对成本的影响程度；整体进度计划还可反映整个施工阶段的进度和成本情况。

（二）网络图计划的进度与成本的同步控制

由于网络计划在施工进度的安排上更具逻辑性，而且可在破网后随时进行优化和调整，因此对每道工序的成本控制也更为有效。

其表示方法是在双代号网络图每一工序的箭杆下方标注计划施工时间，箭杆上方"C"后面标注计划成本；实际施工的时间和成本，则在箭杆附近的方格中按实填写，如图7-2所示。

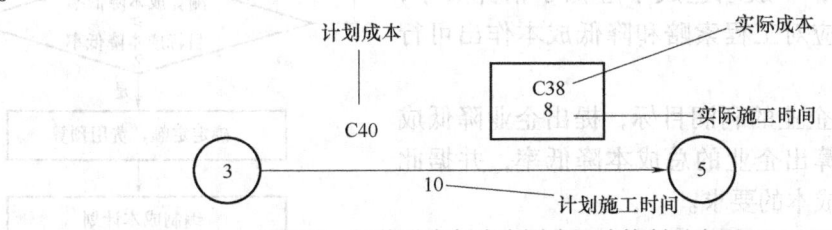

图 7-2 网络进度与成本同步跟踪控制示意图

从网络图中可看到每道工序的计划进度与实际进度、计划成本与实际成本的对比情况，同时可以清楚地看出以后控制进度、控制成本的方向。

第四节 施工项目成本控制

施工项目成本的全过程控制包括施工项目的成本预测与决策，成本计划的编制与实施，成本核算、成本检查分析和考核等主要环节。进行施工项目成本控制，就必须研究每个环节

的有效工作方式和关键控制措施。

一、施工项目成本预测与计划

施工项目的成本预测与计划是施工项目成本的事前控制，或称项目成本的主动控制。它是在研究所掌握成本资料的基础上，对工程项目成本进行预算和估算；分析、研究、制订降低成本措施的方向和途径；并通过成本计划的编制作出成本控制的安排，也即是提出一个可行的成本控制的实施纲要和作业设计，其程序如图7-3所示。

（一）施工项目成本预测

施工项目成本预测是指通过取得的历史资料，采用经验总结、统计分析、数学模型的方法对成本进行判断和推测；是在分析项目施工过程中各种经济与技术要素对成本升降的影响基础上，对项目成本水平变化趋势及规律做出推算，预测施工项目的实际成本。成本预测可为投标决策提供依据；是编制成本计划的基础；更是成本控制的重要环节。

目前采用的成本预测方法有：时间序列法，回归分析法，量本利分析法，经验判断法，主观概率法，特尔菲法，成本试算法等。

对施工项目成本控制目标进行预测的步骤如下：

（1）进行施工项目成本估算。即根据市场价格，概算定额、预算定额，估计可以得到补偿的社会平均水平的成本。市场经济要求企业根据实物估价法进行科学的计算，它既是合同价格的基础，又是成本决策的依据，是量入为出的标准。

（2）根据合同承包价格计算施工项目的承包成本，并与估算成本比较，一般承包成本应低于估算成本，若高于估算成本，应对工程索赔和降低成本作出可行性分析。

（3）依据施工企业的利润目标，提出企业降低成本的总目标，即计算出企业的总成本降低率，并据此提出施工项目降低成本的要求。

（4）根据施工项目降低成本要求，企业同类工程的成本降低水平及合同承包成本，确定成本降低额，计算出成本降低率。此成本降低率应满足大于或等于企业总成本降低率的条件，以保证降低成本总目标的实现。

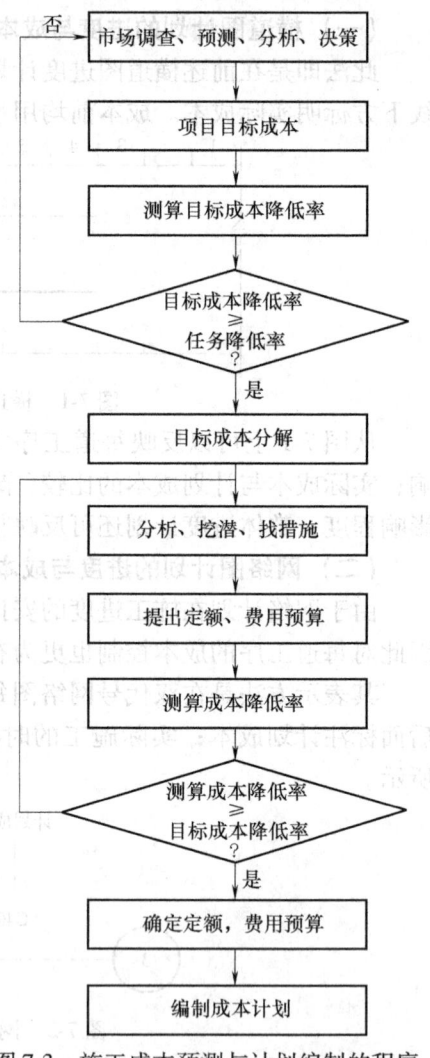

图 7-3 施工成本预测与计划编制的程序

（5）根据确定的成本降低率，计算出施工项目降低成本目标及成本控制目标，并据此定出项目经理部的责任成本额。

（二）制订施工项目降低成本的措施

为了达到前面确定的施工项目的成本降低目标和成本目标，保证企业成本降低总目标的实现，仅在纸上计算、预测是不行的，它必须要通过一些降低成本的途径和方法来实现。为此，必须分析、研究影响工程成本的因素，制订出降低施工项目成本的措施。各施工项目由于工程特点不同，对项目成本的影响因素不同。因此，应针对具体施工项目进行具体分析，采取有效的措施来实现降低成本的目标，但一般能降低成本的途径如下。

1. 降低材料成本

材料成本在项目成本中比重最大，而且有较大的成本节约潜力。其中应把品种少，而所占费用比重大的 A 类材料作为重点，更易显出成效，在降低材料成本措施设计中，价值工程的应用，为其提供了有效的手段。在材料的日常管理中，应注意节约采购成本；认真计量验收；严格执行材料消耗定额；推广使用新技术、新工艺、新材料；扩大材料代用；合理储备材料，减少资金占用；加强现场管理，合理堆放，减少搬运、仓储等损耗。

2. 组织均衡施工，提高劳动生产率

由于提高劳动生产率，减少了单位工程用工，增加了单位时间完成的工程数量。这不仅减少了单位工程成本中的人工费，生产工人辅助工资，同时由于组织均衡施工，加快了施工速度，还减少了项目管理人员的工资和办公费、现场临时设施费、施工机械和周转材料的租赁费等按时间计算的成本费用。但要注意由于加速施工进度所引起的成本增加，若甲方有赶工要求的，应将赶工费列入施工图预算。

3. 提高机械使用率

降低机械使用费的途径是合理组织机械施工，提高机械利用率和机械效率。为此首先应综合考虑机械性能、操作运行和台班成本等因素，选择好适合项目施工特点的施工机械；其次要组织好工序、工种机械的施工，最大限度地发挥机械效能；同时要严格按规程操作机械，做好机械维修保养工作，保证机械始终保持完好状态，这是提高机械利用率的基础。

4. 制订先进、经济、合理的施工方案

施工方案的确定包括：施工方法和施工机具的选择、施工顺序的安排和流水施工的组织等。施工方案不同，工期会不同，所需机具也不同，因而发生的费用也不同。因此，正确选择施工方案是降低成本的关键，为此，应以合同为依据，联系项目的规模、性质、复杂程度、现场条件、装备情况、人员素质等因素综合考虑，制订几个可行的施工方案，再进行多方论证评价，从中优选一个最合理、最经济的施工方案。

5. 认真会审图样，提出修改意见

对设计图样要认真审阅，特别是结构复杂施工难度高的项目，要从保证工程质量，方便施工，有利于加快工程进度，又能降低消耗等方面综合考虑，提出积极的修改意见，取得用户和设计单位同意后，修改设计图样、同时办理增减账。

6. 发挥激励机制，激发职工增产节约的积极性

应用激励机制，应从项目施工的实际情况出发，选择适合项目和企业特点的激励机制。基本原则是要能真正起到促进增产节约的作用。如对关键工序施工的关键班组实行重奖；对材料操作损耗特别大的工序，由生产班组直接承包；实行钢模零件和脚手螺钉的有偿回收等。

7. 落实技术组织措施

从项目的技术和组织方面进行全面设计，确定降低成本的措施。技术措施要以技术优势来取得经济效益，从施工作业所涉及的生产要素方面进行设计，以降低消耗为宗旨；组织措

施主要从施工管理方面进行筹划,以降低固定成本,消灭非生产性损失,提高生产效率和组织管理效果为宗旨。

(三) 编制施工项目成本计划

施工项目成本计划一般由项目经理部进行编制,从而规划出实现项目经理成本承包目标的实施方案。施工项目成本计划的关键内容是降低成本措施的合理设计。其编制步骤为:

(1) 项目经理按前面确定的成本控制目标和成本降低控制目标进行成本目标分解。即按分部分项工程对施工项目的成本控制目标和降低成本目标进行分解,确定分部分项工程的目标成本。

(2) 按分部分项工程的目标成本实行施工项目内部成本承包,确定各承包队的承包责任成本及核算原则。

(3) 由项目经理部组织各承包队,在优化的施工方案的指导下,确定降低成本的技术组织措施,计算各项措施降低成本的效果并汇总,然后与成本控制目标、降低成本控制目标相比较,反复对降低成本措施进行修改,直至计划成本降低率大于等于目标成本降低率,才最终确定编制明细而具体的成本计划。

(4) 编制降低成本技术组织措施计划表,降低成本计划表和施工项目成本计划表。

(5) 根据项目建设时间的长短和参加建设人数的多少,编制间接费用预算,并对上述预算进行明细分解,以项目经理部有关部门责任成本的形式落实。

二、施工项目成本计划的实施与检查

(一) 施工项目成本计划实施的主要环节

(1) 根据成本计划所作的具体安排,落实执行降低成本的各项措施,做好施工任务单的验收和限额领料单的结算。

(2) 将施工任务单和限额领料单的结算资料进行对比,计算分部分项工程的成本差异,分析产生差异的原因,并采取纠偏措施。

(3) 收集、整理月度成本原始资料,正确计算月度成本,分析月度计划成本和实际成本的差异,分析有利差异的原因,特别重视不利差异、盈亏比例异常现象的原因分析,并采取措施尽快消除异常现象。

(4) 在月度成本核算的基础上实行责任成本核算。即利用原有会计核算的资料,重新按责任部门或责任者归集成本费用,每月结算一次,与责任成本进行对比,由责任者自行分析成本差异和产生差异的原因,自行采取纠正措施,为全面实现责任成本创造条件。

(5) 经常检查对外经济合同履行情况,为顺利施工提供物质保证,防止发生经济损失。

(6) 加强施工项目成本计划执行情况的检查与协调。

(7) 在竣工验收阶段搞好扫尾工作,缩短扫尾时间。认真清理费用,为结算创造条件,及时办理工程结算,在保修期间搞好费用控制和核算。

(二) 施工项目计划执行情况检查与协调

项目经理部应定期检查成本计划的执行情况,并在检查后及时分析,采取措施,控制成本支出,保证成本计划的实现。

(1) 项目经理部应根据承包成本和计划成本,绘制月度成本折线图,即在成本计划实施过程中,按月在同一图上打点,形成实际成本折线,如图 7-4 所示。

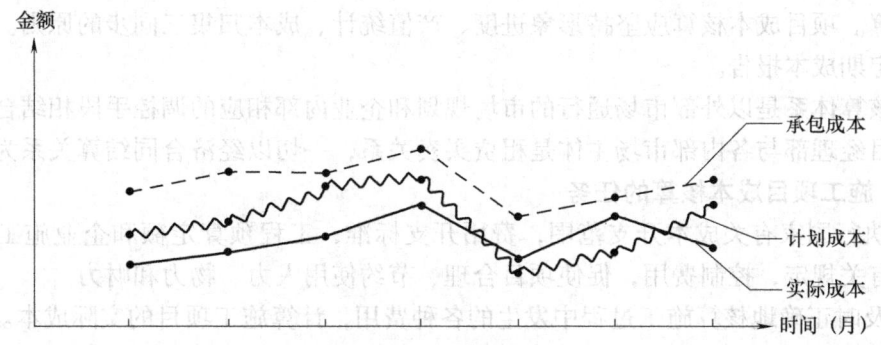

图 7-4 成本控制图

从图上可看出成本发展动态，还可用以分析成本偏差。成本偏差有三种：

实际偏差 = 实际成本 - 承包成本；
计划偏差 = 承包成本 - 计划成本；
目标偏差 = 实际成本 - 计划成本：
　　　　 = 实际偏差 - 计划偏差。

目标偏差越小，说明控制效果越好。

（2）根据成本偏差，用因果分析图分析产生偏差的原因，然后设计纠偏措施，制定对策，协调成本计划。对策要列成对策表，落实执行责任，见表7-1。对责任执行情况还应进一步考核。

表 7-1　成本控制纠偏对策表

计划成本	实际成本	目标偏差	解决对策	责任人	最终解决时间

三、项目成本核算

施工项目成本核算是指以工程项目为对象，对施工生产过程中的各项费用进行审核、记录、汇集和核算，其核算对象根据实际情况可选择以一个单位工程，或一个单位工程中某分部工程，或将几个施工地点、结构类型及开竣工时间相近的单位工程合并作为一个核算对象等。但均应以项目经理部为核算中心，形成辐射型项目成本核算体系，见图7-5。

项目经理部应根据财务制度和会计制度的有关规定，建立项目成本核算制，明确项目成本核算的原则、范围、程序、方法、内容、责任及要求，并设置核算台账，记录原始数据。

项目经理部应按照规定的时间间隔进行项

图 7-5　项目成本核算体系

目成本核算。项目成本核算应坚持形象进度、产值统计、成本归集三同步的原则。项目经理部应编制定期成本报告。

这一核算体系是以外部市场通行的市场规划和企业内部相应的调控手段相结合的原则运行的，项目经理部与各内部市场主体是租赁买卖关系，一切以经济合同结算关系为基础。

（一）施工项目成本核算的任务

（1）执行国家有关成本开支范围，费用开支标准，工程预算定额和企业施工预算，成本计划的有关规定，控制费用，促使项目合理、节约使用人力、物力和财力。

（2）及时正确地核算施工过程中发生的各种费用，计算施工项目的实际成本。

（3）反映和监督施工项目成本计划的完成情况，为项目成本预测，参与项目施工生产、技术和经营决策提供可靠的成本报告和有关资料。

（二）施工项目成本核算的要求

为圆满完成上述任务，在施工项目成本核算中要遵守以下基本要求。

（1）划清成本费用支出和非成本费用支出界限：即划清资本性支出和收益性支出与其他支出，营业支出与营业外支出的界限。此界限，即是成本开支范围的界限。其中，企业为取得本期收益而在本期内发生的各项支出，应全部作为本期的成本和费用。而企业的营业外支出，因与企业施工生产经营无关，不应计入工程成本，为此，应严格按施工企业财务制度划分界限。

（2）正确划分各种成本、费用界限：即划清施工项目工程成本和期间费用的界限；划清本期工程成本与下期工程成本的界限；划清不同核算对象之间的成本界限；划清未完工程成本与已完工程成本的界限等。只有清楚划分成本的界限，施工项目成本核算才能正确。

（3）加强成本核算的基础工作：即建立各种财务物资的收发、领退、转移、报废、清查、盘点、索赔制度；健全原始记录和工程量统计制度；制订和修订各种内部消耗定额及内部指导价格，完善计量、检测、检验设施与制度等。

（4）项目成本核算必须有账有据：成本核算中所运用的数据资料必须真实可靠、准确、完整、及时，依据的原始凭证要审核无误、手续齐备，还应设立必要的台账。

（5）要求具备成本核算的内部条件：要求推行施工企业矩阵式的管理体制，实行管理层与作业层分离的管理模式，并建立企业内部市场（包括劳务、材料、机械设备租赁、材料、技术、资金等市场）。

四、施工项目成本分析

施工项目的成本分析，即是根据统计核算，业务核算和会计核算提供的资料，对项目成本的形成过程和影响成本升降的因素进行分析，以寻求纠正成本偏差或进一步降低成本的途径。同时，通过对账簿、报表的分析抓住成本实质，提高项目成本的透明度和可控性，为加强成本控制创造条件。

施工项目成本分析要实事求是，坚持用数据说话的原则，注意实效，及时发现问题，分析产生问题的原因，并提出解决问题的办法，真正为生产经营服务。

成本分析所采用的基本方法有比较法、因素分析法、差额计算法、比例法等，应根据实际情况加以选用。

施工项目成本分析的内容如下。

（一）随项目施工进展而进行的成本分析

（1）分部分项工程成本分析：进行预算成本、计划成本和实际成本的"三算"对比，计算实际偏差和目标偏差，分析偏差产生的原因，寻求今后分部分项工程成本的节约途径。

（2）月（季）度成本分析：通过实际成本与预算成本的对比，分析当月（季）成本降低水平；通过累计实际成本与累计预算成本对比，分析累计成本降低水平，预测实现项目成本目标的前景；通过实际成本与计划成本的对比，分析成本计划落实情况及成本控制过程中的问题，采取措施，保证成本计划的落实；通过对各成本项目的成本分析，确定成本总量的构成比例和成本管理的薄弱环节；通过主要技术经济指标的实际与计划对比，分析产量、工期质量、"三材"节约率和机械利用率对成本的影响；通过对技术组织措施执行效果的分析，寻求更有效的节约途径。分析其他有利条件和不利条件对成本的影响。

（3）年度成本分析：依据年度成本报表，采用与月（季）度成本分析一致的方法，对年度成本进行综合分析，总结一年来成本控制的成绩与不足，针对下一年度的施工进展状况规划切实可行的成本管理措施。

（4）竣工成本的综合分析：若施工项目包含几个单位工程，而且每个单位工程均是单独进行成本核算的，此施工项目的竣工成本分析应以各单位工程竣工成本分析资料为基础，再加上项目经理部的经营效益，进行综合分析。其内容包括：竣工成本分析；主要资源节超对比分析、主要技术节约措施及经济效果分析。

（二）按成本项目进行的成本分析

（1）人工费分析：项目经理部除按合同支付劳务费以外，还可能用实物工程量增减而调整人工和人工费。

支付定额人工以外的估工工资及各种奖励费用。因此，项目经理部应根据上述人工费的增减，结合劳务合同管理进行分析。

（2）材料费分析

1）主要材料和结构费用分析：此项费用主要受价格和消耗数量的影响，其影响程度，可用下式计算：

$$因材料价格变动对材料费的影响 = （预算单价 - 实际单价） \times 消耗数量$$
$$因消耗数量变动对材料费的影响 = （预算用量 - 实际用量） \times 预算价格 \quad (7-1)$$

2）周转材料使用费分析：在实行周转材料内部租赁制的情况下，项目周转材料费的节约与超支，决定于周转材料的周转利用率和损耗率。

$$周转利用率 = （实际使用数 \times 租用期内的周转次数）/（进场数 \times 租用期） \times 100\% \quad (7-2)$$
$$损耗率 = （退场数/进场数） \times 100\% \quad (7-3)$$

3）材料采购保管费分析：此项费用属材料的采购成本，一般随材料采购数量增加而增加，为此计算下列指标，用作前后期材料采购保管费的对比分析

$$材料采购保管费支用率 = （计算期实际发生的采购保管费/计算期实际采购的材料总值） \times 100\% \quad (7-4)$$

4）材料储备资金分析：材料储备资金根据日平均用量，材料单价和储备天数计算，一般采用连环替代法分析。

（3）机械使用费分析：影响机械使用费的因素主要是机械的完好率和利用率，可用下式计算：

机械完好率 =（报告期机械的完好台班数 + 加班台班数）/

（报告期制度台班数 + 加班台班数）× 100%　　　　（7-5）

机械利用率 =（报告期机械实际工作台班数 + 加班台班数）/

（报告期制度台班数 + 加班台班数）× 100%　　　　（7-6）

（4）其他直接费分析：此项费用分析主要通过预算与实际数的比较进行，若无预算数，可用计划数代替。

（三）针对特定问题和成本有关事项的分析

（1）成本盈亏异常分析：检查成本盈亏异常的原因，应从经济核算的"三同步"入手，通过以下5个方面的对比分析来实现。

1）产值与施工任务单的实际工程量的形象进度是否同步？

2）资源消耗与施工任务单实耗人工、限额领料单的实耗材料，当期租用的周转材料和施工机械是否同步？

3）其他费用（如材料价差、井点抽水的台班费等）的产值统计与实际支付是否同步？

4）预算成本与产值统计是否同步？

5）实际成本与资源消耗是否同步？

（2）工期成本分析：工期成本分析一般采用比较法，即将计划工期成本与实际工期成本进行比较，然后用连环替代法分析各种因素的变动对工期成本差异的影响。

（3）资金成本分析：进行资金成本分析通常应用"成本支出率"指标，分析资金收入中用于成本支出的比重。

成本支出率 =（计算期实际成本支出/计算期实际工程款收入）× 100%　　（7-7）

（4）技术组织措施执行效果分析

措施节约效果 = 措施前的成本 - 措施后的成本　　　　（7-8）

但对节约效果的分析，需要联系措施的内容和措施的执行经过、执行难度来进行分析。

（5）质量成本分析：质量成本分析根据质量成本核算的资料进行，主要进行：质量成本总额的构成内容及比例分析；质量成本各要素之间的比例关系分析；质量成本占预算成本的比例分析等。

（6）其他有利和不利因素对成本影响的分析：在项目施工过程中，针对将对项目成本产生影响的各种因素进行具体分析，充分利用有利因素，对不利因素要有预见，采取措施争取转换不利因素。

五、施工项目成本考核

施工项目成本考核是施工项目成本管理的最后环节，其目的在于贯彻落实责、权、利相结合的原则，提高成本管理水平，更好地完成施工项目的成本目标。对于一次性特点的施工项目还特别要强调施工过程中的中间考核。

施工项目的成本考核分两个层次：一是企业对项目经理成本管理的考核；二是项目经理对所属部门、施工队和班组的考核。

对施工项目经理的考核内容：项目成本目标和阶段成本目标的完成情况；以项目经理为核心的成本管理责任制落实情况；成本计划的编制落实情况；对各部门、各施工队和班组责任成本的检查和考核情况；成本管理中责、权、利相结合的执行情况。

对各部门的考核内容：本部门、本岗位责任成本的完成情况和成本管理责任的执行情况。

对施工队（承包队）的考核内容：对劳务合同规定的承包范围和承包内容的执行情况；劳务合同以外的补充收费情况；对班组施工任务单的管理情况；对班组完成施工任务后的考核情况。

对班组的考核内容：考核班组责任成本的完成情况。

小　　结

成本是项目管理的一个关键性指标，本章从建设工程施工项目管理的角度叙述了建设工程施工项目成本控制的一般概念，施工项目成本控制的组织和分工，施工项目成本控制的方法及实施。

复习思考题

1. 什么是施工项目成本控制？其控制原则是什么？
2. 项目成本管理应遵循什么程序？
3. 施工项目成本控制的对象有哪些？有哪些内容？
4. 简述施工项目成本控制体系。
5. 什么是成本管理责任制？
6. 施工项目成本控制有哪些方法？各有什么特点？

第八章 建筑工程项目质量控制

学习目的与要求

质量控制是建设工程项目传统的三大目标控制之一。本章侧重建筑工程施工项目质量控制，要求了解建筑工程项目质量控制的基本概念、施工项目过程控制、建筑工程施工质量验收及施工质量问题和质量事故的处理等内容。

第一节 建筑工程项目质量控制的基本概念

一、质量与质量控制

1. 质量

质量是指一组固有特性满足要求的程度。

"需求"一般可转化成有指标的特征和特性，它包括可用性、安全性、可获得性、可靠性、可维修性、经济性和环境影响等几个方面。并且"需求"会随时间、地域、使用对象、社会环境变化而变化。

建筑工程质量是指反映建筑工程相关标准或合同约定的要求，包括其在安全、使用功能及其在耐久性能、环境保护等方面所有明显和隐含能力的特性总和。工程质量的固有特性通常包括使用功能、寿命以及可靠性、安全性、经济性等特性，这些特性满足要求的程度越高，质量就越好。

施工项目的质量，就是项目在施工过程中形成的产品质量达到设计要求和施工验收规范、工程质量检验评定标准的程度。

2. 质量方针

由组织的最高管理者正式发布的该组织总的质量宗旨和质量方向。

3. 质量管理

在质量方面指挥和控制组织的协调的活动，对确定和达到质量要求所必需的职能和活动的管理，包括确定质量方针、质量目标和职责并在质量体系中通过诸如质量策划、质量控制、质量保证和质量改进等活动实施质量管理。

4. 质量体系

为保证产品、过程或服务质量满足规定的要求或潜在的要求，由组织机构、职责、程序、活动、能力和资源等构成的有机整体。

5. 质量控制

为达到质量要求所采取的作业技术和活动。其目的在于监视一个过程并排除各阶段产生问题的原因，以取得经济效益。质量控制体现了"预防为主"的观念，从以往的管结果转变为现今的管因素。

6. 质量保证

为使人们确信某一产品、过程或服务质量能满足规定的质量要求所必需的有计划、有系统的全部活动。可分为内部质量保证和外部质量保证。

质量方针、质量管理、质量体系、质量控制、质量保证等几个重要质量术语之间的关系，如图 8-1 所示。

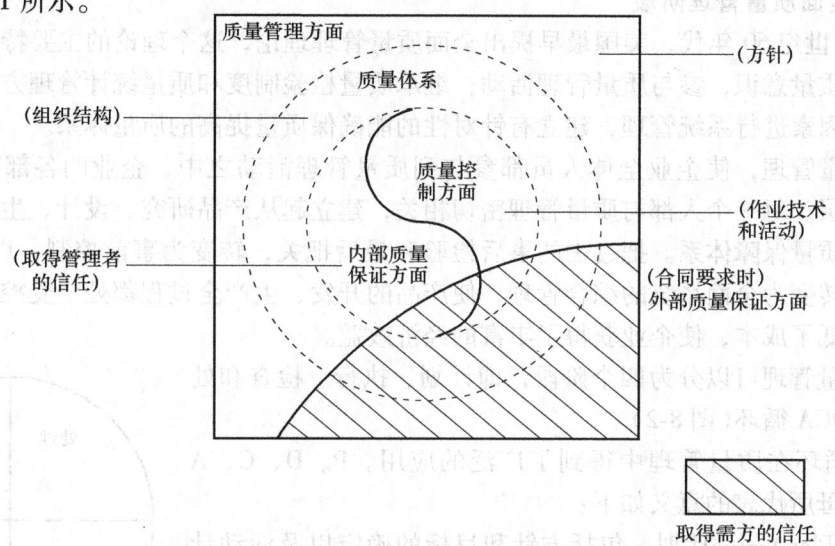

图 8-1　有关质量的几个基本概念的关系示意图

从图 8-1 可看出：

（1）质量方针是组织最高管理者的质量宗旨、经营理念和价值观的反映，指导其他质量管理工作。

（2）最外的正方形代表质量管理，是一个大的概念，它包括了质量方针的制定与实施，还包含了质量体系、质量控制和质量保证。

（3）正方形内的最大虚线圆代表质量体系。实施质量管理依靠质量体系，它包括了质量控制和质量保证。

（4）正方形内的小虚线圆用 S 形实线所隔开，分别为内部质量保证方面和质量控制方面，S 形实线隔开说明内部质量保证和质量控制是相互依托、相互渗透、密不可分的。

（5）斜线阴影部分代表合同环境下外部质量保证方面。在合同环境下对某一特定产品或服务的质量保证都是在该组织质量体系的基础上增减要求所形成的不同保证模式。

二、质量管理的发展阶段

现代质量管理科学已经历了近百年的发展，其间，经历了以下几个不同的发展时期。

（一）质量检验控制阶段

20 世纪初，质量管理由工人自我管理发展到工长的质量管理。在大型工厂中，工人被按工种划分为班组，以工长为首进行指挥，工长对工人生产的产品质量负责。质量检验制度的特点在于质量检验所验证的是产品质量是否符合标准要求。质量检验制度的主要缺点是质量检验制度是一种事后检验制度。

（二）质量统计控制阶段

质量统计控制的特点在于利用数理统计原理对产品质量进行抽样检验控制；引入允许误

差的概念，借助于控制图和工序标准化活动，允许产品在生产过程中各工序的质量在质量标准允许的误差范围内波动；将事后检验转变为事前控制，将产品的最终检验转变为每道生产工序之间的过程控制检验；用抽样检验的方法，有效减少检验工作量，将专职检验人员的质量检验控制活动转移给专职质量控制工程师和技术人员来承担。

（三）全面质量管理阶段

进入 20 世纪 60 年代，美国最早提出全面质量管理理论，这个理论的主要特点是：使全体员工树立质量意识，参与质量管理活动；继承质量检验制度和质量统计管理方法；对涉及产品质量的因素进行系统管理，建立有针对性的能确保质量提高的质量体系。

全面质量管理，使企业全体人员都参与到质量管理活动之中，企业的各部门、各管理层、各操作层，每一个人都与质量管理密切相关，建立起从产品研究、设计、生产到售后服务全过程的质量保障体系。把过去的事后检验和最后把关，转变为事前控制，以预防为主，把分散管理转变为全面系统的综合管理，使产品的开发、生产全过程都处于受控状态，提高了质量，降低了成本，使企业获得了丰富的经济效益。

全面质量管理可以分为四个阶段，即计划、执行、检查和处理，简称 PDCA 循环（图 8-2）。

PDCA 循环在质量管理中得到了广泛的应用。P、D、C、A 四个英文字母所代表的意义如下：

（1）P(Plan)——计划。包括方针和目标的确定以及活动计划的制订。

（2）D(Do)——执行。执行就是具体运作，实现计划中的内容。

（3）C(Check)——检查。就是要总结执行计划的结果，分清哪些对了，哪些错了，明确效果，找出问题。

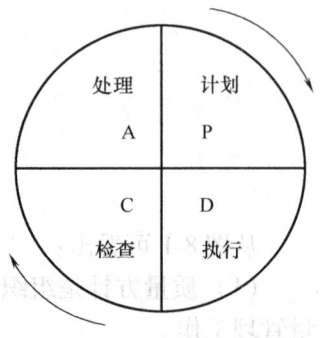

图 8-2 PDCA 循环示意图

（4）A(Act)——处理。对检查的结果进行处理，认可或否定。成功的经验要加以肯定，或者模式化或者标准化以适当推广；失败的教训要加以总结，以免重现；这一轮未解决的问题放到下一个 PDCA 循环。

全面质量管理活动的运转，离不开管理循环的转动。这就是说，改进与解决质量问题，赶超先进水平的各项工作，都要运用 PDCA 循环的科学程序。不论提高产品质量，还是减少不合格品，都要先提出目标，即质量提高到什么程度，不合格品率降低多少？就要有个计划；这个计划不仅包括目标，而且也包括实现这个目标需要采取的措施；计划制定之后，就要按照计划执行，看是否实现了预期效果，有没有达到预期的目标；通过检查找出问题和原因；最后就要进行处理，将经验和教训制订成标准、形成制度。

（四）质量保证阶段

国际标准化组织质量管理和质量保证技术委员会（ISO/TC176），在多年协调努力的基础上，总结了各国质量管理和质量保证经验，经过各国质量管理专家近十年的努力工作，于 1986 年 6 月 15 日正式发布 ISO8402《质量—术语》标准，1987 年 3 月正式发布 ISO9000~ISO9004 系列标准。

ISO9000 系列标准的发布，使世界主要工业发达国家的质量管理和质量保证概念、原则、方法和程序统一在国际标准的基础上，它标志着质量管理和质量保证走向规范化、程序化的新高度。自 ISO9000 系列标准发布以来，已有 60 多个国家等效和等同采用。标准化组织在各国迅速发展质量认证制度，实现以 ISO9000 系列标准为共同目标。

三、施工项目质量控制

建筑产品质量有个产生、形成和实现的过程。在此过程中为使产品具有适用性，需要一系列的作业技术和活动，且只有当这些作业技术和活动在受控状态下进行时，才能生产出满足质量要求的产品。项目质量控制就是指为达到质量要求，对其施工质量形成的全过程，进行跟踪监督、检查、检验和验收的总称。

（一）施工项目质量控制的特点

（1）项目施工是一个极其复杂的综合过程，影响质量的因素多，如设计、材料、机械、地形、地质、水文、气象、施工工艺、操作方法、技术措施、管理制度等，均直接影响施工项目的质量。

（2）施工项目具有一次性，为达到质量要求所采取的作业技术和活动均有特殊性，不可能利用完全标准的、同一的、静态的作业技术和活动，很容易产生质量变异。因此，质量控制要求将质量变异减小到最低程度。

（3）施工项目体积庞大，位置固定，施工项目的质量必须一次达到要求，不可能再拆卸或解体检查内在的质量，或重新更换零件，也不可能"退货"。因此要求各项作业技术和活动应严格把关、监督、保证质量一次合格。

（4）作业技术和活动的主体（劳动力）处在流动之中，基本处在露天下作业，控制质量的组织工作和环境条件都比较困难。因此，必须研究流动作业和露天作业所带来的问题，以不断采取适用的作业技术和活动。

（5）施工项目由于工序交接多、中间产品多、隐蔽工程多，必须进行严格的检查，如隐检、预检、阶段验收、竣工验收等。否则，事后看表面，容易判断错误。

（6）质量要受投资、进度的制约。一般情况下，投资大、进度慢，质量就好，反之，质量就差。因此，项目在施工中，必须正确处理质量、投资、进度三者之间的关系，使其达到对立的统一。

（二）施工项目质量控制的原则

（1）坚持"质量第一，用户至上"。建筑产品作为一种特殊的商品，使用年限较长，是"百年大计"，直接关系到人民生命财产的安全。所以，工程项目在施工中应自始至终地把"质量第一，用户至上"作为质量控制的基本原则。

（2）"以人为核心"。人是质量的创造者，因此，应把人作为控制的动力，调动人的积极性、创造性；增强人的责任感，树立"质量第一"的观念；提高人的素质，避免人的失误；以人的工作质量保工序质量、促工程质量。

（3）以"预防为主"。要从对质量的事后检查把关，转向对质量的事前控制、事中控制；从对产品质量的检查，转向对工作质量的检查，对工序质量的检查，对中间产品的质量检查。

（4）坚持质量标准，严格检查，一切用数据说话。

（5）贯彻科学、公正、守法的职业规范。

（三）施工项目质量控制的依据

施工项目质量控制的依据包括技术标准和管理标准。

技术标准包括：工程设计图样及说明书；相关技术标准等。

管理标准包括：GB/T 1900—ISO9000 族系列标准，（根据需要的模式选用）；企业主管部门有关质量工作的规定；本企业的质量管理制度及有关质量工作的规定；项目经理部与企业签订的合同及企业与业主签订的合同；施工组织设计等。

（四）施工项目质量控制过程

施工项目的质量控制过程是一个复杂系统工程，应按照该系统的进展进行分解，如图 8-3 所示。

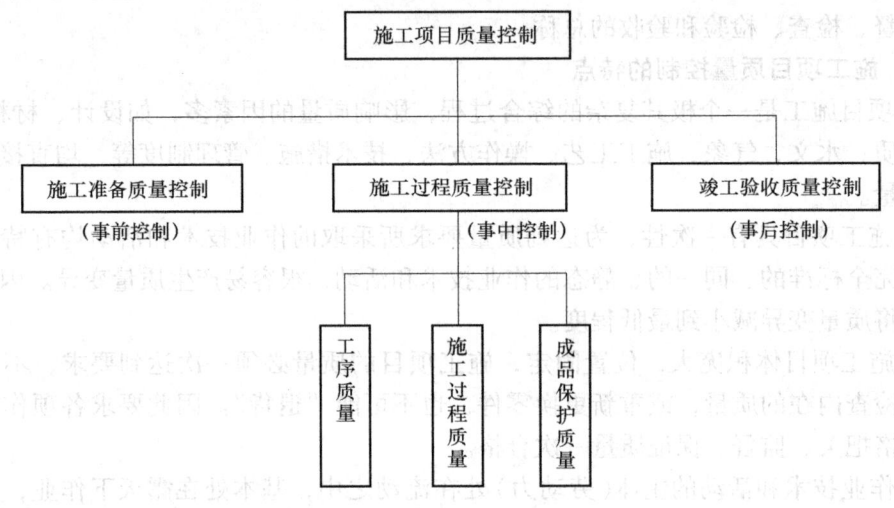

图 8-3 施工项目质量控制系统

1. 施工准备质量控制（事前控制）

施工准备质量控制是指正式施工前进行的质量控制，一般应包括以下具体工作内容。

（1）落实施工准备质量责任制度。

（2）复核审查工程地质勘探资料，会同有关部门完成图样会审和技术交底工作。

（3）做好施工组织设计，对施工组织设计要求进行两个方面的控制：一是选定施工方案后，制定施工进度时，必须考虑施工顺序、施工流向、主要分部分项工程的施工方法、特殊项目的施工方法和技术措施能否保证工程质量；二是制定施工方案时，必须进行技术经济比较，使建筑工程满足符合性、有效性和可靠性要求，求得施工工期短、成本低、安全生产、效益好的经济质量。

（4）检查"三通一平"，临时设施是否符合质量和施工使用要求。

（5）检查施工机械设备能否进入正常工作运转状态。

（6）核实原材料、构配件产品合格证书，进行材料进场质量检验。

（7）检查操作人员是否具备相应的操作技术资格，能否进入正常作业状态；劳动力的调配，工种间的搭接，能否为后续工种创造合理的、足够的工作面。

2. 施工过程质量控制（事中控制）

施工过程质量控制是施工项目质量控制的重点。其控制策略为：全面控制施工过程，重点控制工序质量。

施工过程质量控制的具体措施是：工序交接有检查，质量预控有对策，施工项目有方案，技术措施有交底，图样会审有记录，配制材料有试验，隐蔽工程有验收，计量器具校正有复核，设计变更有手续，钢筋代换有制度，质量处理有复查，成品保护有措施，行使质控有否决（如发现质量异常，隐蔽未经验收、质量问题未处理、擅自变更设计图样、擅自代换或使用不合格材料、未经资质审查的无证上岗操作人员等，均应对质量予以否决），质量文件有档案（凡是与质量有关的技术文件，如水准、坐标位置、测量、放线记录、沉降、变形观测记录、图样会审记录、材料合格证明、试验报告、施工记录、隐蔽工程记录、设计变更记录、调试、试压运行记录、试车运转记录、竣工图等都要编目建档）。

3. 竣工验收质量控制（事后控制）

指在完成施工过程形成产品后的质量控制，其具体工作内容有：

（1）组织联动试车。

（2）准备竣工验收资料，组织自检和初步验收。

（3）按规定的质量评定标准，对完成的分项工程、分部工程、单位工程进行质量评定。

（4）组织竣工验收，其标准是：

1）按设计文件规定的内容和合同规定的内容完成施工，质量达到国家质量标准，能满足生产和使用的要求。

2）主要生产工艺设备已安装配套，联动负荷试车合格，形成设计生产能力。

3）交工验收的建筑物要窗明、地净、水通、灯亮、气来，采暖通风设备运转正常。

4）交工验收的工程内净外洁，施工中的残余物料远离现场，灰坑填平，临时建（构）筑物拆除，2m 以内地坪整洁。

5）技术档案资料齐全。

第二节　建筑工程施工项目质量的过程控制

建筑产品是一种特殊产品，必须加强施工过程的质量控制，过程控制主要体现在施工工序的质量控制上。

一、基本概念

（一）工序

工序亦称"作业"，是产品制造过程的基本环节，也是组织生产过程的基本单位。一道工序，是指一个（或一组）工人在一个工作地对一个（或几个）劳动对象（工程、产品、构配件）所完成的一切连续活动的总和。

（二）工序质量

指工序的成果符合设计、工艺（技术标准）要求的程度。

一个单位工程由若干个分部工程所组成，而每个分部工程由若干个分项工程所组成，分项工程的完成正是由一道道工序所形成，所以工序的质量对工程的施工质量将产生决定性的影响。

（三）工序质量控制

对工序活动条件（人、材料、机械设备、方法和环境等）的质量控制和工序活动效果（即分项工程）的质量控制。这两方面的控制是相互关联的，一方面要控制工序投入品的质量，即人、材料、机械、方法和环境的质量是否符合要求；另一方面要控制每道工序施工完成的分项工程产品是否达到有关质量标准。

二、工序质量控制的内容

(一) 确定工序质量控制工作计划

一方面要求对不同的工序活动制定专门的保证质量的技术措施，作出物料投入及活动顺序的专门规定；另一方面须规定质量控制工作流程、质量检验制度等。

(二) 严格遵守工艺规程

施工工艺和操作规程是进行施工操作的依据和法规，是确保工序质量的前提，任何人都必须严格执行，不得违犯。

(三) 主动控制工序活动条件的质量

工序活动条件主要指影响质量的五大因素，即人、材料、机械设备、方法和环境等（图8-4）。

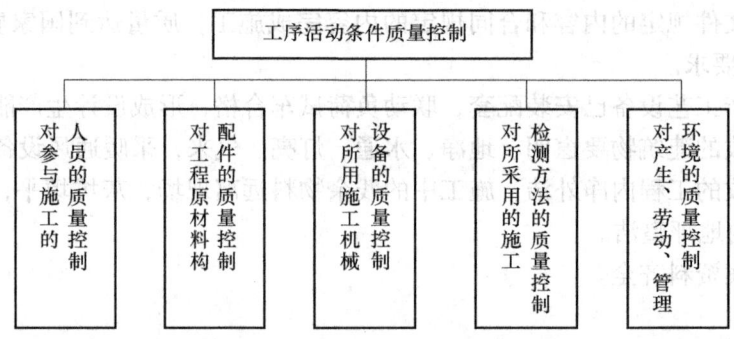

图 8-4 施工项目质量因素控制图

1. 人的控制

人是指直接参与施工的管理者和操作者。应从政治思想素质、技术业务素质和身体素质等方面综合考虑，全面控制人的使用。

人，作为控制的对象，是要避免产生失误；作为控制的动力，是要充分调动人的积极性，发挥人的主导作用。为此，应加强政治思想教育、劳动纪律教育、职业道德教育，进行专业技术培训，健全岗位责任制，改善劳动条件，公平合理地激励劳动热情，严格禁止无技术资质人员上岗操作。同时，还需根据工程特点，从确保质量出发，在人的技术水平、人的生理缺陷、心理行为等方面控制人的使用。如对技术复杂、难度大、精度高的工序或操作，应由技术熟练、经验丰富的工人来完成。

2. 材料的控制

材料控制包括原材料、成品、半成品、构配件等的控制，主要是严格按质量标准订货采购、检查验收，正确堆存保管，合理使用。建立管理台账，进行收、发、储、运等各环节的技术管理，避免混料和将不合格的原材料使用到工程上。

3. 机械控制

机械控制包括施工机械设备、工具等控制，主要是根据不同的工艺特点和技术要求，按技术先进、经济合理、生产上适用、性能上可靠、使用上安全、操作维修方便的原则，选择合适的机械设备；正确使用、管理和保养好机械设备，为此，要实行"操作证"制度，定人、定机、定岗位责任制的"三定"制度，交接班制度。操作人员必须认真执行各项规章制度、严格遵守机械设备操作规程、安全技术规程、维修保养规程等，以确保机械设备处于最佳使用状态。

4. 方法控制

方法控制包括施工方案、施工工艺、施工组织设计、施工技术措施等控制。制定施工方案时应切合实际，技术可行、经济合理，有利于保证质量，加快进度，降低成本，要及时督促检查施工工艺文件是否得到认真执行，是否严格遵守施工操作规程等。

5. 环境控制

环境控制主要是对工程技术环境（如工程地质、水文、气象等）、工程管理环境（如质量体系、质量管理制度等）、劳动环境（如劳动组合、作业场所、现场布置等）采取有效措施进行严格控制。尤其对于施工现场，应建立文明施工和文明生产的环境，保持材料工件堆放有序，道路畅通，工作场所清洁整齐、施工程序井井有条，为确保质量、安全创造良好条件。

（四）及时检验工序活动效果的质量

工序活动效果是评价工序质量是否符合标准的尺度。为此，必须加强质量检验工作。主要是实行班组自检、互检、上下道工序交接检，特别是对隐蔽工程和分项（部）工程的质量检验。要开展质量统计分析，及时掌握质量动态。一旦发现质量问题，立即研究处理，使每道工序处于良好的控制状态，以使工序活动效果的质量满足规范和标准的要求。

（五）设置工序质量控制点

工序质量控制点是针对影响质量的关键部位或薄弱环节而确定的重点控制对象，以便在一定时期内，一定条件下进行强化管理，使工序处于良好的控制状态。正确设置控制点并严格实施是进行工序质量控制的重点。

三、工序质量控制点的设置

（一）工序质量控制点的设置原则

工序质量控制点涉及面较广，应根据工程项目特点、重要性、复杂程度、精度、质量标准和要求、加以合理设置，其设置原则如下。

（1）对项目质量影响大的关键部位或工序，要设置质量控制点，如高层建筑物垂直度。

（2）对经常容易出现不良产品的工序，设置质量控制点，如阳台地坪、油毡铺设等。

（3）材料的质量和性能是直接影响工程质量的主要因素，尤其是某些工序，更应将材料质量和性能作为控制的重点。如预应力钢筋，若钢筋弹性模量不一致，含硫量和含磷量过大，会产生热脆和冷脆问题。

（4）某些关键操作过程，如预应力钢筋的张拉，要进行超张拉持荷 2min。在操作中，若不进行超张拉和持荷 2min，就不能可靠地建立预应力值；若张拉应力控制不准，过大或过小，亦不可能可靠地建立预应力值，这均会严重影响预应力构件的质量。

（5）对会影响项目质量的某些工序或操作的施工顺序，要设置质量控制点，如冷拉钢筋，要先对焊后冷拉。

（6）对会影响下道工序质量的技术间歇时间，如分层浇筑混凝土，必须待下层混凝土未初凝时将上层混凝土浇完。砖墙砌筑后，要有 6～10d 间隔时间让墙体充分沉降、稳定和干燥后，才能抹灰等。

（7）对某些与质量密切相关的技术参数，要设立质量控制点。如混凝土的配合比、外加剂的掺量、灰缝的饱满度等。

（8）容易出现质量通病的部位，要设置质量控制点，如油毡铺设未进行好，容易产生屋面漏水。

（9）对新工艺、新技术、新材料的应用。由于施工操作人员缺乏经验，初次进行施工，必须对其工序操作作为重点控制。

（二）质量控制点的实施

（1）交底。将控制点的"控制措施设计"向操作班组进行认真交底，必须使工人真正了解操作要点。

（2）质量控制人员在现场进行重点指导、检查、验收。

（3）工人按作业指导书认真进行操作，保证每个环节的操作质量。

（4）按规定做好检查并认真做好记录，取得第一手数据。

（5）运用数理统计方法，不断进行分析和改进，直至质量控制点验收合格。

（6）质量控制点实施中应明确工人、质量控制人员的职责。

四、施工过程质量检查

（一）施工操作质量巡视检查

在项目施工过程中，对于可能导致产品质量问题的操作，必须经常进行巡视检查，对违章和不符合规程要求的操作，必须及时纠正。

（二）工序质量交接检查

生产班组在完成工序自检的基础上，质量检查人员必须坚持上道工序不合格就不能进行下道工序施工的原则，进行工序质量交接检查。如其质量不合格，必须坚决予以返工；返修工作完成经复检认可后，下道工序方能施工。

（三）隐蔽工程检查验收

对于将被其他工序施工所隐蔽的分部（项）工程，在隐蔽前一定要由项目技术负责人主持检查验收；在检查时发现的问题，应认真进行处理，经复检合格后方准将其掩盖。

（四）项目施工预检

指在分部（项）工程施工前进行的预先检查和复核。一般预检项目由工长主持，质检人员和有关班组长参加；重要预检项目由项目经理或项目工程师主持，请设计单位、项目监理工程师和质监站参加。

（五）基础和主体工程检查验收

单位工程基础完成后，必须进行基础验收，方可进行主体工程施工；主体工程完成后，必须经过主体工程验收，方可进行装饰工程施工。

第三节　建筑工程施工质量验收

一、建筑工程施工质量验收相关标准制订的指导思想

现行《建筑工程施工质量验收统一标准》及其各专业验收规范编制的指导思想是：验评分离、强化验收、完善手段、过程控制。

（一）验评分离

"验评"就是工程质量的验收与评定，"分离"是相对"合一"而言的，如图 8-5 所示。

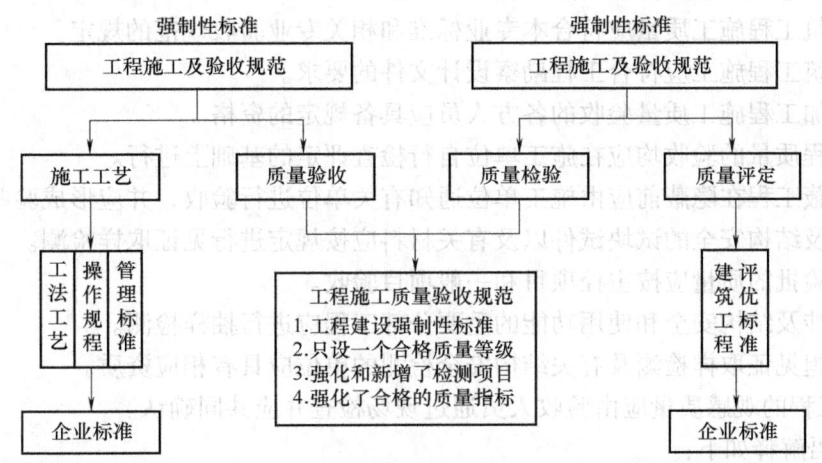

图 8-5 验评分离，强化验收示意图

（二）强化验收

建筑工程是一种特殊产品。其特殊性在于产品的群体性、固定性、单一性，生产的协作性、复合性及预约性。所以，建筑产品是一种特殊产品，它直接涉及人民生命财产安全、人身健康、环境保护和公众利益，它的质量是否符合国家标准、规范的规定，是否存在质量安全隐患，不合格的建筑产品是否流向社会，验收环节极为重要且尤为关键，因此，验收必须强化。

强化验收是指将现行施工规范中质量验收部分与评定标准中的质量检验内容合并起来，形成一个完整的施工企业必须达到的最低质量标准，建设单位必须按其验收的质量标准。

（三）完善手段

工程质量检测，一般可分为基本试验项目、施工试验项目、竣工抽样检测项目三个部分。完善检测手段主要表现在以下三个方面。

（1）进一步完善基本试验项目的检测。

（2）改进施工试验项目。

（3）竣工抽样检测。

（四）过程控制

建筑产品是一种特殊产品，必须加强施工过程的质量控制。工程质量的验收是在施工企业过程控制的基础上，既体现在企业建立过程控制的各项制度中，也体现在基本规定中，设置过程控制要求，强制中间控制和合格控制，综合质量水平的考核，质量验收的要求和依据文件；还体现在验收规范本身关于检验批、分项、分部（子分部）、单位（子单位）工程的验收，就是加强施工过程质量控制的体现。按质量验收的划分，检验批是最基本的验收单元，不合格的现象都应该在检验批的验收过程中及时发现，及时处理，所有的质量隐患和质量问题都应消除在检验批中，否则将影响分项工程、分部工程、单位工程的质量，这就是通过强化验收促进过程控制的体现。

二、建筑工程施工质量验收的基本要求

建筑工程施工质量验收应符合以下基本要求。
（1）建筑工程施工质量应符合本专业标准和相关专业验收规范的规定。
（2）建筑工程施工应符合工程勘察设计文件的要求。
（3）参加工程施工质量验收的各方人员应具备规定的资格。
（4）工程质量的验收均应在施工单位自行检查评定的基础上进行。
（5）隐蔽工程在隐蔽前应由施工单位通知有关单位进行验收，并应形成验收文件。
（6）涉及结构安全的试块试件以及有关材料应按规定进行见证取样检测。
（7）检验批的质量应按主控项目和一般项目验收。
（8）对涉及结构安全和使用功能的重要分部工程应进行抽样检测。
（9）承担见证取样检测及有关结构安全检测的单位应具有相应资质。
（10）工程的观感质量应由验收人员通过现场检查并应共同确认。

相关术语解释如下：

见证取样检测：在监理单位或建设单位监督下，由施工单位有关人员现场取样，并送至具备相应资质的检测单位进行的检测。

主控项目：建筑工程中的对安全、卫生、环境保护和公众利益起决定性作用的检验项目。

一般项目：除主控项目以外的检验项目。

抽样检验：按照规定的抽样方案，随机地从进场的材料、构配件、设备或建筑工程检验项目中，按检验批抽取一定数量的样本所进行的检验。

观感质量：通过观察和必要的量测所反映的工程外在质量。

检验批：按同一的生产条件或按规定的方式汇总起来供检验用的，由一定数量样本组成的检验体。

三、建筑工程质量验收的划分

（1）建筑工程质量验收应划分为单位（子单位）工程、分部（子分部）工程、分项工程和检验批。
（2）单位工程的划分应按下列原则确定。
1）具备独立施工条件并能形成独立使用功能的建筑物及构筑物为一个单位工程。
2）建筑规模较大的单位工程可将其能形成独立使用功能的部分为一个子单位工程。
（3）分部工程的划分应按下列原则确定。
1）分部工程的划分应按专业性质建筑部位确定；
2）当分部工程较大或较复杂时可按材料种类、施工特点、施工程序、专业系统及类别等划分为若干子分部工程。
（4）分项工程应按主要工种、材料、施工工艺、设备类别等进行划分。

建筑工程的分部（子分部）分项工程可按《建筑工程施工质量验收统一标准》附录采用。

（5）分项工程可由一个或若干检验批组成，检验批可根据施工及质量控制和专业验收需要按楼层、施工段、变形缝等进行划分。

（6）室外工程可根据专业类别和工程规模划分单位（子单位）工程。

四、建筑工程质量验收

（1）检验批合格质量应符合下列规定。
1）主控项目和一般项目的质量经抽样检验合格。
2）具有完整的施工操作依据和质量检查记录。
（2）分项工程质量验收合格应符合下列规定。
1）分项工程所含的检验批均应符合合格质量的规定。
2）分项工程所含的检验批的质量验收记录应完整。
（3）分部（子分部）工程质量验收合格应符合下列规定。
1）分部（子分部）工程所含分项工程的质量均应验收合格。
2）质量控制资料应完整。
3）地基与基础、主体结构和设备安装等分部工程有关安全及功能的检验和抽样检测结果应符合有关规定。
4）观感质量验收应符合要求。
（4）单位（子单位）工程质量验收合格应符合下列规定。
1）单位（子单位）工程所含分部（子分部）工程的质量均应验收合格。
2）质量控制资料应完整。
3）单位（子单位）工程所含分部工程有关安全和功能的检测资料应完整。
4）主要功能项目的抽查结果应符合相关专业质量验收规范的规定。
5）观感质量验收应符合要求。
（5）建筑工程质量验收记录应符合标准有关规定。
（6）当建筑工程质量不符合要求时应按下列规定进行处理。
1）经返工重做或更换器具设备的检验批应重新进行验收；
2）经有资质的检测单位检测鉴定能够达到设计要求的检验批，应予以验收。
3）经有资质的检测单位检测鉴定达不到设计要求但经原设计单位核算认可能够满足结构安全和使用功能的检验批可予以验收。
4）经返修或加固处理的分项分部工程虽然改变外形尺寸但仍能满足安全使用要求可按技术处理方案和协商文件进行验收。
（7）通过返修或加固处理仍不能满足安全使用要求的分部工程、单位（子单位）工程严禁验收。

五、建筑工程质量验收程序和组织

（1）检验批及分项工程应由监理工程师、建设单位项目技术负责人组织施工单位项目专业质量技术负责人等进行验收。
（2）分部工程应由总监理工程师（建设单位项目负责人）组织施工单位项目负责人和技术、质量负责人等进行验收；地基与基础、主体结构分部工程的勘察、设计单位工程项目负责人和施工单位技术、质量部门负责人也应参加相关分部工程验收。
（3）单位工程完工后，施工单位应自行组织有关人员进行检查评定，并向建设单位提交工程验收报告。

（4）建设单位收到工程验收报告后应由建设单位(项目)负责人组织施工(含分包单位)、设计、监理等单位(项目)负责人进行单位(子单位)工程验收。

（5）单位工程由分包单位施工时，分包单位对所承包的工程项目应按本专业标准规定的程序检查评定，总包单位应派人参加。分包工程完成后，应将工程有关资料交总包单位。

（6）当参加验收各方对工程质量验收意见不一致时，可请当地建设行政主管部门或工程质量监督机构协调处理。

（7）单位工程质量验收合格后，建设单位应在规定时间内将工程竣工验收报告和有关文件，报建设行政管理部门备案。

第四节 建筑工程质量问题和质量事故的处理

一、建筑工程质量问题

建筑工程质量问题按严重程度一般可分为三大类：工程质量通病；工程质量缺陷；工程质量事故。

（一）工程质量通病

建筑工程质量通病是指建筑工程中经常发生的、普遍存在的一些工程质量问题，影响工程结构、使用功能和外形观感，量大面广，是施工质量的"常见病"、"多发病"，因此称质量通病。质量通病对建筑工程质量危害很大，是进一步提高工程质量的主要障碍。

（二）工程质量缺陷

工程质量缺陷是指房屋建筑工程的质量不符合工程建设强制性标准以及合同的约定，即建筑工程施工质量中不符合规定要求的检验项或检验点。工程质量缺陷按其程度可以分为严重缺陷和一般缺陷。严重缺陷是指对结构构件受力性能或使用性能有决定性影响的缺陷；一般缺陷是指对结构构件的受力性能或使用性能无决定性影响的缺陷。

（三）工程质量事故

工程质量事故是指由于建设、勘察、设计、施工、监理等单位违反工程质量有关法律法规和工程建设标准，使工程产生结构安全、重要使用功能等方面的质量缺陷，造成人身伤亡或者重大经济损失的事故。

根据工程质量事故造成的人员伤亡或者直接经济损失，工程质量事故分为4个等级。

（1）特别重大事故：是指造成30人以上死亡，或者100人以上重伤，或者1亿元以上直接经济损失的事故；

（2）重大事故：是指造成10人以上30人以下死亡，或者50人以上100人以下重伤，或者5000万元以上1亿元以下直接经济损失的事故。

（3）较大事故：是指造成3人以上10人以下死亡，或者10人以上50人以下重伤，或者1000万元以上5000万元以下直接经济损失的事故。

（4）一般事故：是指造成3人以下死亡，或者10人以下重伤，或者100万元以上1000万元以下直接经济损失的事故。

本等级划分所称的"以上"包括本数，所称的"以下"不包括本数。

二、工程质量事故处理

工程质量事故处理程序如图 8-6 所示。

(一) 事故报告

工程质量事故发生后，事故现场有关人员应当立即向工程建设单位负责人报告；工程建设单位负责人接到报告后，应于 1 小时内向事故发生地县级以上人民政府住房和城乡建设主管部门及有关部门报告。

情况紧急时，事故现场有关人员可直接向事故发生地县级以上人民政府住房和城乡建设主管部门报告。

住房和城乡建设主管部门接到事故报告后，应当依照下列规定上报事故情况，并同时通知公安、监察机关等有关部门。

(1) 较大、重大及特别重大事故逐级上报至国务院住房和城乡建设主管部门，一般事故逐级上报至省级人民政府住房和城乡建设主管部门，必要时可以越级上报事故情况。

(2) 住房和城乡建设主管部门上报事故情况，应当同时报告本级人民政府；国务院住房和城乡建设主管部门接到重大和特别重大事故的报告后，应当立即报告国务院。

(3) 住房和城乡建设主管部门逐级上报事故情况时，每级上报时间不得超过 2 小时。

事故报告应包括下列内容。

(1) 事故发生的时间、地点、工程项目名称、工程各参建单位名称。

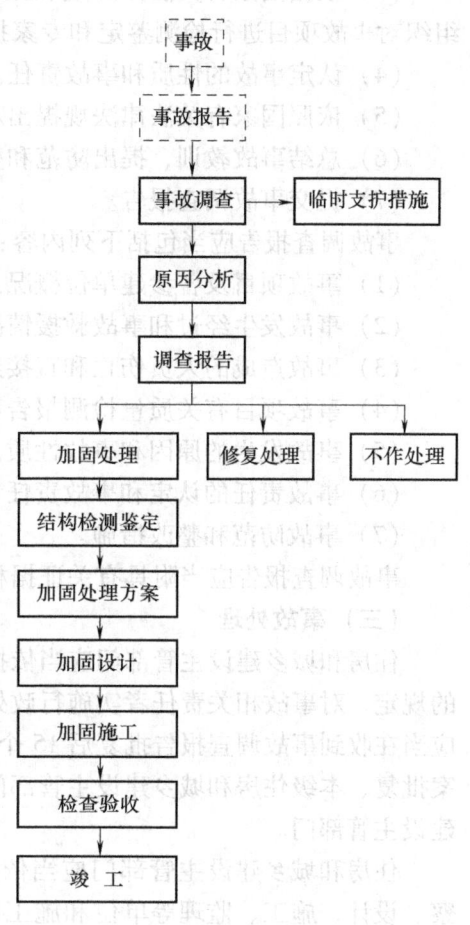

图 8-6 工程质量事故处理程序

(2) 事故发生的简要经过、伤亡人数（包括下落不明的人数）和初步估计的直接经济损失。

(3) 事故的初步原因。

(4) 事故发生后采取的措施及事故控制情况。

(5) 事故报告单位、联系人及联系方式。

(6) 其他应当报告的情况。

事故报告后出现新情况，以及事故发生之日起 30 日内伤亡人数发生变化的，应当及时补报。

(二) 事故调查

住房和城乡建设主管部门应当按照有关人民政府的授权或委托，组织或参与事故调查组对事故进行调查，并履行下列职责。

(1) 核实事故基本情况，包括事故发生的经过、人员伤亡情况及直接经济损失。

(2) 核查事故项目基本情况，包括项目履行法定建设程序情况、工程各参建单位履行职责的情况。

（3）依据国家有关法律法规和工程建设标准分析事故的直接原因和间接原因，必要时组织对事故项目进行检测鉴定和专家技术论证。

（4）认定事故的性质和事故责任。

（5）依照国家有关法律法规提出对事故责任单位和责任人员的处理建议。

（6）总结事故教训，提出防范和整改措施。

（7）提交事故调查报告。

事故调查报告应当包括下列内容：

（1）事故项目及各参建单位概况。

（2）事故发生经过和事故救援情况。

（3）事故造成的人员伤亡和直接经济损失。

（4）事故项目有关质量检测报告和技术分析报告。

（5）事故发生的原因和事故性质。

（6）事故责任的认定和事故责任者的处理建议；

（7）事故防范和整改措施。

事故调查报告应当附具有关证据材料。事故调查组成员应当在事故调查报告上签名。

（三）事故处理

住房和城乡建设主管部门应当依据有关人民政府对事故调查报告的批复和有关法律法规的规定，对事故相关责任者实施行政处罚。处罚权限不属本级住房和城乡建设主管部门的，应当在收到事故调查报告批复后15个工作日内，将事故调查报告（附具有关证据材料）、结案批复、本级住房和城乡建设主管部门对有关责任者的处理建议等转送有权限的住房和城乡建设主管部门。

住房和城乡建设主管部门应当依据有关法律法规的规定，对事故负有责任的建设、勘察、设计、施工、监理等单位和施工图审查、质量检测等有关单位分别给予罚款、停业整顿、降低资质等级、吊销资质证书其中一项或多项处罚，对事故负有责任的注册执业人员分别给予罚款、停止执业、吊销执业资格证书、终身不予注册其中一项或多项处罚。

小　　结

质量控制是建设工程项目传统的三大目标控制之一。本章主要面向建筑工程施工质量的全过程控制，介绍了建筑工程项目质量控制的基本概念、施工项目过程控制、建筑工程施工质量验收及施工质量问题和质量事故的处理等内容。

复习思考题

1. 正确理解几个概念：质量、质量方针、质量管理、质量体系、质量控制、质量保证。
2. 施工项目质量控制的特点和原则是什么？
3. 阐述施工项目质量控制过程。
4. 什么是工序质量控制？其内容是什么？
5. 工序质量控制点的设置原则有哪些？
6. 如何进行施工过程质量检查？

7. 建筑工程施工质量验收应符合什么基本要求？
8. 如何进行建筑工程质量验收的划分？
9. 如何进行检验批、分项工程、分部工程、单位工程的质量验收？
10. 简述建筑工程质量验收程序和组织。
11. 常见的建筑工程质量问题有哪些？
12. 建筑工程质量事故处理程序是什么？

第九章 建筑工程项目安全控制与绿色施工

学习目的与要求

理解工程项目安全控制的基本概念；了解项目安全技术措施计划的编制步骤和危险性较大的分部分项工程安全管理；掌握工程项目施工安全管理程序。理解绿色施工的概念和绿色施工总体框架；掌握绿色施工管理的五方面内容；了解绿色施工准备措施、资源节约措施和环境保护措施，以及绿色施工职业健康与卫生防疫措施。

第一节 安 全 控 制

一、建筑工程项目安全控制的基本概念

（一）施工项目安全控制的概念及主要内容

施工项目安全控制是在项目施工的全过程中，运用科学管理的理论、方法，通过法规、技术、组织等手段，使人、物、环境构成的施工生产体系达到最佳安全状态，实现项目安全目标所进行的一系列活动的总称。

施工项目安全控制主要以施工活动中，人、物、环境构成的施工生产体系为对象。目的是要建立一个安全的生产体系，确保施工活动的顺利进行。

（1）劳动者：依法制订有关安全的政策、法规，给予劳动者的劳动安全，身体健康以法律保障的措施，目的在于约束控制劳动者的不安全行为，消除或减少主观上的安全隐患。

（2）劳动手段与劳动对象：改善施工工艺、改进设备性能，制定消除和控制生产过程中可能出现的危险因素，避免损失扩大的安全技术保证措施。

（3）劳动条件（施工环境）：防止、控制施工中高温、严寒、粉尘、噪声、震动、毒气毒物对劳动者安全与健康影响，采取必要的医疗、保健、防护措施。

（二）施工项目安全控制应遵循的基本原则

1. 安全第一的原则

安全第一是从保护生产力的角度和高度，表明生产范围内安全与生产的关系，肯定安全在生产活动中的位置和重要性。

2. 预防为主的原则

进行安全控制是要在生产活动中，针对生产的特点、对生产因素采取管理措施，有效地控制不安全因素的发展与扩大，把可能发生的事故消灭在萌芽状态，以保证生产活动中人的安全与健康。

3. 全面动态控制的原则

安全管理不只是少数人和安全机构的事，而是一切与生产有关的人共同的事，安全管理涉及生产活动的方方面面，涉及从开工到竣工交付的全部生产过程，全部的生产时间和一切

变化着的生产因素，因此，必须坚持全面、全过程、全方位、全天候的动态安全控制。

（三）施工项目安全控制措施

1. 安全立法措施

项目经理部必须执行国家、行业、地区安全法规、标准并依此制订自己的安全管理制度。

2. 安全组织措施

（1）建立施工项目安全组织系统

（2）建立与项目安全组织系统相配套的各专业、部门、生产岗位的安全责任系统

3. 安全教育

（1）安全思想教育。

（2）安全知识教育：学习施工生产一般流程；环境、区域概括介绍；安全生产一般注意事项；企业内外典型事故案例简介与分析；工种、岗位安全生产知识等。

（3）安全技术教育：学习安全生产技术、安全技术操作规程等。

（4）安全法制教育：学习安全生产法规和责任制度、安全生产规章制度、法律上的有关条文等，摘要介绍受处分的先例。

（5）安全纪律教育：学习厂规厂纪、职工守则、劳动纪律、安全生产奖惩条例等。

4. 安全技术措施

（1）施工准备阶段安全技术措施

1）技术准备

① 了解工程设计对安全施工的要求。

② 调查工程的自然环境（水文、地质、气候、洪水、雷击等）和施工环境（地下设施、管道、电缆的分布、走向、粉尘、噪声等）对施工安全及施工对周围环境安全的影响。

③ 改扩建工程施工与建设单位使用、生产发生交叉，可能造成双方伤害时，双方应签订安全施工协议，搞好施工与生产的协调，明确双方责任，共同遵守安全事项。

④ 在施工组织设计中，编制切实可行、行之有效的安全技术措施，并严格履行审批手续，送安全部门备案。

2）物资准备

① 及时供应质量合格的安全防护用品（安全帽、安全带、安全网等）满足施工需要。

② 保证特殊工种（电工、焊工、爆破工、起重工等）使用工具器械质量合格，技术性能良好。

③ 施工机具、设备（起重机、卷扬机、电锯、平面刨、电气设备）、车辆等需经安全技术性能检测、鉴定合格，防护装置齐全，制动装置可靠，方可进场使用。

施工周转材料（脚手杆、扣件、跳板等）须认真挑选，不符合安全要求的禁止使用。

3）施工现场准备

① 按施工总平面图要求作好现场施工准备。

② 现场各种临时设施、库房，特别是炸药库、油库的布置，易燃易爆品存放都必须符合安全规定和消防要求，经公安消防部门批准。

③ 电气线路、配电设备符合安全要求，有安全用电防护措施。

④ 场内道路通畅，设交通标志，危险地带设危险信号及禁止通行标志，保证行人、车辆通行安全。

⑤ 现场周围和陡坡、沟坑处设围栏、防护板，现场入口处设"无关人员禁止入内"的标志及警示标志。

⑥ 塔式起重机等起重设备安置要与输电线路、永久或临设工程间有足够的安全距离，避免碰撞，以保证搭设脚手架、安全网的施工距离。

⑦ 现场设消防栓，有足够有效的灭火器材。

4）施工队伍准备

① 新工人、特种工种工人须经岗位技术培训、安全教育后，持合格证上岗。

② 高、险、难作业工人须经身体检查合格后，方可施工作业。

③ 施工负责人在开工前，要组织全体施工人员进行入场前的安全技术交底。

（2）施工阶段安全技术措施

1）单项工程、单位工程均有安全技术措施，分部分项工程有安全技术具体措施。

2）安全技术应与施工生产技术统一，各项安全技术措施必须在相应的工序施工前作好。

3）操作者严格遵守相应的操作规程，实行标准化作业。

4）针对采用的新工艺、新技术、新设备、新结构制定专门的施工安全措施。

5）有预防自然灾害(防台风、雷击、防洪排水、防暑降温、防寒、防冻、防滑等)的专门安全技术措施。

6）在明火作业现场(焊接、切割、熬沥青等)有防火，防爆安全技术措施。

7）有特殊工程、特殊作业的专业安全技术措施。如土石方施工安全技术、爆破安全技术、脚手架安全技术、起重吊装安全技术、高处作业、立体交叉作业安全技术、防火安全技术等。

5. 加强安全检查

安全检查是发现不安全行为和不安全状态的重要途径，是消除事故隐患、落实整改措施、防止事故伤害、改善劳动条件的重要方法。安全检查的形式有：定期安全检查，季节性安全检查，临时性安全检查，专业性安全检查，群众性安全检查及安全管理检查等。

（1）安全检查的内容主要是查思想、查管理、查制度、查现场、查隐患、查事故处理。

（2）安全检查的组织

1）建立安全检查制度，按制度要求的规模、时间、原则全面落实。

2）成立由第一责任人为首，业务部门、人员参加的安全检查组织。

（3）安全检查方法：常用安全检查表法进行安全检查，通过事先拟定的安全检查明细表或清单，由检查人员亲临现场，查看、测试、化验、分析，逐项检查。

二、建筑工程项目施工安全管理程序

建筑工程项目施工安全管理程序如图9-1所示。

三、项目安全技术措施计划的编制步骤

编制项目安全技术措施计划应遵循以下步骤。

（1）工作分类。

（2）识别危险源。

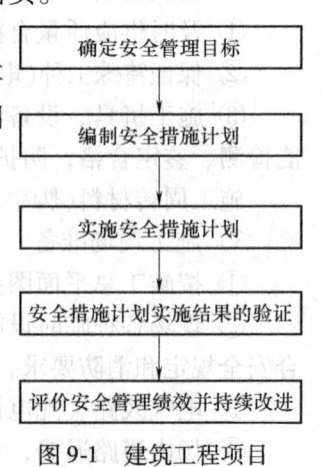

图9-1 建筑工程项目施工安全管理程序

(3) 确定风险。
(4) 评价风险。
(5) 制定风险对策。
(6) 评审风险对策的充分性。

四、危险性较大的分部分项工程安全管理

为进一步规范和加强对危险性较大的分部分项工程安全管理,积极防范和遏制建筑施工生产安全事故的发生,对于危险性较大的分部分项工程应单独编制安全专项施工方案。对于超过一定规模的危险性较大的分部分项工程,施工单位应当组织专家对专项方案进行论证。

危险性较大的分部分项工程是指建筑工程在施工过程中存在的、可能导致作业人员群死群伤或造成重大不良社会影响的分部分项工程,其范围主要包括:

(1) 基坑支护、降水工程。开挖深度超过3m(含3m)或虽未超过3m但地质条件和周边环境复杂的基坑(槽)支护、降水工程。

(2) 土方开挖工程。开挖深度超过3m(含3m)的基坑(槽)的土方开挖工程。

(3) 模板工程及支撑体系

1) 各类工具式模板工程:包括大模板、滑模、爬模、飞模等工程。

2) 混凝土模板支撑工程:搭设高度5m及以上;搭设跨度10m及以上;施工总荷载10kN/m^2及以上;集中线荷载15kN/m及以上;高度大于支撑水平投影宽度且相对独立无联系构件的混凝土模板支撑工程。

3) 承重支撑体系:用于钢结构安装等满堂支撑体系。

(4) 起重吊装及安装拆卸工程

1) 采用非常规起重设备、方法,且单件起吊重量在10kN及以上的起重吊装工程。

2) 采用起重机械进行安装的工程。

3) 起重机械设备自身的安装、拆卸。

(5) 脚手架工程

1) 搭设高度24m及以上的落地式钢管脚手架工程。

2) 附着式整体和分片提升脚手架工程。

3) 悬挑式脚手架工程。

4) 吊篮脚手架工程。

5) 自制卸料平台、移动操作平台工程。

6) 新型及异型脚手架工程。

(6) 拆除、爆破工程

1) 建筑物、构筑物拆除工程。

2) 采用爆破拆除的工程。

(7) 其他

1) 建筑幕墙安装工程。

2) 钢结构、网架和索膜结构安装工程。

3) 人工挖扩孔桩工程。

4) 地下暗挖、顶管及水下作业工程。

5）预应力工程。

6）采用新技术、新工艺、新材料、新设备及尚无相关技术标准的危险性较大的分部分项工程。

第二节 绿色施工

建筑业作为投入大量资源、影响环境的产业，应承担起可持续发展的社会责任。绿色施工就是可持续发展理念在建筑工程施工全过程中的体现和实践。

一、绿色施工的概念和目的

绿色施工的概念是：工程建设中，在保证质量、安全等基本要求的前提下，通过科学管理和技术进步，最大限度地节约资源与减少对环境负面影响的施工活动，实现环境保护、节能与能源利用，节材与材料资源利用、节水与水资源利用、节地与土地资源保护，保护施工人员的安全与健康。

在建筑工程中实施绿色施工，目的是为了节约资源、保护环境和施工人员健康。

二、绿色施工总体框架

根据住房和城乡建设部2007年9月颁布的指导绿色施工的技术文件《绿色施工导则》，绿色施工总体框架由施工管理、环境保护、节材与材料资源利用、节水与水资源利用、节能与能源利用、节地与施工用地保护六个方面组成（图9-2）。这六个方面涵盖了绿色施工的基本指标，同时包含了施工策划、材料采购、现场施工、工程验收等各阶段的指标的子集。

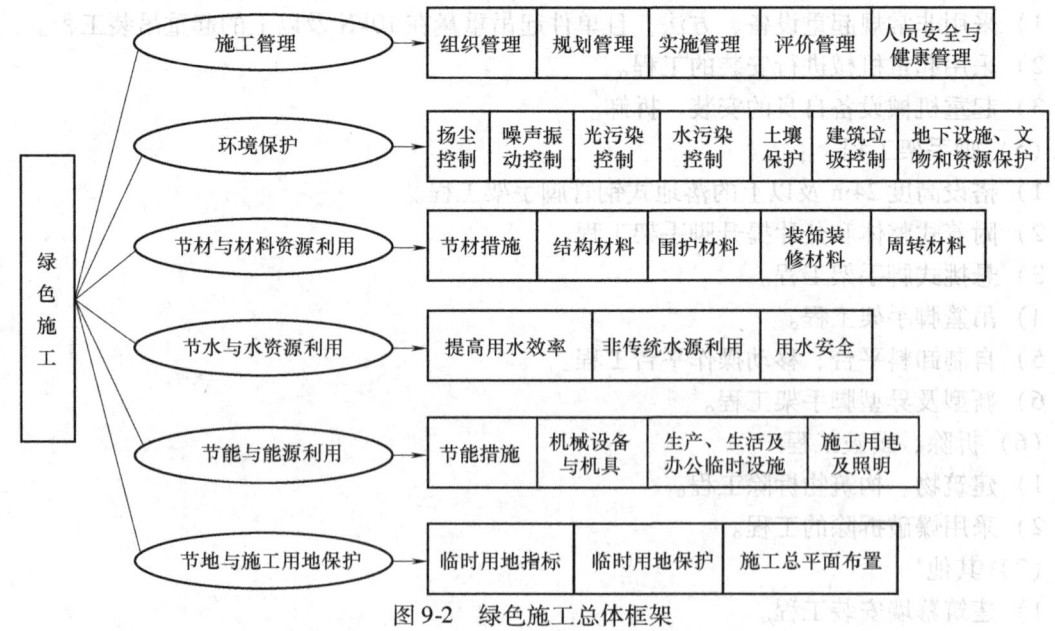

图9-2 绿色施工总体框架

三、绿色施工管理

绿色施工管理的内容主要包括组织管理、规划管理、实施管理、评价管理和人员安全与健康管理五个方面。

（一）组织管理

1. 建筑工程施工项目应建立绿色施工管理体系和管理制度，实施目标管理

（1）绿色施工管理体系的建立，是由建设单位、监理单位、施工单位、政府相关主管部门等相关单位形成的管理网络体系，以共同保证绿色施工目标的实现。其中，施工单位是建筑工程绿色施工的责任主体，全面负责绿色施工的实施。

（2）绿色施工目标是施工项目进度目标、成本目标、质量目标等整体目标中的一部分。

2. 建筑工程项目的参建各方，即建设单位、监理单位、施工单位等应承担的绿色施工责任。

（1）建设单位的绿色施工责任

1）向施工单位提供建设工程绿色施工的相关资料，保证资料的真实性和完整性。

2）在编制工程概算和招标文件时，建设单位应明确建设工程绿色施工的要求，并提供包括场地、环境、工期、资金等方面的保障。

3）建设单位应会同工程参建各方接受工程建设主管部门对建设工程实施绿色施工的监督、检查工作。

4）建设单位应组织协调工程参建各方的绿色施工管理工作。

（2）监理单位的绿色施工责任

1）对建设工程的绿色施工承担监理责任。

2）审查施工组织设计中的绿色施工技术措施或专项绿色施工方案。

3）在绿色施工方案实施过程中做好监督检查工作，见证绿色施工过程。

（3）施工单位的绿色施工责任

1）施工单位是建筑工程绿色施工的责任主体，全面负责绿色施工的实施。

2）实行施工总承包管理的建设工程，总承包单位对绿色施工过程负总责，专业承包单位应服从总承包单位的管理，并对所承包工程的绿色施工负责。

3）施工项目部应建立以项目经理为第一责任人的绿色施工管理体系，负责绿色施工的组织实施及目标实现，制定绿色施工管理责任制度，组织绿色施工教育培训。定期开展自检、考核和评比工作，并指定绿色施工管理人员和监督人员。

（二）规划管理

1. 编制绿色施工方案

（1）绿色施工方案应在施工组织设计中独立成章，并按有关规定进行审批。

（2）绿色施工方案编制之前，应做好绿色施工方案策划工作。策划的内容包括：

1）事先明确项目所要达到的绿色施工具体目标，并在设计文件中以具体的数值表示，比如材料的节约量、资源的节约量、施工现场噪声降低的分贝数等。

2）是根据总体施工方案的设计，标示出施工各阶段的绿色施工控制要点。

3）列出能够反映绿色施工思想的现场专项管理手段。

2. 绿色施工方案应包括的内容

（1）环境保护措施，制定环境管理计划及应急救援预案，采取有效措施，降低环境负荷，保护地下设施和文物等资源。

（2）节材措施，在保证工程安全与质量的前提下，制定节材措施。如进行施工方案的

节材优化，建筑垃圾减量化，尽量利用可循环材料等。

(3) 节水措施，根据工程所在地的水资源状况，制定节水措施。

(4) 节能措施，进行施工节能策划，确定目标，制定节能措施。

(5) 节地与施工用地保护措施，制定临时用地指标、施工总平面布置规划及临时用地节地措施等。

（三）实施管理

(1) 绿色施工应对整个施工过程实施目标管理，进行动态管理，加强对施工策划、施工准备、材料采购、现场施工、工程验收等各阶段的管理和监督。

目标管理、动态管理的具体方法，是在施工过程中对预先设定的项目绿色施工目标及为了实行绿色施工目标而制定的计划进行跟踪和控制。收集各个绿色施工控制要点的实测数据，定期将实测数据与计划目标值进行比较。当发现实施过程中的实际情况与计划目标不一致，发生偏离时，应及时分析偏离的原因，确定纠正改进措施，采取纠正行动。

(2) 应结合工程项目的特点，有针对性地对绿色施工作进行相应的宣传，通过宣传营造绿色施工的氛围。

(3) 定期对职工进行绿色施工知识培训，增强职工绿色施工意识。

对现场作业人员的教育培训、考核应包括与绿色施工有关法律、法规的内容。工程技术交底应包含绿色施工内容，增强作业人员绿色施工意识。

(4) 施工现场管理是实施绿色施工管理的重要环节。建筑工程项目对环境的污染以及对自然资源能源的耗费主要发生在施工现场，因此施工现场管理是能否实现绿色施工目标的关键。

1) 合理规划施工用地。施工组织设计中，科学地进行施工平面设计，首先保证场内占地合理使用，当场内空间不充分，应会同建设单位向规划部门和公安交通部门申请，经批准后才能使用场外临时用地。

2) 施工现场的办公区和生活区应设置明显的有节水、节能、节约材料等具体内容的警示标志。

3) 施工现场的生产、生活、办公和主要耗能施工设备应有节能的控制措施和管理办法。对主要耗能施工设备应定期进行耗能计量检查和核算。

4) 施工现场应建立可回收再利用物资清单，制定并实施可回收废料的管理办法，提高废料利用率。

5) 施工现场应建立机械保养、限额领料、废弃物再生利用等管理与检查制度。

6) 施工单位及项目部应建立施工技术、设备、材料、工艺的推广、限制以及淘汰公布的制度和管理方法。

7) 施工项目部应定期对施工现场绿色施工实施情况进行检查，做好检查记录，并根据绿色施工情况实施改进措施。

8) 施工项目部应按照国家法律、法规的有关要求，做好职工的劳动保护工作。

（四）评价管理

国家标准《建筑工程绿色施工评价标准》（GB/T 50640—2010），对建筑工程项目绿色施工评价作出了规定。

(1) 要求以建筑工程单位工程施工过程为对象进行评价。先进行施工批次评价，再进行施工阶段评价，然后再进行单位工程的评价。

（2）绿色施工评价的原则是，先由施工单位自评价，再由建设单位、监理单位或政府主管部门等其他评价机构验收评价。

（3）被评价为"绿色施工项目"的建筑工程应符合以下基本规定：

1) 建立绿色施工管理体系和管理制度，实施目标管理。

2) 根据绿色施工要求进行图样会审和深化设计。

3) 施工组织设计和施工方案应有专门的绿色施工章节，绿色施工目标明确，内容应涵盖"四节一环保"要求。

4) 工程技术交底应包含绿色施工内容。

5) 采用符合绿色施工要求的新材料、新技术、新工艺、新机具进行施工。

6) 建立绿色施工培训制度，并有实施记录。

7) 根据检查情况，制定持续改进措施。

8) 采集和保存过程管理资料、见证资料和自检评价记录等绿色施工资料。

绿色施工资料是指与绿色施工有关的施工组织设计、施工方案、技术交底、过程控制和过程评价等相关资料，以及用于证明采取绿色施工措施，使用绿色建材和设备等相关资料。

9) 在评价过程中，应采集反映绿色施工水平的典型图片或影像资料。

（4）绿色施工评价的内容和方法，可以用"绿色施工评价框架体系"表示。该评价体系是由评价阶段、评价要素、评价指标和评价等级构成。其可简要的归纳为：三个阶段、五个要素、三类指标、三个等级。如图9-3所示。

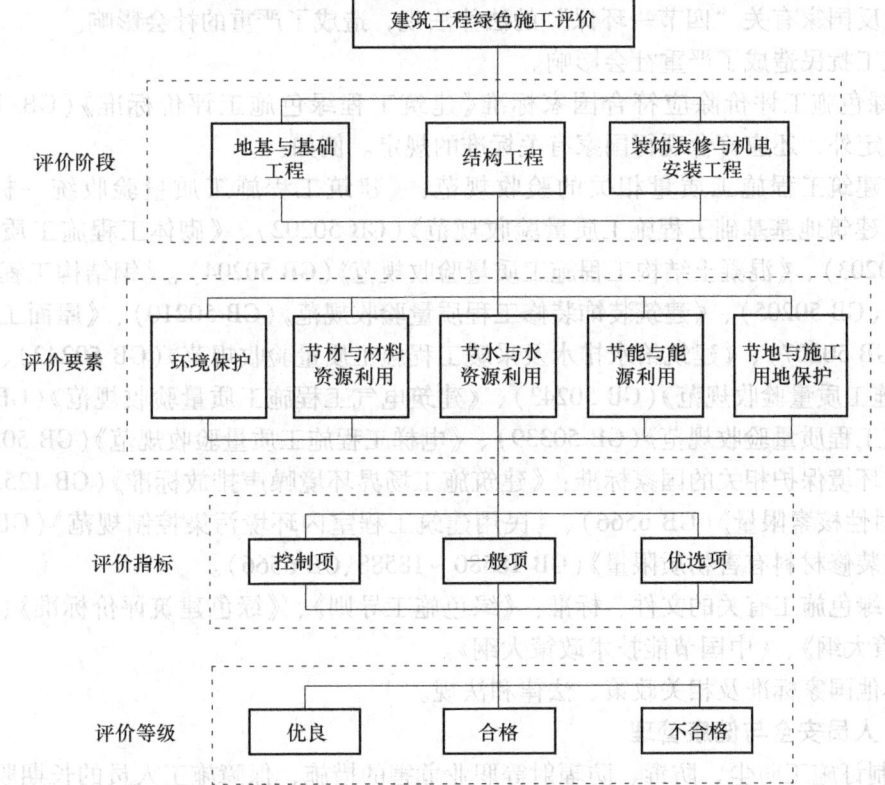

图9-3 绿色施工评价框架体系图

1) 三个阶段：为便于建筑工程项目施工阶段绿色施工评价的定量考核，将单位工程按形象进度划分为地基与基础工程、结构工程、装饰装修与机电安装工程三个施工阶段进行绿色施工评价。

2) 五个要素：依据《绿色施工导则》"四节一环保"五个要素进行绿色施工评价。五个要素分别是环境保护、节材与材料资源利用、节水与水资源利用、节能与能源利用、节地与施工用地保护五个方面。由于工程性质和所在地域不同，工程的环境因素是不同的，因此在评价前应会同建设单位和监理单位对具体工程进行客观分析，据实增减评价指标的相应条款列入要素后进行评价。

3) 三类指标：绿色施工评价要素均包含控制项、一般项、优选项三类评价指标。控制项，是指绿色施工过程中必须达到的基本要求。一般项，是指绿色施工过程中根据实施情况进行评价的得分项。优选项，是指绿色施工过程中实施难度较大、要求较高的加分项。

五个要素中的三类指标的相应内容在《建筑工程绿色施工评价标准》（GB/T 50640—2010）中有详细规定。

4) 三个等级：绿色施工评价结论分为不合格、合格和优良三个等级。

(5) 如果发生了以下事故之一，则不能被评价为绿色施工"合格"项目。

1) 安全生产死亡责任事故。

2) 重大质量事故，并造成严重影响。

3) 群体传染病、食物中毒等责任事故。

4) 施工中因"四节一环保"问题被政府管理部门处罚。

5) 违反国家有关"四节一环保"的法律法规，造成了严重的社会影响。

6) 施工扰民造成了严重社会影响。

(6) 绿色施工评价除应符合国家标准《建筑工程绿色施工评价标准》（GB/T 50640—2010）的规定外，还应符合现行国家有关标准的规定。例如：

1) 与建筑工程施工质量相关的验收规范：《建筑工程施工质量验收统一标准》（GB 50300）、《建筑地基基础工程施工质量验收规范》（GB 50202）、《砌体工程施工质量验收规范》（GB 50203）、《混凝土结构工程施工质量验收规范》（GB 50204）、《钢结构工程施工质量验收规范》（GB 50205）、《建筑装饰装修工程质量验收规范》（GB 50210）、《屋面工程质量验收规范》（GB 50207）、《建筑给水排水及采暖工程施工质量验收规范》（GB 50242）、《通风与空调工程施工质量验收规范》（GB 50243）、《建筑电气工程施工质量验收规范》（GB 50303）、《智能建筑工程质量验收规范》（GB 50339）、《电梯工程施工质量验收规范》（GB 50310）；

2) 与环境保护相关的国家标准：《建筑施工场界环境噪声排放标准》（GB 12523）、《建筑材料放射性核素限量》（GB 6566）、《民用建筑工程室内环境污染控制规范》（GB 50325）、《室内装饰装修材料有害物质限量》（GB 18580～18588、GB 6566）。

3) 与绿色施工有关的文件、标准：《绿色施工导则》、《绿色建筑评价标准》、《中国节水技术政策大纲》、《中国节能技术政策大纲》。

4) 其他国家标准及相关政策、法律和法规。

（五）人员安全与健康管理

(1) 制订施工防尘、防毒、防辐射等职业危害的措施，保障施工人员的长期职业健康。

(2) 合理布置施工场地，保护生活及办公区不受施工活动的有害影响。

(3) 施工现场建立卫生急救、保健防疫制度，在安全事故和疾病疫情出现时提供及时救助。

(4) 提供卫生、健康的工作与生活环境，加强对施工人员的住宿、膳食、饮用水等生活与环境卫生等管理，明显改善施工人员的生活条件。

四、绿色施工措施

（一）绿色施工准备措施

（1）建筑工程施工项目应建立绿色施工管理体系和管理制度，实施目标管理。

1）施工单位是建筑工程绿色施工的责任主体，全面负责绿色施工的实施。为实现建筑工程绿色施工目标，施工单位在开工前，应建立一个从项目经理部到各分承包方、各专业化公司和作业班组共同组成的组织体系。管理者是项目经理、总工程师、现场经理和质量安全经理，分包、专业责任工程师负责实施、监控和检查。

2）项目经理部根据预先设定的绿色施工总目标，进行目标分解、实施和考核活动。要求措施、进度和人员落实，实行过程控制，确保绿色施工目标实现。

3）绿色施工管理的方法是目标管理，并实施动态控制。绿色施工目标管理的实现，是通过事先确定绿色施工总目标，进行绿色施工方案设计、绿色施工技术设计，明确绿色施工控制要点，然后在现场施工过程中的各个阶段实施管理和监督、动态控制、持续改进。绿色施工目标管理的实现过程如图9-4所示。

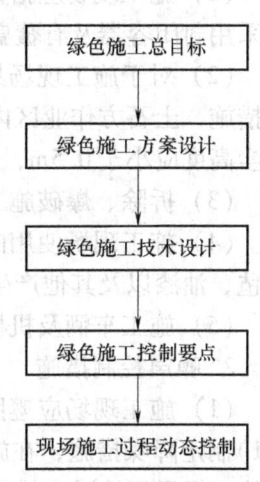

图9-4 绿色施工目标管理

（2）施工单位应按照建设单位提供的施工周边建设规划和设计资料，施工前做好绿色施工的统筹规划和策划工作，应充分考虑绿色施工的总体要求，为绿色施工提供基础条件，并合理组织一体化施工。

一体化施工是指，在工程开工前，施工单位应按照建设方提供的设计资料，根据建筑工程设计与施工的内在联系，将土建、装修、机电设备安装及市政设施等专业紧密结合，使建筑工程设计与各专业施工形成一个有机的整体。

（3）建设工程施工前，应根据国家和地方法律、法规的规定，制定施工现场环境保护和人员安全与健康等突发事件的应急预案。

（4）编制施工组织设计和施工方案时要明确绿色施工的内容、指标和方法。

1）绿色施工方案应在施工组织设计中独立成章，并按有关规定进行审批。

2）分部分项工程专项施工方案，应涵盖"四节一环保"要求。

3）在施工组织设计文件中应将绿色施工的组织管理、目标设立、监督管理机制、宣传培训、考核评价等要求融入其中，将绿色施工管理列入项目经理部的职责和目标，同时明确项目经理是绿色施工第一责任人，并将相关绿色施工的职能分解并列入各岗位人员职责中。

4）绿色施工技术措施或专项施工方案的编制，应充分考虑施工现场的自然与人文环境特点，尽量利用规划内设施，减少资源浪费和环境污染，同时，应优先选择先进的施工工艺和方法。

5）施工中采用的产品、技术、设备和施工方法，要实现"四节一环保"要求。

(5) 施工单位应积极推广应用"建筑业 10 项新技术"。

根据国家政策导向及技术发展形势，2010 年，我国住房和城乡建设部组织修编并发布了《建筑业 10 项新技术（2010）》，这 10 项新技术分别为：地基基础和地下空间工程技术、混凝土技术、钢筋及预应力技术、模板及脚手架技术、钢结构技术、机电安装工程技术、绿色施工技术、防水技术、抗震加固与监测技术、信息化应用技术。

在这 10 项新技术中重点引入了绿色、低碳的建筑施工新技术，其分别是：基坑施工封闭降水技术、施工过程水回收利用技术、预拌砂浆技术、外墙自保温体系施工技术、粘贴式外墙外保温隔热系统施工技术、现浇混凝土外墙外保温施工技术、硬泡聚氨酯外墙喷涂保温施工技术、工业废渣及（空心）砌块应用技术、铝合金窗断桥技术、太阳能与建筑一体化应用技术、供热计量技术、建筑外遮阳技术、植生混凝土、透水混凝土。

(6) 施工现场宜推行电子资料管理档案，减少纸质资料。

（二）绿色施工环境保护措施

1. 扬尘和大气污染控制措施

(1) 施工现场应搭设封闭式垃圾站。细散颗粒材料、易飞扬材料或垃圾的储存、运输应采用封闭容器及有覆盖措施的车辆。施工现场出口必须设冲洗池。

(2) 对于施工现场易产生扬尘的设备、操作过程、施工对象等，应制定控制扬尘的具体措施，土石方作业区内扬尘目测高度应小于 1.5m，结构施工、安装、装饰装修阶段目测扬尘高度应小于 0.5m，并不扩散到工作区域外。

(3) 拆除、爆破施工前应做好扬尘控制措施。

(4) 施工现场使用的热水锅炉等必须使用清洁燃料。不得在施工现场熔融沥青或焚烧油毡、油漆以及其他产生有毒、有害烟尘和恶臭气体的物质。

(5) 施工车辆及机械设备尾气排放应符合国家规定的排放标准。

2. 噪声控制措施

(1) 施工现场应遵照《建筑施工场界环境噪声排放标准》（GB 12523—2011）的要求（表 9-1）制定降噪措施，在施工场界对噪声进行实时监测与控制。监测方法亦执行国家标准《建筑施工场界环境噪声排放标准》（GB 12523—2011）。

表 9-1　建筑施工场界环境噪声限值　　　　　　　　　　［单位:dB(A)］

昼间	夜间
70	55

(2) 施工过程应优先使用低噪声、低振动的施工机具，并采取隔声与隔振措施。施工车辆进入现场，严禁鸣笛。

3. 光污染控制措施

(1) 应避免或减少施工过程中的光污染，夜间室外照明灯加设灯罩，透光方向集中在施工区范围。

(2) 电焊作业应采取遮挡措施，避免电焊弧光外泄。

4. 水污染控制措施

(1) 污水排放应委托有资质的单位进行水质检测并符合国家关于污水排放现行标准的有关要求。

(2) 非传统水源和现场循环再利用水在使用过程中,应对水质进行检测。

(3) 砂浆、混凝土搅拌用水应达到《混凝土用水标准附条文说明》(JGJ63—2006)的有关要求,并制定卫生保障措施,避免对人体健康、工程质量以及周围环境产生不良影响。

(4) 施工现场存放的油料和化学溶剂等物品应设有专门的库房,地面应做防渗漏处理。废弃的油料和化学溶剂应集中处理,不得随意倾倒。

(5) 施工机械设备检修及使用中产生的油污,应集中汇入接油盘中并定期清理。

接油盘应定期安排人员清理,清理时,油污液面不得超过接油盘高度1/2,防止油污溢出。清洗施工机械、设备及工具的废水、废油等不得直接排放,应集中处理,以防污染水质和土壤。

(6) 食堂、盥洗室、淋浴间的排水管线应设置过滤网,并应与市政污水管线连接,保证排水畅通。食堂应设隔油池,并应及时清理。

(7) 施工现场宜采用移动式厕所,委托环卫单位定期清理。

5. 建筑垃圾处理措施

(1) 施工现场应设置封闭式垃圾站(或容器),施工垃圾、生活垃圾应分类存放,并按规定及时清运消纳。对有毒有害废弃物的分类率应达到100%;对有可能造成二次污染的废弃物必须单独贮存、设置安全防范措施和醒目标志。

(2) 应制定建筑垃圾减排计划,建筑垃圾的回收再利用率应达到30%以上。

(三) 绿色施工资源节约措施

1. 节地及施工用地保护措施

(1) 应根据工程规模及施工需求等因素合理布置施工临时设施。施工临时设施布置应紧凑,应减少废弃地及死角。

(2) 施工临时设施不宜占用绿地、耕地以及规划红线以外场地。

(3) 对于因施工而破坏的植被、造成的裸土,必须及时采取有效措施,以避免土壤侵蚀、流失。施工结束后,被破坏的原有植被场地必须恢复或进行合理绿化。

(4) 施工现场应避让、保护场区及周边的古树名木。建设项目涉及古树名木保护的,工程开工前,应由建设单位提供政府主管部门批准的文件,未经批准,不得施工。若确需迁移,应按照古树名木移植的有关规定办理移植许可证后方可组织施工。对场地内无法移栽、必须原地保留的古树名木应划定保护区域,严格履行园林部门批准的保护方案,采取有效保护措施。

2. 节能及能源利用措施

(1) 应合理安排施工顺序及施工区域,减少作业区设备机具数量。应选择功率与负荷相匹配的施工机械设备,避免大功率机械设备低负荷长时间运行。

应提前做好施工器械参数统计表,包括:产地、型号、大小、功率、耗油量或耗电量、使用寿命和已使用时间等。科学选择使用施工机械,避免造成不必要的损耗和浪费。

(2) 制定科学合理的施工能耗指标,明确节能措施,提高施工能源利用率。

(3) 建立施工机械设备管理制度,展开用电、用油计量,及时做好机械设备维修保养工作。

(4) 合理设计和布置临时用电电路,应选用节能电线和节能灯具,采用声控、光控等自动控制装置。照度设计不应超过最低照度的20%。

(5) 施工现场应确定生活用电与生产用电的定额指标,并分别计量管理。

(6) 规定合理的温、湿度标准和使用时间,提高空调和采暖装置的运行效率。

(7) 根据当地气候和自然资源条件,在有条件的施工场地,应充分考虑利用太阳能、地热、风能等可再生资源。

3. 节水及水资源利用措施

(1) 现场应结合用水点位置进行输水管线线路选择和阀门预留位置的设计,管径合理、管路简捷,采取有效措施减少管网和用水器具的漏损。

(2) 施工现场办公区、生活区的生活用水采用节水系统和节水器具,提高节水器具配置比率。

(3) 施工现场宜建立雨水、中水或其他可利用水资源的收集利用系统,使水资源得到循环利用。施工中非传统水源和循环水的再利用率大于30%。

(4) 施工现场分别对生活用水与工程用水确定用水定额指标,并分别计量管理。

(5) 施工现场喷洒路面、绿化浇灌不宜使用市政自来水。施工现场应充分利用雨水资源,保持水土循环,有条件的宜收集屋顶、地面雨水再利用。施工现场应设置雨水、废水回收设施,废水应经过二次沉淀处理后再循环利用。

(6) 施工中应采用先进的节水施工工艺。现场搅拌用水、养护用水应采取有效的节水措施,严禁无措施浇水养护混凝土。

4. 节材及材料利用措施

(1) 应根据施工进度、材料周转使用时间、库存情况等,制定材料的采购和使用计划,并合理安排材料的采购。

(2) 现场材料应堆放有序,布置合理,储存环境适宜,措施得当,保管制度健全,责任明确。

(3) 应充分利用当地材料资源。施工现场300km以内的材料用量宜占材料总用量的70%以上,或达到材料总价值的50%以上。

(四) 绿色施工职业健康与卫生防疫措施

1. 绿色施工职业健康措施

(1) 施工现场应在易产生职业病危害的作业岗位和设备、场所设置警示标志或警示说明。

(2) 定期对从事有毒有害作业人员进行职业健康培训和体检,指导操作人员正确使用职业病防护设备和个人劳动防护用品。

(3) 施工单位应为施工人员配备安全帽、安全带及与所从事工种相匹配的安全鞋、工作服等个人劳动防护用品。

(4) 特种作业人员必须持证上岗,按规定着装,并佩戴相应的个人劳动防护用品;对施工过程中接触有毒、有害物质或具有刺激性气味可被人体吸入的粉尘、纤维,以及进行强噪声、强光作业的施工人员,应佩戴相应的防护器具(如:护目镜、面罩、耳塞等)。劳动防护用品的配备应符合《个体防护装备选用规范》(GB 11651—2008)规定。

(5) 施工现场应采用低噪声设备,推广使用自动化、密闭化施工工艺,降低机械噪声。作业时,操作人员应戴耳塞进行听力保护。

(6) 深井、地下隧道、管道施工、地下室防腐、防水作业等不能保证良好自然通风的作业区，应配备强制通风设施。操作人员在有毒有害气体作业场所应戴防毒面具或防护口罩。

（7）在粉尘作业场所，应采取喷淋等设施降低粉尘浓度，操作人员应佩戴防尘口罩；焊接作业时，操作人员应佩戴防护面罩、护目镜及手套等个人防护用品。

（8）高温作业时，施工现场应配备防暑降温用品，合理安排作息时间。

2. 绿色施工卫生防疫措施

（1）施工现场员工膳食、饮水、休息场所应符合卫生标准。

（2）宿舍、食堂、浴室、厕所应有通风、照明设施，日常维护应有专人负责。

（3）食堂应有相关部门发放的有效卫生许可证，各类器具规范清洁。炊事员应持有效健康证。

（4）厕所、卫生设施、排水沟及阴暗潮湿地带应定期消毒。

（5）生活区应设置密闭式容器，垃圾分类存放，定期灭蝇，及时清运。

（6）施工现场应设立医务室，配备保健药箱、常用药品及绷带、止血带、颈托、担架等急救器材。

（7）施工人员发生传染病、食物中毒、急性职业中毒时，应及时向发生地的卫生防疫部门和建设主管部门报告，并按照卫生防疫部门的有关规定进行处置。

小　　结

本章学习的主要内容：

1. 建筑工程项目安全控制

（1）工程项目安全控制的基本概念。

（2）工程项目施工安全管理程序。

（3）项目安全技术措施计划的编制步骤。

（4）危险性较大的分部分项工程安全管理。

2. 绿色施工

（1）绿色施工的概念和目的。

（2）绿色施工总体框架。

（3）绿色施工管理：其内容主要包括组织管理、规划管理、实施管理、评价管理和人员安全与健康管理五个方面。

（4）绿色施工措施：其主要包括，绿色施工准备措施、资源节约措施（节地及施工用地保护措施、节能及能源利用措施、节水及水资源利用措施、节材及材料利用措施）、环境保护措施（扬尘和大气污染控制措施、施工噪声控制措施、光污染控制措施、水污染控制措施、建筑垃圾处理措施）、绿色施工职业健康与卫生防疫措施。

复习思考题

1. 什么是施工项目安全控制？
2. 施工项目安全控制应遵循的基本原则是什么？
3. 施工项目安全控制的措施有哪些？
4. 简述工程项目安全控制管理程序。

5. 危险性较大的分部分项工程的安全管理应怎样进行？
6. 危险性较大的分部分项工程的范围包括哪些？
7. 什么是绿色施工？绿色施工管理包括哪五方面内容？
8. 建设单位的绿色施工责任是什么？
9. 施工单位的绿色施工责任是什么？
10. 监理单位的绿色施工责任是什么？
11. 绿色施工目标管理如何实现？
12. 绿色施工方案应包括哪些内容？
13. 绿色施工措施应包括哪些措施？
14. 建筑工程项目施工现场在上午10时的主体结构工程施工过程中，施工现场的机械声音分贝经测定是75dB，这符合绿色施工的要求吗？
15. 建筑工程项目的基坑开挖深度是3.8m，则对于该分部分项工程，施工单位是否应单独编制安全专项施工方案？
16. 建筑工程项目施工现场土石方作业区的扬尘高度目测为1.2m，这符合绿色施工的要求吗？
17. 建筑工程绿色施工评价的原则是什么？
18. 建筑工程绿色施工评价体系中的三个阶段、五个要素、三类指标、三个等级分别是什么？

参 考 文 献

[1] 李慧民. 工程经济与项目管理[M]. 北京:中国建筑工业出版社,2009.
[2] 刘晓君. 工程经济学[M]. 北京:中国建筑工业出版社,2003.
[3] 刘长斌,等. 建筑工程技术经济学[M]. 3版. 北京:中国建筑工业出版社,2007.
[4] 白思俊. 现代项目管理[M]. 北京:机械工业出版社,2012.
[5] 成虎,等. 工程项目管理[M]. 3版. 北京:中国建筑工业出版社,2009.
[6] 中国建筑业协会. 中国建筑业发展战略与产业政策研究报告[M]. 北京:中国建筑工业出版社,2011.
[7] 住房和城乡建设部建筑市场监管司和政策研究中心. 中国建筑业改革与发展研究报告[M]. 北京:中国建筑工业出版社,2010.
[8] 魏法杰,王玉灵,郑筠. 工程经济学[M]. 北京:电子工业出版社,2007.
[9] 全国招标师职业水平考试辅导教材指导委员会. 招标采购法律法规与政策[M]. 北京:中国计划出版社,2009.
[10] 全国招标师职业水平考试辅导教材指导委员会. 招标采购专业实务[M]. 北京:中国计划出版社,2009.
[11] 李启明,邓小鹏. 建设项目采购模式与管理[M]. 北京:中国建筑工业出版社,2011.

后 记

经全国高等教育自学考试指导委员会同意,由土建类专业委员会负责高等教育自学考试建筑工程专业教材的审稿工作。

《建筑经济与项目管理》自学考试教材由重庆大学严薇教授和华建民副教授担任主编。具体分工如下:第一、二、五章由重庆大学严薇教授编写,第四、六、七、八章由重庆大学华建民副教授编写,第三、九章由重庆大学罗琳讲师编写。全书由严薇统稿、定稿。

本书由哈尔滨工业大学武永祥教授、重庆大学杨宇教授、中建总公司施工专业技术委员会张希黔教授担任审稿人,谨向他们表示诚挚的谢意。

全国高等教育自学考试指导委员会

土建类专业委员会

2013 年 1 月